启蒙的辩证

哲学的片简

[德] 马克斯·霍克海默 西奥多·阿多诺 著

林宏涛 译

ZHEJIANG UNIVERSITY PRESS

浙江大学出版社

·杭州·

再版前言

　　《启蒙的辩证》原本于1947年由阿姆斯特丹的格里多出版社（Querido）发行。这本书像鸭子划水一般逐渐流传开来，也曾经绝版过。在二十多年后的今天，我们重新出版，不只是因为多方的要求，也因为我们认为书里头有许多观念颇为切中时弊，并且影响到我们后期的理论研究。外人很难想象我们是如何字斟句酌的；我们长时间一起口授打字，两个在知识、性格上不同的人，因《启蒙的辩证》结合在一起所产生的张力，正是这本书的生命元素。

　　我们不会一成不变地坚持书里头所说的每句话。一个主张的理论应该掌握时代精髓，而不是把自己当作不变的东西，和历史的脉动对立。本书写于纳粹暴行末日将近之时，因而有许多段落已经不符合现况。然而在那个时候，我们就不敢轻忽世界向"被宰制的世界"的过渡。

　　在一个因为彼此冲撞的客观局势而政治分裂为若干巨大联盟的时期里，恐怖会继续下去。根据《启蒙的辩证》的说法，第三世界的冲突以及极权主义的复辟（其前身即是法西斯主义）不再只是历史的意外插曲。就算面对进步主义，批判思想也不会中断，它要求我们拥护自由的夙昔典范、真实人性的趋势，即使它们在历史潮流面前显得很无力。

　　书里头所指出的极权整合，现在虽然暂歇，却没有完全停止。

独裁者和战争随时可能让它死灰复燃。与此有关的预测，亦即从启蒙运动到实证主义及其已然成真的神话，乃至于理性与反智的同一性的骤变，如今皆赫然得到证实。我们的历史概念不会妄自以为摆脱了历史的影响，但是它也不会只是如实证主义一般地追逐信息。作为哲学的批判，它并不放弃哲学。

　　我们从这本书写作所在的美国回到德国，相信在这里无论是理论或实践都比其他地方更能够有所作为。我们和波洛克（Friedrich Pollock）[1]一起重建"社会研究院"（Institut für Sozialforschung），以期继续研究《启蒙的辩证》所形构的观念（本书曾在他的50岁生日题献给他，现在我们也要在他的75岁生日献给他）。在我们理论的开展以及相关的共同经验里，格雷特·阿多诺（Gretel Adorno）给予我们最宝贵的协助，正如在本书初版时一样。

　　相较于其他数十年前旧作的重新编辑，我们所做的修订很有限。我们不想去润饰自己写过的东西，即使是明显不合适的段落；如果要让文本符合现在的情境，还不如写一本新书。现在重要的工作是维护且传播自由，而不是加速"被宰制的世界"的趋势（即使只是间接地助长），对此我们也在后期的作品里探讨过。因此我们只修改了当初的印刷错误之类的地方。这样的保守让这本书成了历史文献，当然我们希望它同时不只是如此。

马克斯·霍克海默　西奥多·阿多诺

1969年4月于法兰克福

---

[1] 波洛克（1894—1970），德国社会科学家和哲学家，1924年和韦尔（Felix Weil）合创了"社会研究院"。——译者注

前　言

　　我们在动手写作时，就希望能在波洛克的50岁生日前完成全书且送给他（我们把初稿献给了波洛克）。但是我们越是深入这个工作，就越明白它和我们的能力之间的不相称。摆在我们眼前的，其实就是去了解为什么人性会沉沦到新的野蛮形式，而不是踏入一个真实的状态。我们低估了阐述它的困难，因为我们仍然过于相信当代的意识。尽管我们多年来就注意到，在当代的科学研究里，许多伟大的发现总是以理论教育的渐趋没落为代价，但我们仍然相信，只要把我们的工作限于学术理论的批判或开展，就还是可以循着这些科学研究前进。我们的主题至少要坚守传统的学科，如社会学、心理学和知识论。

　　但我们于此汇集的片简证明了我们必须放弃那个信心。尽管悉心维护和检验科学传统（尤其是当实证主义的清洁剂把它当作无用的累赘而丢到过去里）是知识的重要环节，但是当现代资产阶级文明（bürgerlichen Zivilisation）崩坏时，不只是科学的研究工作，就连科学的目的本身也被质疑。顽固的法西斯主义者伪善地宣传的，以及卑躬屈膝的人性专家所执行的东西，也就是启蒙的不停的自我毁灭，让思考再也不敢轻率相信时代精神的种种习惯和方向。当前公共领域的现状免不了要把思考变成商品，把语言变成它的宣传工具，如果我们要探究这个堕落的根源，就必须放弃现行的思考和语言的要求——在这些要求的历史影响使我们的努力完全白费以前。

如果我们的阻碍只是来自科学不自觉的工具化，那么关于社会问题的思考至少可以从那些和主流科学对立的方向开始研究。但是就连这些方向也被卷入生产的整体流程。它们和它们所抨击的意识形态一样都变了。以前趾高气扬的思考遭遇的下场，现在都降临到它们头上。如果说思考自愿抛弃其批判元素而甘为现状的工具，现在它则是不由自主地把它所选择的实证的方向变成否定性的、毁灭性的方向。在18世纪，哲学无惧于焚书和火刑，认为贪生怕死是可耻的行为，却在拿破仑的统治下妥协了。最后，孔德[1]的保守派僭夺了绝不妥协的百科全书学派（Enzyklopädiste）的继承权，和所有曾经被百科全书学派抨击的人握手言欢。批判变形为肯定（Affirmation）也影响到理论的内容，而理论的真理也自人间蒸发了。现在，加装了引擎的历史当然跑在这种精神发展前面，而别有居心的官方发言人们，则在理论出卖自己之前，就消灭了那些让他们无所遁形的理论。

思考在自省其非时，发现它不只无法使用科学和日常生活的语言，更无法使用对立性的概念语言。我们再也找不到任何不与流行的思考方向同流合污的语汇可用，而陈腐的语言无法独立为之者，也皆由社会机制予以确实补足。电影公司因为担心徒增成本而自我审查，这也在其他企业里有所反映。一部文学作品得经过一大堆校对、编辑、改编者、出版社内设或外聘的写手的审订

---

[1] 奥古斯特·孔德（Auguste Comte，1798—1857），法国哲学家，社会学和实证主义的创始人。——译者注

程序（甚至不是原作者自己预见的），比任何审查制度都要彻底得多。尽管有各种善意的改革，但教育体系的野心似乎是要让审查制度的功能完全变成多余的。有人认为，如果没有实事求是以及概率的计算，认知的精神会流于空谈和迷信，但是该教育体系正在为空谈和迷信准备贫乏单调的基础。正如毒品总是越禁越猖獗，理论想象力的封锁也总是为政治的疯狂铺路。即使人们还没有陷入该疯狂里，外在的和植入他们心里的审查机制也已经剥夺了他们的抵抗工具。

　　横阻在我们的工作前面的难题，也是我们第一个要探讨的：启蒙的自我毁灭。社会里的自由和启蒙的思维是不可分的，对此我们没有任何怀疑［而我们的循环论证（petitio principii）也正在此］。但是我们也相信我们清楚看到，该思维的概念、具体的历史形式，以及和该思维纠缠不清的各种社会制度，都已经蕴藏着堕落的胚芽，于今到处散播。如果启蒙没有对这种堕落的元素进行反省，那么它的命运就会这么注定了。一头栽到实用主义里的思维，把对于进步的破坏面的省思丢给它的敌人，因而失去了它的扬弃（aufhebend）性质，以及它和真理的关联性。我们看到接受科技教育的大众莫名其妙地就落入独裁政治的魔咒，他们自我毁灭似的附和民族主义的妄想症，以及一切不可思议的荒谬，现代的理论性理解的贫乏由此可见。

　　我们在这些片简里证明了，使启蒙倒退到神话的原因，并不是如一般人所想的民族主义的、异教的或其他近代的神话，而是由于畏惧真理而茫然若失的启蒙本身，如是，我们相信对于理论性的理解应该有所贡献。启蒙和真理这两个概念不能只是从思想史，也要就现实面去理解。正如启蒙在体现于人物和体制里的理念层面去表现整个资产阶级社会的现实运动，真理也不只是意味着理性的意识，也是意识在现实里的形式。现代文明的后裔害怕偏离事实（但是事实在被认知时就已经被科学、商业和政治的流行习惯炒作成了口号），正如他害怕偏离社会一样。那些习惯也会定义语言和思想里所谓"明确性"的概念，它应该可以满足现在的艺术、文学和哲学。对于以否定性的方式去探讨事实和流行的思考模式的思维，"明确性"的概念认为那是不着边际的、琐碎繁复的、无关宏旨的，因而予以禁止，也把精神禁锢在更深层的盲目里。我们现在无可救药的困境在于，即使是最可敬的改革者，在倡言革新陈腐的语言时，也承袭了了无新意的范畴工具以及在它们背后的坏哲学，因而助长了他们原本要颠覆的既存秩序的力量。虚伪的明确性只是神话的另一种说法而已。神话总是即遮即显的。它的特色一直就是老妪能解，并且不需要概念的工作。

　　现代人类被本性奴役，这和社会历程脱不了关系。经济产能的提高一方面为更公平的世界创造了某些条件，另一方面却让科技工具和控制它的社会族群远远凌驾于其他人民之上。在经济力量面前，个体的价值完全被抹杀。该力量也把社会对自然的宰制推到不曾想象的高度。尽管个体在他所操作的工具面前销声匿迹，但是他的生活也更优渥。在不公平的社会状况里，民众被分配到的物资越多，就显得越无力且容易操控。下层阶级生活水平的提高（物质生活更可观，而社会处境却更悲惨）也反映在精神的媚俗上。精神的真正要务是对于物化的否定。当它被固化为文化资产、基于消费的目的而被交易时，它就必定会冰消瓦解。精确的信息和爬梳有致的娱乐的泛滥，让人们更聪明也更迟钝。

　　我们要谈的不是作为一种价值的文化，如文明的批判者赫胥黎（Huxley）、雅斯贝斯（Jaspers）、奥特加·伊·加塞特（Ortegay Gasset）和其他人所论述的，而是在人类还没有完全被背叛的时候，启蒙必须自我省思；重点不是保存过去，而是实现过去的希望。然而现在，过去却以消灭过去的形式持存下去。如果说，直到19世纪，体面的教育始终是以未受教育者每况愈下的苦难为代价，那么在20世纪里，医药卫生工厂的代价则是所有文化资产都在巨大的坩埚里被熔化了。如文化的捍卫者所说，如果出卖文化无助于把经济成就逆转为它的对立面，这甚至不是什么严重的代价。

在某些情况下，物质财富本身也成为不幸的元素。如果说，在缺乏社会主体的情况下，庞大的物质财富在前阵子产生了所谓国内经济的生产过剩危机，那么现在，由于权力团体被封为那个社会的主体，物质财富也为法西斯主义在国际的威胁推波助澜：进步翻转为退步。医药卫生工厂以及相关产业，大众汽车和健身房，正在麻木不仁地摧毁形而上学，这或许无关紧要，但是如果那些东西在整个社会里变成了形而上学，也就是意识形态的帘幕，而遮掩了真正的灾难，则兹事体大。此即我们的片简的前提。

本书的第一篇论文是其后论述的理论基础，更深入地探讨了理性和社会现实之间错综复杂的关系，以及和它密不可分的自然与宰制自然之间的关系。对于启蒙的批判，这里也要为它准备一个肯定性的概念，那概念让启蒙挣脱了盲目宰制的桎梏。

第一篇论文的主要部分可以概分为两个主题：神话就已经是启蒙了，以及启蒙会倒退为神话。这两个主题将在两篇附论里用个别的例子阐释。第一篇附论探索《奥德赛》（Odyssey）里神话和启蒙的辩证关系，作为欧洲资产阶级文明最早的代表性证据之一。它主要着眼于牺牲和放弃的概念，并且据此指出神话的自然以及启蒙的宰制自然之间的差异和统一。第二篇附论则探讨康德、萨德和尼采，他们是启蒙最执着的开展者。它证明了让任何自然的东西臣服于自制的主体，最终的结果就是盲目的客体性和自然的宰制。这个趋势夷平了资产阶级思考的一切对立，尤其是道德严格主义和绝对的道德败坏之间的对立。

《文化工业》一章显示启蒙如何退缩到意识形态，尤其可见于电影和广播。就此而论，启蒙存在于效果的计算以及生产和传播的科技。而意识形态自身的整个内容也只不过是把既存秩序和控制科技的权力予以偶像化。在探讨这个矛盾时，我们比文化工业自己还要认真对待它。但是因为自身的商业性质的要求以及对于其没落的真理的盲从，它早已成了一种逃避说谎责任的托词，于是我们的分析就着重于客观包含在产品里的美学架构和据此成形的真理的主张。从该主张的虚无性，我们可以看到社会的混乱状态。较之其他章，论述文化工业的这一章要更加片断一些。

《反犹主义的元素》的论文式阐述，则是讨论启蒙的文明如何倒退到现实世界里的野蛮状态。自我毁灭的理论或实践的倾向，自始即蕴藏在理性里，而不只是在它赤裸裸地出现的时期里。在这个意义下，我们也勾勒了反犹主义的古代哲学史。反犹主义的"非理性主义"是推论自占主导性的理性以及那对应于其形象的世界的本质。《反犹主义的元素》也结合了由弗里克斯·韦尔（Felix Weil）创设且维持的"社会研究院"的经验性研究，如果没有那些研究，不只是我们的论述，大部分在希特勒时期的德国流亡者的理论作品都无法开展。我们和利奥·洛文塔尔（Leo Löwenthal）一起撰写了前三个论题，在法兰克福的第一年里，我们和他一同探讨了许多理论问题。

最后一部分，是我们的《札记和初稿》，其中部分是属于前面论文的思想范围，不过是没有被收录进去的内容；部分则是概述未来作品所要处理的某些问题。它们大部分和辩证人类学有关。

1944年5月，于洛杉矶

如同在大战期间所完成的版本，本书的正文没有什么重要的修订。我们只增录了《反犹主义的元素》的最后一个论题。

马克斯·霍克海默、西奥多·阿多诺

1947年6月

Contents

目 录

启蒙的概念

Begriff der Aufklärung

就最广义的前卫思考而言，"启蒙"自来即旨在被除人类的恐惧，令其成为主宰。然而，完全启蒙了的地球，却满溢着得意忘形的灾难。启蒙的纲领在于世界的祛魅（Entzauberung）。启蒙要破除神话，以知识颠覆幻想。"实验哲学之父"[1]培根则集其大成。他对因袭传统者嗤之以鼻："他们最初相信别人知道他们所不知道的东西；后来却认为他们自己知道别人所不知道的东西；然而轻信、拒绝怀疑、轻率的回答、自矜多闻、怯于反驳、利令智昏、敝帚自珍、徒托空言、一知半解，凡此种种，皆阻碍了人类理性与自然事物的幸福婚姻，却撮合它与空洞的概念以及漫无计划的实验互相媾合：如此不光彩的婚姻，其结果和后裔如何，也就不难想象了。印刷术是伟大的发明；大炮也已经问世；罗盘则是以前人皆熟知的。哪些改变不是这三项发明带来的呢？印刷术改变了科学，大炮改变了战争，而罗盘则改变了财务、贸易和航海！而我敢说这些

---

[1] 伏尔泰：《哲学通信》（*Letters philosophiques*），第12封，见于《伏尔泰作品全集》，1879年版，第22卷，第118页。——原书注（以下注释中，无特殊说明的均为原书注）

只是瞎猫撞见死耗子。人类的卓越成就在于知识，这一点毋庸置疑，其中蕴藏许多东西，国王以其所有宝藏也买不到，也无法以其命令取得，国王的斥候和探子既查不出什么情报，而海员和探险家更无法驶往其发源地。现在我们自以为驾驭自然，其实仍然受制于它；尽管我们在发明时师法自然，却在实践上对它发号施令。"[1]

　　尽管培根对数学很外行，但他对未来科学的信念很中肯。他所预见的人类理性与事物本性的幸福婚姻，其实是家长制的：那战胜了迷信的理性，是要宰制被祛魅的自然的。知识即权力，它没有任何限制，既不被奴役，也不臣服于世界主宰。正如知识可以满足在工厂或战场的资产阶级经济目的，企业家不分出身贵贱，也都可以支配知识。国王的技术不会比商人娴熟，技术和以技术开展的经济体系一样民主；技术是知识的本质，其目标并不在于概念和想象，或是洞见的喜悦，而是在于方法、对于他人劳动的剥削，以及资本。培根认为的知识拥有"许多事物"，但其自身只是工具而已：收音机是更理想的印刷术，轰炸机是更有效的大炮，遥控装置是更可靠的罗盘。人类想从自然习得的，是如何开物成务，以完全宰制自然和人类，除此无他，启蒙为此奋不顾身地烧尽它自己最后残余的自我意识。唯有对自己如此残酷的思维，才能够极力去打破神话。对于现在实事求是的精神而言，培根的唯名论（nominalistisch）信条都难免有落入形而上学窠臼的嫌疑，而如他所批评的经院哲学（Scholastik）一样被讥为虚夸空洞。权力和知识是同义词。[2]对于培根和路德而言，无法成就任何事的知识无

---

[1] 培根：《赞美知识》（"In Praise of Knowledge"），见于《培根著作集》（*The Works of Francis Bacon*），1825年版，第1卷，第254页。

[2] 参见培根：《新工具》（"Novum Organum"），见于《培根著作集》，第14卷，第31页。

异于不事传宗接代的淫欲。重点不在于人们称之为真理的那种满足感，而是在于作用（operation），或即有效的做法，"科学的真正目的和职责，不在于合理的、有趣的、令人尊敬的、印象深刻的言词，或是有启发性的论证，而是在于功用和劳作，在于发现以前不为人知的个别事物，以改善人类生活"[1]。其中没有什么秘密，也不是想去展示什么奥秘吧。

世界的祛魅是要消灭泛灵论（Animismus）。色诺芬尼（Xenophanes）嘲讽诸神，因为诸神和他们所造的人类一样都有意外和错误，而现代的逻辑学家更指摘我们惯用印象的语词其实是伪币，最好以中性的代币取代掉。世界变成混沌，人为的事物变成救恩。图腾动物、通灵者的梦、绝对理念，似乎没什么差别了。在现代科学的发展里，人类放弃了意义。他们以公式代替概念，以规则性和或然律取代因果。"因果"只是最后一个能经得起科学批评的哲学概念，因为在古老的观念当中，只有因果才符合最新的俗世化的创造原理。为实体与属性、能动与受动、存在与存有赋予合乎时宜的定义，自培根以降，即为哲学的本务，但是科学大可不需要这些范畴。它们被培根斥为古老形而上学的"剧场偶像"（Idola Theatri），甚至在古代就已经是史前事物和力量的纪念碑。在那个时代，生命和死亡就在神话里被解释并且交织在一起。西方哲学用以界定其永恒的自然秩序的这些范畴，凸显了以前奥克诺斯（Oknos）、珀耳塞福涅（Persephone）、阿里阿德涅（Ariadne）和涅柔斯（Nereus）的地位。苏格拉底之前哲学的宇宙论便记录了各个过渡的阶段，湿气、无分别者、空气、火，被称

---

[1] 培根：《自然的解释》（"Valerius Terminus, of the Interpretation of Nature"），见于《培根著作集》，第1卷，第281页。

为自然的初质，正是神话直观的理性化沉淀。以河流和泥土化育万物的意象，自尼罗河传到希腊，成为物活论（Hylozoismus）的诸原理，也就是诸元素，于是神话的恶魔所衍生的多义性，被精神化为存有学的本质的纯粹形式。即使是奥林匹斯的父系诸神，也被哲学的逻各斯（Logos）同化为柏拉图的理念。但是，启蒙重新认识到柏拉图和亚里士多德的形而上学遗产里的古老力量，而把共性（Universalien）的真理指斥为迷信。他们认为，在普遍概念的权威里头仍然可窥见对恶魔的恐惧，在巫术仪式里，人类想以恶魔的肖像去影响自然。自此，人们终于不必经由内在力量或神秘性质的幻想去宰制物质了。凡不符合可预期性和实用性的标准者，启蒙皆认为可疑。一旦启蒙挣脱外在的压抑，便再无阻拦。他们自己的人权理念也没有比以前的共性好到哪里去。启蒙遇到的任何的文明反抗，只是助长它的力量而已。[1]那是由于启蒙也是在神话中认识自己。无论以哪些神话去对抗启蒙，由于神话在对立中被引为论证，总是得承认启蒙饱受指摘的破坏性的理性原理。启蒙是极权主义的。

　　启蒙总是把拟人神论（Anthropomorphismus）理解为神话的根基，也就是主体性质被投射到自然去。[2]超自然事物、鬼魂和恶魔，据称是反映那些惧怕自然事物的人类。根据启蒙的说法，各种神话形象都有同一个命名者，也就是主体。俄狄浦斯（Ödipus）回答斯芬克斯（Sphinx）的谜语："那是人。"它成

---

[1] 参见黑格尔：《精神现象学》（*Phänomenologie des Geistes*），见于《黑格尔全集》，第2卷，第410页。

[2] 色诺芬尼、蒙田、休谟、费尔巴哈（Feuerbach）和赖那克（S. Reinach）在这点上看法一致。参见赖那克：《俄狄浦斯》（*Orepheus*），F. 西蒙斯（F. Simmons）译本，1909年版，第6—8页。

为启蒙一再重复的刻板说法，不管眼前要回答的是一个客观意义、某个秩序的轮廓、对邪恶力量的恐惧，还是救赎的渴望。唯有能以统一性去把握的，启蒙才会承认其为存在或事件；其理想是一个可以推论出一切的体系。就此而论，理性主义和经验论的版本并无二致。各家学说对其定理的诠释或许有所不同，统一性科学的结构却总是一样的。尽管有不同研究领域的多元主义，培根的公设"普遍的统一科学"（Una scientia universalis）[1]憎恶任何不连贯的东西，正如莱布尼茨（Leibniz）的"普遍数学"（Mathesis universalis）憎恶任何跳跃一样。形态的多样性被简化为位置和排列，历史被简化为事实，事物被简化为物质。根据培根的说法，在最高原理和基于观察的命题之间，存在着以普遍性等级区分的清楚逻辑关系。德·迈斯特（De Maistre）嘲笑说，培根心里想的是"一个梯子偶像"（une idole d'échelle）[2]。形式逻辑是统一化的重要派别。它给予启蒙一个架构，使世界成为可计算的。柏拉图在晚期的作品里，以神话的方式把理念（Ideen）等同于数字，便已经表现出破除神话（Entmythologisierung）的渴望。同样的等式也支配着资产阶级的正义和货物交易。"等式加上不等式得到不等式，这个法则不正是正义和数学的基本原理吗？一方面是交互性正义和分配性正义，另一方面是几何比率和算术比率，它们之间难道没有真实的一致性吗？"[3]等值性（Äquivalent）支配着资产阶

---

[1] 培根：《扩张的科学》（"De Augmentis scientiarum"），见于《培根著作集》，第8卷，第152页。

[2] 德·迈斯特：《圣彼得堡对话录》（Les Soirées de Saint-Pétersbourg），第五次谈话，见于《迈斯特全集》（Oeuvres Complètes），1891年版，第4卷，第256页。

[3] 培根：《认识的进程》（"Advancement of Learning"），见于《培根著作集》，第2卷，第126页。

级社会。他们把不同名称的东西简化为抽象的量，而使它们可以比较。任何无法被分解为数字乃至于一（Eine）者，启蒙皆视为假象；近代的实证论（Positivismus）说"诗"就是这种东西。自巴门尼德（Parmenides）至罗素（Russell），统一性始终是其标语，就是为了颠覆诸神和性质。

但是沦为启蒙的俎上肉的神话自身却是启蒙的产物。对于事件的科学解释废除了思想在神话里的解释作用。神话要报道、命名且细说世界的缘起，由此也表现、记载和解释它。神话的记载和集结更增强该目的。它们迅即从记载变成教义。每个仪式都包含对于事件的想象以及受巫术影响的特殊仪式。在诸民族最早的史诗里，这些仪式元素都已经独立自主。在悲剧作家所引用的神话里，就已经表现出培根心向往之的纪律和权力。天国及其层级取代了地方性的鬼神和恶魔；等级分明的献祭以及使唤奴仆的劳役，则取代了巫师的咒语。奥林匹斯诸神不再直接等同于自然元素，而只是意味着它们。在荷马的史诗里，宙斯主宰白昼，阿波罗驾驭太阳；赫利俄斯（Helios）和伊奥斯（Eos）则已经转换为隐喻的角色。诸神与物质分离，而变成物质的典型。自此，存有分裂为逻各斯（随着哲学的发展，逻各斯也萎缩为单子[1]或仅仅是个参考点）以及外在事物和生命的质料。人类自身的存在与实在界的一个差异吞噬了所有其他差异。差异被忽略了，世界也就臣服于人类。就此而论，犹太教神话和希腊神话有异曲同工之妙："……使他们管理海里的鱼、空中的鸟、地上的牲畜和全地，并在地上爬的一切昆虫。"[2] "啊，

---

[1] 德国哲学家莱布尼茨（1646—1716）从古希腊毕达哥拉斯学派的理念中提出了"单子论"，认为精神性的单子是构成世界万物的最小单元。——译者注

[2] 《创世记》（Genesis），第1章，第26节。

宙斯吾父，您主宰穹苍，俯视人类的作为，无论是义或不公，以及群兽的傲慢放纵，您心中自有公断。"[1]"因为善恶到头终有报，有的在当下，有的晚一些；即使有人一时躲过诸神的降祸，它终究会降临，而他无辜的孩子或后裔，则必须抵偿他的恶行。"[2]只有完全臣服诸神的，才符合要求。主体觉醒的代价，即是承认权力为所有关系的原理。面对此种理性的统一性，神与人的差别变得无关宏旨，在最早对于荷马的批评里，理性便明确指出这点。就其宰制自然而言，创世的神和使役自然的人类心灵没什么不同。人类和神的相似性在于对存在的统治权，无论是神的俯视或人类的使役。

神话过渡为启蒙，自然则过渡为单纯的客体性。人类权力的扩张，其代价即被宰制的事物的异化（Entfremdung）。启蒙和事物的关系，正如独裁者之于百姓。他对百姓的认知，仅止于他能宰制他们；拥有知识的人对事物的认知，也仅止于他能够制造它们。如是，它们的"自在"（An sich）变成"为他的"（Für ihn）。在事物的转变当中，事物的本质总是被揭露为同质的东西，亦即统治的底层。这个同一性（Identität）构成了自然的统一性。巫术的咒语并不以自然或主体的统一性为前提。萨满的仪式对象是风、雨、外在世界的蛇、病人身体里的恶魔，而不在于物质或样本。行使巫术的，不是单一且同一的灵，他随时会变换肖似许多灵的仪式面具。巫术是血腥的谎言，但是巫术还没有因为变形为纯粹真理且

---

[1] 阿尔基洛科斯（Archilochos）：《残篇87》（"fr. 87"）。转引自保罗·多伊森（Paul Deussen）：《哲学通史》（*Allgemeine Geschichte der Philosophie*），1911年版，第2卷，第一部分，第18页。

[2] 梭伦（Solon）：《残篇13.25以下》（"fr. 13.25 folg"）。转引自多伊森：《哲学通史》，第20页。

以受其宰制的世界为基础，而被否认其统治权。巫师模仿恶魔；为
了惊吓或安抚恶魔，他会做出可怕或温和的表情。即使他的工作是
要去模仿，他也不会说自己是不可见的力量的肖像，像文明人那
样，把他们的狩猎区退缩到统一的宇宙秩序中，把万物都当作猎
物。当人类自认为是那样的肖像时，才开始拥有自我的同一性，在
仿同他者时，自我也不会失落，而是像看不透的面具一般，永远拥
有自身。精神的同一性及其对偶，也就是自然的统一性，压抑着源
源不绝的各种性质。被剥夺了性质的自然，变成单一类别的混沌物
质，全能的自我变成单纯的"拥有"，变成抽象的同一性。在巫术
里蕴含着特别的代表性。对着敌人的长矛、头发或名字施法，也会
及于其身；献祭的牲畜替代神明被屠宰。献祭时的替代即预示了推
理逻辑的先驱。为了女儿献祭的母鹿，或是为了头胎献祭的羔羊，
当然都有自己的属性，但是都已经代表了某个种属。它们固然显示
样本的随机性，然而此时此地的神圣性，具有代表性的祭物的独特
性，却使得祭物各自迥异，而无法互相替换。但是科学为此画下句
号。在科学里不再有任何特别的代表性：献祭的牲畜不可能是神。
代表性突然变成普遍的可替换性。原子不会被分裂为代表性，而是
变成物质的样本。在实验室里受苦的兔子，并不被视为代表，而只
是个样本。在函数性的科学里，各种差异皆可互换，使得一切都沉
淀在一种物质里，于是科学的对象便僵化了，而以前严格的仪式却
显得很灵活，因为它还会以某物替代另一物。巫术的世界仍然包含
着在语言形式里已经消失无踪的各种差异。[1]存有者之间多重的亲
缘性，被取代为赋予意义的主体与无意义的客体之间的单一关系，

---

[1] 参见罗伯特·洛维（Robert Lowie）：《文化人类学导论》（*An Introduction to Cultural Anthropology*），1940年版，第344—345页。

或是理性的意义以及偶然的意义载体。在巫术时期，梦境和形象并不只是事物的记号，而是经由相似性或名字与事物相联结。其关系不是意向（Intention）的，而是亲缘性的。巫术和科学都有其目的，但是巫术乃取径于拟态（Mimesis），而不是和客体渐行渐远。它绝非奠基于"思想的全能"，原始人应该会认为精神病患才会有那种东西吧[1]；在那里不会有"心理历程相对于实在界的高估"，思想和实在界也不会那么泾渭分明。正如弗洛伊德对于巫术的落伍评论，他说巫术只是"对于控制世界的可能性的坚定信心"[2]，更加狡黠的科学只是以更现实的方式宰制世界而已。为了以无远弗届的工业科技取代地域性的巫医习俗，思想必须独立于客体，正如在现实的自我那里所发生的。

太阳神崇拜的父系社会神话，以语言为形式开展的全体，以其真理主张贬谪更古老的神话信仰和民间宗教，如此的神话就已经是启蒙了，在哲学的层次上，也可以媲美于启蒙。如今它也付出了代价。神话开始接受启蒙的无穷审判，于其中，每个确定的理论观点都必然要蒙受毁灭性的批评，被说那只是个信念而已。即使是各种概念，如精神、真理，甚至启蒙，也都变成泛灵论的巫术。如宿命般的必然性原理，使许多神话英雄殒没，并且从神谕里推论出逻辑结论，甚至淬炼成有说服力的形式逻辑。它不只宰制着西方哲学的每个理性主义体系，更主导了许多体系的推演，它们始自诸神的层级，在偶像崇拜的恒久黄昏里，传承同一个内容：对于实证不足的愤怒。正如在神话里已经蕴含了启蒙，启蒙的每一步都只会更深

---

[1] 参见弗洛伊德：《图腾与禁忌》（*Totem und Tabu*），见于《弗洛伊德全集》，第9卷，第106—108页。

[2] 同上书，第110页。

陷于神话当中。启蒙为了破除神话，而接收所有神话材料，作为审判者的它，却落入神话的魔咒。启蒙想要摆脱命运和报应的审判，便先惩罚了自己。在神话里，所有行为都有其报应。启蒙亦复如是：事实才刚生起，就灰飞烟灭。当人类不再幻想能够经由重复（Wiederholung）去仿同被重复的存有者，而借以挣脱其支配，如此很久以后，作用力等于反作用力的定律才开始拥有重复存有者的权力。然而巫术（魔法）的幻象越是消逝无踪，重复就越是强硬地以规律性为由，禁锢人类于不停的循环中，而这个循环被对象化为自然律，使得人类误以为自己是自由的主体。

　　内在性（Immanenz）的原理，就是把每个事件都解释为重复，被启蒙用来驳斥神话的想象力（Einbildungskraft），但是它自身就是神话的原理。干枯无味的处世智慧认为太阳底下无新鲜事，因为无意义的棋局已经招数用尽，所有伟大的思想都已经被思考过了，所有可能的发现都可以预想得到，人类必须适应环境才能自我保存；这些处世智慧只是在重制它们所讥讽的空想。因果报应的命运惩罚总会使万物各复其位，凡不平者终将趋同。这就是对于可能经验的界限的最终判决。万物同一的代价是没有任何东西能同时与自身同一。启蒙瓦解了旧时不平等的不公，也就是直接的奴隶制度，却在联系每个存在者的普遍中介里永久保存它，而那正是克尔凯郭尔[1]所赞美的基督新教伦理的理由，在赫拉克勒斯（Herakles）的神话里，那也代表了神话暴力的原型：它放弃了不可测量的东西（Inkommensurable）。不唯性质于思想中被瓦解，人类也被迫向现实妥协。市场不问出身贵贱，但是交易者必须为此

---

[1] 索伦·克尔凯郭尔（Søren Kierkegaard，1813—1855），丹麦神学家、哲学家、诗人。——译者注

付出代价，配合市场可购买的产品去塑造他与生俱来的能力。每个人都被赋予不同于他人的自我（Selbst），却因此使自我更没有什么差别。但是自我从来都无法完全契合于模型，于是在整个自由主义的时期里，启蒙总是同情社会控制。被宰制的群众的统一性，在于否定个体，并且嘲讽那个能够鼓舞人们成为个体的社会。曾参加希特勒青年团（Hitlerjugend）的乌合之众，不是堕落到野蛮时期，而是被压抑的平等（Egalität）的胜利，权利的平等也因为人人皆平等而变成不公。法西斯主义的假神话，原来是史前时期的真实神话，因为真实的神话会正视因果报应，而假的神话只是盲目地把报应推给替罪羊。人们越是要借由破坏自然以阻断自然冲动，就越是深陷其中。而此即欧洲文明的轨迹。抽象作用是启蒙的工具，它和对象的关系就像对待命运一样，它消灭命运的概念，也消灭了对象。在使自然中的一切都可以被重复的抽象作用以及为此设置的工业的水平化宰制下，被解放者最后变成"下民"（Trupp），黑格尔（Hegel）认为那正是启蒙的结果。[1]

　　抽象的前提是主体与客体的距离，而那是奠基于统治者、经由被统治者而和事物产生的距离。荷马的史诗和《梨俱吠陀》（Rigveda）的诗歌，都源自地主统治和封建的时代，在那个时代里，由好战的民族统治被征服的原住民。[2]在那个资产阶级的世界里，诸神当中的最高神于焉诞生，国王是武士贵族们的领袖，把被

---

[1] 黑格尔：《精神现象学》，见于《黑格尔全集》，第2卷，第424页。

[2] 参见菲尔（W. Kirfel）：《印度史》（Geschichte Indiens），见于《世界柱廊史》（Propylaeweltgeschichte），第3卷，第261—262页；另参见格罗茨（G. Glotz）：《希腊史》（Histoire Grecque），第1卷，见于《古代史》（Histoire Ancienne），1938年版，第137—139页。

统治者和土地绑在一起，而医生、卜者、工匠和商人，则可以自由迁徙。随着游牧时期的结束，社会秩序也以不动产为基础而被建立。统治和劳动自此被区分开来。地主如奥德修斯（Odysseus）"遥控众多分工极细的下属，如牧牛者、牧羊者、养猪者和仆役，他夜里自城堡远眺成千火炬照亮的土地，安心地入睡；他知道有他勇敢的仆人守卫，使野兽不敢接近，也防止窃盗入侵，保护苑圃的安全"[1]。推理逻辑所开展的思想的普遍性，亦即在概念领域里的统治权，奠基于现实的统治权。巫术传统和旧时流传的观念被概念的统一性瓦解，在其中也表现了由命令构成的、由自由公民界定的生活观。自我在世界的臣服当中学到了秩序和服从，不多久就把真理完全等同于支配性的思考，没有思考的明确区分，真理便无法存在。随着拟态的巫术，自我把真正把握到对象的知识变成禁忌。它把仇恨指向被征服的原始世界的形象及其幻想的快乐。原始民族的冥府诸神被贬谪到地狱，在崇拜太阳和光明的因陀罗（Indra）和宙斯的宗教里，人间也变成地狱。

但是天堂和地狱是密切相关的。在许多彼此并不相互排斥的宗教仪式里，宙斯的名字同时指称冥府神和天神[2]，而奥林匹斯诸神和冥府诸神也有各种往来，同样地，善恶力量，神圣与邪恶，并不是那么截然划分的。就像是生成和殒灭、生命和死亡、夏天和冬天，它们是相依相待的。在希腊宗教的光明世界里，仍然存

[1] 格罗茨前引书，第140页。

[2] 参见库尔特·埃克曼（Kurt Eckermann）：《宗教史和神话学年鉴》（*Jahrbuch der Religionsgeschichte und Mythologie*），1845年版，第1卷，第241页；以及克恩（O. Kern）：《希腊宗教》（*Die Religion der Griechen*），1926年版，第1卷，第181—182页。

续着黑暗且无分别的宗教原理，在已知的最早人类时期则被尊为"马那"（Mana）。它原始且无分别，意指一切未知者和陌生者；它超越了经验领域，是事物里的已知存有以外的部分。原始部落所经验到的超自然事物，并不是与物质对立的精神实体，而是自然事物相对于其单一环节的复杂结构。经验到陌生事物时的惊呼，便成了它的名字。名字里头记录了未知者相对于已知者的超越性（Transzendenz），以及对神圣者的敬畏。神话和科学一样，也可以把自然分化为表象和本质、作用与力，那是源自人类的恐惧，而恐惧的表现则变成对它的解释。心灵并不是如心理主义（Psychologismus）所认为的那样转移到自然里；马那或能动的灵，并不是投射，而是自然真实的优势在原始民族的弱势心灵里的回响。有生命者和无生命者的分裂，或是认为某个地方有恶魔和诸神住世，都是源自前泛灵论（Präanimismus）。即使是主体和客体的区分，也在那里看得到原型。如果说树不再只被视为树，而是某个他者的见证、马那的居所，那么语言即是在表现一个矛盾，即某物既是自己又异于自己，既同一又不同一。[1]经由神性，语言从同语反复（Tautologie）变成语言。人们喜欢把概念定义为它所涵盖的对象的所有属性，其实概念自始即是辩证思维的产物，在辩证里，每个东西只有成为其所非者，才能是其所是。此即对象化的原始定义形式，在定义里，概念和事物分立，如此的定义在荷马的史诗里已经粲然大备，而在现代的实证科学则是走火入魔了。但是

---

[1] 于贝尔（H. Hubert）和莫斯（M. Mauss）如此形容"同情"或者拟态："一即是一切，在一里面，自然战胜了自然本身。"参见于贝尔和莫斯：《巫术的一般原理》（"Théorie générale de la Magie"），见于《社会学年鉴》（L'Année Sociologique），1902—1903年，第100页。

只要这个辩证源自呐喊，是恐惧自身的分化和同语反复，那么它就始终是没有作用的。诸神无法消除人类的恐惧，他们的名字即是人类吓呆了的叫声。人类以为，唯有不再有未知事物，他们才能免于恐惧。这就界定了破除神话和启蒙的轨迹，启蒙把有生命者等同于无生命者，正如神话把无生命者等同于有生命者。启蒙是更激进化的神话恐惧。实证主义的纯粹内在性，其最终的产物，不外乎和它同样普遍的禁忌。不会有任何外面的东西，因为"外面"的观念就是恐惧的真正来源。原始民族有时候会接纳杀害族人的仇家，使其成为家族的一分子，这样就可以不用报仇[1]，这和喝下外邦人的血液一样，都是意味着内在性的建立。神话的二元论并没有超出存有者的范围。马那所宰制的世界，甚至印度和希腊神话的世界，都没有出路且永远一样。生死相待，福祸相依。人类和诸神或许会在大限到来前想办法摆脱盲目的宿命，掌握自己的命运，但是最终存有仍旧打败他们。即使是自灾祸那里夺回来的正义，也都有灾祸的意味；那就像是在压迫和贫穷的社会里的人们（无论是原始部落、希腊人还是蛮族）环顾他们的世界。因此，神话的正义和启蒙的正义一样，罪与赎罪、幸与不幸，都是等式的两端。正义向法律让步。萨满以灾厄的肖像被除灾厄。平等即是他的工具。平等也规范了文明里的惩罚和赏报。神话的所有想象也都要回溯到各种自然关系。双子星和所有其他二元性的象征一样，都是指涉无法摆脱的自然循环。蛋的象征即源于自然循环，而在该象征里也有循环的原始符号，同样地，宙斯手里体现整个父系世界的正义天平，也都要回溯到单纯的自然。从混沌到文明的脚步，并没有改变平等的原则，虽

---

[1] 参见韦斯特马克（Westermarck）：《道德观念的起源》（*Ursprung der Moralbegriffe*），1913年版，第1卷，第402页。

然自然的关系不再直接起作用，而是经由人类意识去实现。为了补偿文明脚步的罪，人类崇拜以前他们和其他生物一样只能臣服的东西。以前的偶像崇拜是服从于平等的法则，现在平等自身则变成偶像崇拜。被蒙上眼睛的正义女神（Justitia），不只是意味着法律不受干预，也意味着法律并非源于自由。

＊　＊　＊

　　在祭司们的教义里，符号和形象相对应，就此而言，其教义是象征性的。正如象形文字所证明的，文字原本也具有形象的功能，而形象功能则过渡到神话。神话和巫术仪式都意指不断重复的自然。它是象征事物的核心，被想象为一个永恒的存有或历程，因为在象征行使时，它总会重复发生。源源不绝、无止境的重生、被意指者的永存性，这些不只是所有象征的属性，也是它们真正的内容。不同于犹太教的创世记，许多世界创造的描绘，例如世界诞生自太初的母亲、母牛或蛋，都是象征性的。古人嘲笑太人性化的诸神，却因此无法触及其核心。个性化（Individualität）并无法穷尽诸神的本质。他们仍然潜在地拥有马那的性质，他们使自然体现为普遍的力量。诸神带着前泛灵论的特质闯入启蒙。在奥林匹斯的丑闻（chronique scandaleuse）的差怯面纱下，关于元素的混合、推挤和撞击的学说于焉开展出来，随即建立为科学，并且把神话斥为向壁虚造的幻想；随着科学和诗的清楚划分，科学所提倡的分工也扩及语言。对于科学而言，文字只是记号；接着才分配在各种艺术里，作为声音、形象或真正意义的文字，但是不曾另外经由各种艺术的"联觉"（Synästhesie）或总体艺术（Gesamtkunst）去重建文字本身。文字作为记号，就不得不变成计算，而为了认识自然，必须拒绝模仿自然的要求。对于前卫的启蒙来说，只有真正的艺术才不至于单纯模仿既存的事物。艺术与科学对比，经常被视为两个不同的文化领域，好统合管理，但其精密的对立，正因其内在的倾向，使彼此过渡到对方。在新实证论对于科学的诠释里，科学变成唯美主义（Ästhetizismus），变成被分解的符号的系统，而缺乏任何超越系统的意图；它变成数学家长久以来引以为傲的游戏。然而，完全模仿自然的艺术，乃至于其技术，都向实证科学投诚了。此种艺术已经再次变成世界，变成意识形态的复制，变成很顺服的再现。记号和形象的分裂是不可免的。然而如果人们自以为是地一再把它实体化，那么各自独立的两个原理，都可能导致真理的毁灭。

因分裂而开启的那个深渊，哲学在直观与概念的关系里早已窥见，也不断想办法要填补它，却徒劳无功；是的，哲学在定义上便以此为本务。当然，哲学也大都偏向它借以得名的那一方。柏拉图倡言废除诗艺，而实证主义也以同样的姿态抨击他的理念说（Ideenlehre）。柏拉图说，荷马没有以他备受赞誉的艺术公开或私下地从事改革，不曾打赢一场战争，也没有任何发明；我们也不知道有哪些崇拜或敬爱荷马的追随者；艺术必须证明其实用性。[1] 柏拉图和犹太人一样都斥责偶像模仿。理性和宗教都禁止巫术的原理。即使是作为放弃实存者的艺术，巫术原理仍然是可耻的东西；行使巫术原理者，也变成流浪者，变成残存的游牧民族，在定居的社会里找不到栖身之处。他们不再通过适应去影响自然，而是以劳动去宰制自然。艺术作品和巫术都是要设定一个自给自足的领域，

---

[1] 参见柏拉图：《理想国》（*Der Staat*），第10章。

远离俗世存有者的脉络。在该领域里主宰着的是特殊的法则。在仪式里，巫师首先会界定出与环境隔离的圣地，好让神圣力量降临，同样地，每个艺术作品也会划定自己的范围，而和实在界隔离。尽管艺术不同于巫术的感应（Sympathie），放弃实际的效果，却因此使得艺术和巫术传统更加关系紧密。它把纯粹形象和物体的存在对立起来，在形象自身里扬弃物体存在的元素。对于原始民族而言全新且可怕的事件，也存在于艺术作品的意义和美感的表象里：这是全体在特殊里的显现。在艺术作品里，复制会不断进行，而事物也由此显现为精神的东西，或是马那的彰显——此即构成其氛围（Aura，或译"灵光"）。艺术作为全体性的表现，要求绝对者的尊严。为此，哲学时而也会认为艺术优先于概念知识。谢林（Schelling）说，知识抛弃人类的时候，艺术就会接手。他认为艺术是"科学的模范，艺术在哪里，科学就应该去哪里"。[1]在他的学说意义下，形象和记号的分裂"被艺术的每个特殊表现给完全扬弃了"。[2]现在资产阶级的社会已经很难接受对艺术如此信任。他们限制知识，通常不是要让位给艺术，而是给信仰。近代好战的宗教狂热信徒、托尔克马达（Torquemada）、路德和穆罕默德，都是借着信仰去调解精神和存在。但是信仰是自身性质阙如的概念（privativer Begriff），如果信仰不持续凸显它与知识的对立或一致性，那么作为信仰，它就会被消灭。信仰依赖对知识的限制，因而也限制了自身。在基督新教，信仰试图像古代一样，直接在文字里发现真理的原则（它超越信仰，而无此原则，信仰也无

[1]谢林：《自然哲学体系初稿》（*Erster Entwurf eines Systems der Naturphilosophie*），第5节；见于《谢林全集》，第一部分，第2卷，第623页。
[2]同上书，第626页。

法存在），把象征的力量还给文字，使得信仰臣服于文字而非神圣者。因为信仰注定要和知识绑在一起，无论是敌是友，于是它必须坚持对抗中的分裂以降服知识。盲目的信仰是谎言的标记，是客观的供词：那些只有信仰的人，正因如此而不再信仰。良心不安是信仰的第二天性。正是对于必然附着于信仰的缺陷的隐约意识，以及以和解为宗旨的内在矛盾，使得信仰者的诚实总是既敏感又危险。杀人放火的暴行、反改革和改革，并不是逾越了信仰的原理，而正是信仰的实践。信仰总是要彰显自身与它意欲操纵的世界历史的完全吻合，是的，在近代世界，信仰变成历史最喜欢的工具，变成历史特有的诡计。启蒙不只是如黑格尔所说的无法抵挡，他比谁都清楚，启蒙就是思想自身的运动。无论是最庸俗还是最卓越的见识，都让知识和真理保持距离，而使得辩护者都成了骗子。信仰的吊诡最终变质为欺诈，变成20世纪的神话，而信仰的非理性（Irrationalität）也成了彻底被启蒙者用以把社会转向野蛮的理性活动。

　　早在语言踏入历史时，祭司和巫师就是语言的主宰。侮辱符号者，会受到世俗力量（以神圣力量之名）的惩罚，而世俗力量的代表者即社会的各种管理组织。走在代表者前头的，总是陷于黑暗中。我们在各地的民族学研究里都会发现，马那诞生自恐惧，而如此的恐惧总是已经被认可，至少是被族长们认可。不同一的、流动的马那，被人类给固定化且很粗暴地物质化。不久以后，巫师们随着部落四处迁移，并且因地制宜，为不同的圣地设置不同的圣仪。他们以灵界及其特殊性去发展其秘传的知识和权力。神圣本质传到与它往来的巫师身上。在早期游牧民族那里，部落的成员并不直接干预自然历程。男人捕猎，女人劳作，他们不需要严格的指挥。

在如此简单的秩序里，我们不知道强制力比习俗的影响大多少。在该秩序里，世界已经被区分为权力的领域和俗世的领域。在该秩序里，作为马那流出的自然历程，已经升格为必须服从的规范。但是即使游牧的蛮族俯首称臣，他们也会使用那限制秩序范围的巫术，并且把自己伪装成猎物以接近它们，于是到了后期，和灵界的往来以及臣服，便被归类为人类的不同阶级：一方面是权力，另一方面则是服从。那不断重复且始终如一的自然历程被灌输到臣服者身上，无论是借由异族还是自己的族人，它化作春杵敲击的劳动节奏，回响于每一个蛮族的鼓和每一次重复不变的仪式里。所有象征皆在表现物神崇拜。象征所意指的自然的重复，也一再出现于后来象征所表现的社会控制的内在性。被对象化为固定形象的恐惧，变成掌权者巩固统治的符号。即使普遍概念舍弃所有的形象，亦复如是。就算是科学的演绎形式，也反映了阶级和控制。正如最早的诸范畴表现了有组织的部落及其对个体的宰制力量，概念的整个逻辑秩序、从属、联结、包含和归结，也奠基于社会现实的对应关系，亦即分工。[1]当然，这个思维形式的社会特质，并不是如涂尔干（Durkheim）所说的社会团结（Solidarität）的表现，而只是证明社会与宰制难以分辨的统一性。宰制是在社会里建立的，而宰制也赋予社会整体更高的凝聚性和力量。宰制在社会发展为分工，而被宰制者则借着分工以自我保存。但是如此一来，整体自身，也就是整体的内在理性的作用，必然成为特殊利益的实现工具。对于个体而言，宰制是普遍的东西，是现实中的理性。社会成员的权力，以唯一的方式，经由被指派的分工而不断累积，直至

---

[1] 参见涂尔干：《分类的几种原始形式》（"De quelques formes primitives de classification"），见于《社会学年鉴》，1903年，第4卷，第66—68页。

整体的实现，而整体的合理性（Rationalität）也再度被多样化。由少数人对大家做的事，看起来总是以多数压抑个体：社会的压制总是带有集体的压制的意味。沉淀在思维里的，是集体性与宰制的统一性，而不是直接的社会普遍性或团结。柏拉图和亚里士多德用以描绘世界的哲学概念，经由普遍有效性的要求，把借由概念证立的关系提高到真正的实在界位阶。正如维科（Vico）所说的[1]，它们源自雅典的市集，以同样的清晰度反映着物理定律、自由公民的平等，以及女性、孩童和奴隶的劣势。语言自身为话语以及宰制的关系赋予了市民社会沟通所需要的普遍性。形而上学的强调，或即借由观念和规范的证成，只不过是把概念的严格性和排他性予以实体化。只要语言为了执行命令而把统治族群组织起来，概念就必须具备该性质。观念被用来助长语言的社会性权力，因此，观念会随着权力的扩张而过剩，而科学的语言则会终止它们。有意识的证立（Rechtfertigung）缺少潜藏于物神崇拜的恐惧的暗示作用。集体性和宰制的统一性现在表现在普遍性里，而在语言里，谬误内容总是具有普遍性，无论是在形而上学还是科学里都可以窥见。至少，形而上学的辩护由于概念与现实的不一致而泄漏了既存势力的不公。而科学语言的中立性，更使得无权力者完全失去表达的能力，只有既存势力才能掌握科学语言的中立符号。如此的中立性比形而上学更加抽象难解。最后，启蒙不仅吞噬了象征，也吞噬了其后继者，即普遍概念，而除了对于集体的抽象恐惧（该恐惧则源自集体），什么也没留给形而上学。概念之于启蒙，正如退休者之于企业托拉斯：两者都没有什么安全感。如果说逻辑实证论还肯给或

---

[1] 维科：《关于各民族共同本质的新科学》（*Die Neue Wissenschaft über die gemeinschaftliche Natur der Völker*），1924年版，第397页。

然率一个机会，民族学的实证论则是早已经把或然率和本质画上等号："我们对于概率和本质的模糊观念，只是那些更丰富的理念的苍白余绪。"[1]也就是巫术的实体。

遇到名词、无扩延的或点状的概念，以及专有名词（Eigenname），唯名论的启蒙则是捉襟见肘。尽管我们再也无法如某些人所主张的[2]确定专有名词最初是否即为种属名词（Gattungsname），两者的命运到底还是不尽相同。休谟和莫斯所否认的实体性的"我"，并不等于"名字"。在犹太教里，即使父系社会的观念高涨到毁灭神话的地步，他们仍然禁止称呼上帝的名字，如此便承认了名字与存有的关系，犹太教的祛魅世界否定了上帝观念里的巫术元素，因而与巫术和解。犹太教不容许任何能够抚慰凡人的绝望的语词。他们认为，对于禁忌的所有渴望，都只是把假神误认为真神，把有限者误认为无限者，把谎言误认为真理。救赎的保证在于拒绝任何伪装为救赎的信仰，而真知则是在于驳斥一切虚妄。然而否定并不是抽象的。如同佛教关于"虚无"的刻板说法，无分别地破除一切肯定者，以及它的对立阵营，即泛神论（Pantheismus）或是拾其牙慧的资产阶级的怀疑论，他们都忽略了禁止称呼绝对者的名字的诫命。把世界解释为虚无或全体，那就是神话，而救恩的保证道路，也升华了巫术的习俗。自我满足于预言未来，以及否定性被圣化为救恩，那都是以虚构的形式去抗

[1] 于贝尔和莫斯：《巫术的一般原理》，见于《社会学年鉴》，1902—1903年，第118页。

[2] 参见滕尼斯（Tönnis）：《哲学术语》（„Philosophische Terminologie"），见于《哲学社会学观念》（*Psychologisch-Soziologisch Ansicht*），1908年版，第31页。

拒欺骗。形象的权利在忠实地实践诫命当中得到拯救。如此的实践，"被规定的否定"（bestimmte Negation）[1]，并不如怀疑论一般，经由抽象概念的主权而无惧于直观的诱惑；对于怀疑论而言，无论真伪皆是虚无的。不同于严格主义（Rigorismus），"被规定的否定"不仅是把对于绝对者的不完美的表象（亦即偶像崇拜）摆在它们难以匹敌的理念面前，还拒绝了那些表象。辩证法（Dialektik）更要把每个形象彰显为文字。它教导我们从形象的性质去判读对其虚伪的自白，该自白会褫夺其权力，而把它交给真理。于是，语言便只是单纯的符号系统而已。借由"被规定的否定"，黑格尔强调一个可以把启蒙和实证论的瓦解（他把启蒙也算作那种瓦解）区分开来的元素。然而他由于最后把整个否定的历程（体系和历史里的全体性）的已知结果规定为绝对者，自己便触犯了诫命，而沉陷在神话里。

　　黑格尔的哲学，作为进步思想的神圣化，以及实事求是的启蒙（此即启蒙与黑格尔以及一般形而上学的区别所在），都免不了这个结果。因为启蒙和任何体系一样都是极权主义的。启蒙的虚妄并不在于它的浪漫主义对手自始就批评的分析方法、回归到元素或经由反省的分解，而是因为对启蒙而言，在审判开始时便已经做出判决了。在数学关系里，当一个未知数成为等式里的未知数时，即便没有代入任何数值，它实际上已是已知数。无论是在量子理论出现前后，自然都可以被归纳到数学里，即使那些无法被列入的、无解的和非理性的，都可以被数学定理圈起来。启蒙自始便把完全数学化的世界等同为真理，认为如此便保证不会回到神秘的事物。

---

[1] 黑格尔：《精神现象学》，见于《黑格尔全集》，第2卷，第65页。

启蒙让思考等于数学。于是数学仿佛被释放，摇身变成绝对的主管机关。"一个无限的世界，此处即各种观念性的世界，被认为其对象无法由我们的认知以不完整且偶然的方式个别地把握，而是以理性且统一的数学方法，最终触及——以无穷级数的方式——每个完全在己存有（Ansichsein）的对象……在伽利略对自然的数学化里，自然本身在新数学的指导下被观念化，用现在的语汇说，自然甚至变成了数学的集合。"[1]思维把自己物化为自行运转的自动历程，模仿思维自己创造的机器，好让机器最后能够取代它。启蒙[2]抛弃了古老的要求，即思考思维自身——费希特（Fichte）的哲学是该要求的极致开展——因为启蒙偏离了控制实践的诫命，而那诫命却是费希特信守奉行的。数学的步骤俨然成为思维的仪式。尽管有公理的自我设限，数学仍然把自己认定为必然且客观的：数学把思维变成事物，变成工具——正如数学自己说的。然而，经由思维模仿世界的这种拟态，事实成为唯一的重点，即使是否认上帝的存在，也都被归于形而上学的判断。对于坐在启蒙理性的审判席上的实证主义而言，关于睿智世界的枯坐冥想不再只是被禁止的，而且是无意义的空话。幸好实证主义不需要变成无神论，因为被物化的思维甚至无法提及这个问题。对于实证主义的审查而言，正式的敬拜被视为与知识无关的特殊社会活动，和艺术一样，它都是乐意予以放行的；但是否认上帝存在，即便它自称为知识，也都不被许

---

[1] 埃德蒙德·胡塞尔（Edmund Husserl）：《欧洲科学的危机与超越论的现象学》（„Die Krisis der europäischen Wissenschaften und die transzendentale Phänomenologie"），见于《哲学》（*Philosophia*），1936年版，第95—97页。

[2] 参见叔本华：《附录和补遗》（*Parerga und Paralipomena*），第2卷，第356节，见于《叔本华全集》，多伊森编，第5卷，第671页。

可。科学的信念认为，使思维偏离宰制事态的本务，逾越了存在的范围，那不是发疯了就是自取灭亡，就好像要巫师走出他为了降神而画的圈子一样，对于两者而言，触犯禁忌都会给犯罪者带来严重的灾难；对自然的宰制筑了一道樊篱，而《纯粹理性批判》也把思维禁锢其中。康德认为，思维无止境地辛苦追逐无限者的学说，无异于执着于它的缺陷以及永恒的局限性。而他的宣告却有点像神谕：世界上没有任何存有是知识无法理解的，但是知识能理解的东西，却不是存有。根据康德的说法，哲学判断以新事物为目标，却无法认识任何新事物，因为判断总是在重复理性已经置于对象里的东西。思维躲在科学的领域里，而免于"通灵者之梦"，但是如今它必须付出代价：对自然的世界宰制转向思考的主体自身，对于主体而言，什么也没有了，除了永远同一的"我思"，它必须能够伴随我的所有表象；主体与客体都变成虚无。唯有抽象的自我才有权记录和体系化，它所面对的，只有抽象的物质，那样的物质并不占有任何性质，而只是一个基底（Substrat）。精神和世界终于同一，不过那是因为它们彼此抵消了。在思维被简化为数学工具时，世界被判定要成为自己的尺度。主体性表面上的胜利，让一切存有者臣服于逻辑形式主义，其代价则是让理性对于直接的实存者俯首帖耳。整个知识的要求都被牺牲了：理解实存者本身，不只是注意到既存者借以被度量的时空关系，而且是把它们思考为表面事物、中介的概念环节，而唯有彰显那些环节的社会、历史和人性的意义，才可能实现它们。知识的要求并不在于单纯的知觉、分类和计算，而是在于每个直接事物的"能规定的否定"（bestimmende Negation）。但是数学形式主义以数字为媒介，也就是直接性事物最抽象的形态，因此它只在直接性当中把握思维。事实总是对的，知识自限于事实的重复，而思维只是同语反复。思考的机制越是臣服于存有者，它就越盲目地满足于存有者的复制。于是启蒙往回摆荡到神话而不知如何挣脱。因为实存者的本质，循环、命运以及世界的统治的真理，神话皆以各种形态去反映它们且放弃任何希望。

　　精确的神话形象和清晰的科学公式证明了事实的永恒性，单纯的存有者被表现为被它阻断的意义。世界作为巨大的分析判断，是科学仅存的梦，与因为掳掠珀耳塞福涅而形成的春秋更替的宇宙神话完全吻合，神话事件的独特性原本是想要把事实性的事件合法化，但那只是个谎言。女神被掳的故事原本就是指自然的死亡。每年秋天都会重复它的死亡，而重复也不是各自独立的事件的前后相续，而是每次都一样。随着时间意识的加强，事件也更加独特地沉淀在过去，而在每个新的季节周期里，也会经由仪式回溯到远古，以平息对死亡的恐惧。但是如此的区隔是无济于事的。由于假定有独特的过去事件，季节的周期似乎是不可免的，而从古代的恐惧覆盖到所有事件，一切皆为其重复而已。无论是把事实纳于传说中的史前时代，还是数学的形式主义，在当下的事物与仪式中的神话事件或是与科学里的抽象范畴的符号关系里，新的事物都似乎是前定的，因而其实就是古老的东西。没有希望的不是存有者，而是知识，它以形象或数学的符号占有且永久保存那作为某种图式（Schema）的存有者。

　　在启蒙的世界里，神话潜入了俗世性当中。完全涤除了魔鬼及其概念衍生物的存有者，在其纯粹的自然性里，拥有史前原属于魔鬼的神秘（numinos）性质。由赤裸裸的事实之名产生的社会不公，以那些事实为借口，被神圣化为永远不得更改的东西，正如巫医在众神的保护下被圣化。宰制的代价不只是人类与被宰制的对象的异化：随着精神的物化，人与人的关系，甚至每个个体和自身的关系，都着了魔。个体萎缩成传统的反应以及他实际被期待的功能模式的交会点。泛灵论为物体赋予灵魂，而工业主义则是把灵魂给物化了。在整个规划之前，经济工具就会为商品赋予价值，而那些价值则决定人们的行为。随着自由交换的结束，商品丧失了所有经济性质，只剩下拜物的性质，于是这个性质转瞬间扩散到社会生活的所有层面。经由无数的大量生产组织及其文化，标准化的行为模式成为唯一自然的、正当的、理性的模式，烙印在个体身上。个体仅仅把自身定义为事物，定义为统计元素，定义为成功或失败。个体的判准在于自我保存，在于是否成功适应个体的功能的客观性及其模范。所有其他东西，例如理念和犯罪，都会体验到集体的力量，从学校到工会，无所不在。即使是有威胁性的集体力量，也只是假象的表面，底下潜伏着某种力量，宰制着狂暴的集体性。袒护个体的集体残暴，并不代表人类的真正性质，正如价值也不代表消费品。以无成见的知识去把握的事物和人类的形象，被扭曲成恶魔，那要回溯到宰制权，回溯到那个使马那贯注于诸鬼神，且让人们为巫师和巫医的幻术目眩神迷的原理。古代把无法理解的死亡承认为命运，而命运现在则过渡到完全可理解的存在。人类在每天中午突然察觉到自然无所不在的力量而惴惴不安，现在同样的恐惧则无时无刻不袭向我们：人类预知到一个无所不在的力量正在焚烧这个没有出口的世界，而我们既是该力量本身，却又对它无可奈何。

* * *

启蒙对神秘事物的恐惧源自对于神话的恐惧。启蒙不仅在隐晦的概念和语词（如语义学批评所说的）里察觉到神话，也在所有与自我保存的目的脉络无关的人类语词里发现它。斯宾诺莎（Spinoza）的命题"保存自我的努力乃是德性首先且唯一的基础"（Conatus sese conservandi primum et unicum virtutis est fundamentum）[1]，蕴含了所有西方文明的真正格律，在这个格律里，资产阶级的宗教和哲学的种种差异都显得无关紧要。在以方法学废除了自我所有被视为神话的自然轨迹以后，自我就不再被认为是身体、血液、灵魂甚或自然的"我"（Ich），而被升华为先验的（transzendental）或逻辑的主体，成为理性的参考点、行为的立法机关。根据启蒙或基督新教的判决，任何不考虑自我保存的理性关系而把自己直接托付给生命的人，都是堕落到了史前时代。他们认为那种驱力和迷信一样是神话；服侍那并不宰制自我的神，就像酗酒一样精神错乱。对于两者而言（宗教的崇拜以及沉溺于直接自然的存有），进步已经准备好它们的下场：它诅咒说，思维和快感将会忘记自我。在资产阶级的经济里，每个个人的社会性劳动是以自我的原理为中介的；对某些人来说，劳动要回馈增加的资本，对其他人而言，则是要得到更多劳动的力量。自我保存的历程越是随着资产阶级的分工不断发展，便越加迫使个体自我异化，其灵魂和肉体都被形塑为技术的机制。而启蒙的思维为此又付出代价：表面上，认识的先验主体，作为主体性的最后记忆，最终也会被废除，而被自动秩序机制更顺畅的作用取代。主体性自身挥发为所谓任意的游戏规则的逻辑，好让人更肆无忌惮地支配它。最后，实证主义毫不保留地抨击那最严格意义下的幻觉，即思想本身，甚

---

[1] 斯宾诺莎：《伦理学》（*Ethica*），第4部分，命题22。

至摧毁最后一个干扰个人行为与社会规范的关系的代理者。主体在被意识剔除后被物化成技术的历程，既免于神话思维的多义性，却也舍弃了任何意义，因为理性自身变成仅仅包含一切的经济机制的辅助工具。理性是用以生产所有其他工具的一般性工具，完全目的导向，和物质生产中的精确计算工作一样危险，其计算的结果总是超乎人类的预期。理性以前总是汲汲于成为目的的纯粹工具，现在终于实现。逻辑法则里的排中律，便是来自对于功能的执着，而其最终的源头则是自我保存的强迫性质。而自我保存不断升高到生死存亡的抉择，甚至反映在逻辑原理上面，即两个相互矛盾的命题，只能有一个为真，另一个则为伪。关于该原理以及由它建立的整个逻辑的形式主义，起因于一个社会的各种利益的不透明性和纠葛，在那样的社会里，形式的保存和个人的保存只是恰好相对应而已。在课堂中由逻辑衍生的思考批准了在工厂与办公室中人类的物化。于是禁忌侵蚀了禁忌的力量，正如启蒙侵蚀了精神，而精神自身就是启蒙。但是自然作为真正的自我保存，也在誓言要放逐自然的历程中被清除了，无论是在个体危难还是战争的集体命运里。如果统一性知识的理想是理论仅存的规范，那么实践也必须服从世界历史无法阻挡的全体大用。完全被文明包围的自我，被瓦解为非人性的元素，而那却是文明起初努力要挣脱的。以前人们总会害怕失去自己的名字，如今这个最古老的恐惧也成真了。对于文明而言，纯粹自然的存在，无论是动物还是植物，都是绝对有危险的。拟态的、神话的、形而上学的行为模式，相继被认为是要被扬弃的世界时期，人们害怕如果沉沦其中，自我会退化到单纯的自然，那是自我极力要摆脱的，因而也是让自我非常畏惧的东西。对于史前时代、游牧时期，甚至真正父系社会以前的阶段的鲜活回忆，在几千年来，被人们当作最可怕的惩罚，从而被从人类意识里除去。启蒙的精神以烙痕取代了火和轮子，并为所有非理性事物烙了印，认为它们只会带来灭亡。启蒙的享乐主义是有节制的，它和亚里士多德一样憎恶放纵无度。资产阶级回归自然的理想，指的不是无形式的自然，而是中庸的德行。杂交和禁欲，营养过剩和挨饿，虽然相互对立，却都是崩坏的力量。发号施令的少数者，让整个生命臣服于自我保存的要求，因而确切保证整体的永续存在。从荷马到现代，在回归到单纯重复的斯库拉（Szylla）以及欲壑难填的卡律布狄斯（Charybdis）[1]的两岸峭壁中间，宰制世界的精神以轻舟穿过。自始它就不相信其他不够邪恶的指路星。德国好战的新英雄和执政者要重新释放那种欲望。但是在19世纪末的劳动压力下，享乐主义学会了憎恨自己，尽管从极权主义中被解放了，却还是妄自菲薄，甘居下流。它仍然陷溺于已经被罢黜的理性以前灌输给它的自我保存。在西方文明的各个转折点，总有新的民族和社会阶层变本加厉地迫害神话，从奥林匹斯的宗教到文艺复兴、宗教改革、资产阶级的无神论。那些不受控制的、有威胁性的自然的恐惧（如此的恐惧是自然被物质化和对象化的结果），被贬谪为泛灵论的迷信，而内在或外在自然的宰制，成为绝对的生命目的。自我保存最终被自动化，而那些继承了理性又害怕被剥夺继承的生产控制者，则解雇了理性。启蒙的本质在于它有许多选项，而选择本身却是不可避免的，即宰制的必然性。人类总是必须选择臣服于自然或是让自然

---

[1] 在希腊神话中，墨西拿海峡的一侧的巨石上住着海妖斯库拉，旁边的大漩涡里住着卡律布狄斯。当船只经过她们的领地时，海妖斯库拉要吃掉6名船员才会放行，而卡律布狄斯会吞噬所有经过的东西。在西方文化中，"斯库拉和卡律布狄斯之间"有"进退两难"的意思。——译者注

臣服于自我。随着资产阶级商品经济的扩展，计算的理性太阳照亮了神话的黑暗地平线，在其冰冷的阳光下，新的野蛮种子正在成长。在宰制的强制下，人们的劳动脱离了神话；在同样的宰制下，却也一再落到神话的魔咒里。

在荷马的故事里保存了神话、宰制和劳动的纠结关系。《奥德赛》第12卷讲述奥德修斯经过女妖塞壬（Sirenes）的岛屿的故事。女妖诱人的歌声会使人沉醉在过去，但是遇此诱惑的英雄已经历尽沧桑。在经历过无数的生死难关后，他的生命的统一性、人格的自我认同，会变得更加坚定。对他来说，时间的国度就像水、土地和空气一样被分割。过去的潮水已经从现在的岩石退走，而未来仍然笼罩在地平线的云里。奥德修斯抛在身后的东西，是已经走进阴影的世界：自我和挣脱其怀抱的神话仍然如此接近，使得它亲身经历的过去变成了神话的史前时代。自我试图以时间的固定秩序去对付神话。三分法的时间图式，把过去放逐到不可挽回的绝对界限后面，作为实用的知识，供现在驱策，由此使现在的瞬间脱离过去的宰制。有人想要把过去视为有生命的东西去拯救它，而不是当作进步的材料，这样的冲动只有在艺术里才能被满足。即使是表现过去生命的历史，也属于艺术的范畴。只要艺术放弃被视为知识，并且因此和实践隔离，社会实践才能如对待快感一般地宽容它。但是塞壬女妖的歌声还没有被贬谪为艺术。"原来这大地茫茫纵无垠，我们却万事俱知情"[1]，尤其是奥德修斯的遭遇，"若提起特洛伊人怎样遭天命，阿格斯人怎样受艰辛，我们——都闻讯"[2]。塞壬女妖以过去刚发生的事物诱惑他们，加上甜蜜歌声中无法抗拒的欢

---

[1]《奥德赛》，第12卷，第191页。

[2] 同上书，第189—190页。

悦，因而威胁了父系社会的秩序，该秩序只会以每个人的生活回报他们奉献的全部时间。无所不在的精神从自然那里夺取存在，而那些竞逐塞壬女妖的幻术的人则会堕落。塞壬女妖既然无所不知，就会把未来当作奖品，至于让他们快乐归乡的承诺，则是个谎言，而过去的事物也是以此欺骗内心充满渴望的人们。女神喀耳刻（Kirke）给予奥德修斯忠告，她曾经把他的伙伴变成动物，奥德修斯既对抗她，又要在她的帮助下对抗其他毁灭的力量。但是塞壬女妖的诱惑要厉害得多。听到她的歌声，没有人逃得掉。在同一性的、目的导向的、男性特质的自我被创造出来以前，人们必须先遭受可怕的事物，而这样的历程在每个儿童时期都会重复。在自我的每个阶段里，总会努力维系自我，而随着自我保存的盲目决定，也总会被诱惑去放弃自我。自我漂浮于亢奋中，为此必须以死寂的沉睡为偿赎，如此的自恋沉醉，是介于自我保存与自我毁灭之间最古老的社会活动之一，那是自我努力要存活的企图。害怕失去自我并因而扬弃自身与其他生命的界限，畏惧死亡和毁灭，总是和那随时威胁着文明的幸福承诺有密切的关系。文明的道路是服从和劳动的道路，在途中，任何成就都只是幻象，是被褫夺权力的美。在奥德修斯的想法里，他对于自己的死亡和幸福同样有敌意，他必定知道这点。他只知道两种逃脱的可能性。他对同伴指示了其中一种。他要他们以蜡块塞住耳朵，并且拼命摇桨。想要活命，就不可以聆听那无法抵挡的歌声，而唯一的办法就是让自己听不见。社会就经常这么做：劳工必须专心致志向前看，而不去看路边的东西。任何可能使他们偏离正轨的冲动，都必须加把劲去升华它，如此他们才会脚踏实地。奥德修斯把另一个可能性留给自己，他是个领主，有别人为他工作。他听见了，但是被绑在桅杆上而无法动弹，诱惑越强烈，他就让自己被绑得越紧。就像后来的资产阶级，幸福的诱惑力量越强大，他们就越固执地拒绝它。他听到的声音对他没有什么作用，他只能摇头晃脑要同伴将他松绑，但是太晚了，他的同伴听不见。同伴只知歌声有危险，而不知其甜美，因此没放他下来，却也拯救了他以及自己。他们以自身为例，复制了与受压迫者相同的生活，而奥德修斯则再也无法走出其社会角色。他用枷锁把自己绑在上面、无法挣脱，同时也使塞壬女妖远离实践：她们的诱惑被中性化为单纯的沉思对象，也就是艺术。受缚者去参加一场音乐会，像后来的听众一样一动也不动地聆听，而他在挣脱后的兴奋呼喊，却被当作掌声而没有人注意听。于是，艺术欣赏和手工劳作从脱离原始时代时就分道扬镳了。史诗里已经包含正确的理论。文化产物与被役使的劳动之间有个明确的关系，两者都奠基于对自然的社会性宰制的必然冲动。

　　奥德修斯的船在面对塞壬女妖时所采用的策略，是对于启蒙的辩证（Dialektik der Aufklärung）的预示性隐喻，正如替代性是统治权的标准——也就是说，如果大多数的事务都由别人替代他去做，他的权力就最大，同样地，替代性既能载舟亦能覆舟。在某些情况下，"被劳动排除"意味着肢体残障，无论是指失业劳工还是社会阶级的另一端。上层社会经验到的无忧无虑的存在，仅仅是个基底，而他们也完全僵化为役使别人的自我。原始民族经验到的自然事物，仅仅是欲望难以掌握的对象。"但是主人把奴隶放在事物和他自己之间，这样一来，他就只把他自己与事物的非独立性相结合，而予以尽情享受；但是他把事物的独立性一面让给奴隶，让奴隶对事物予以加工改造。"[1]奥德修斯让别人替他劳动，正如他不能向自我放弃的诱惑投降，作为领主，他也要拒绝参与劳动、最后甚至拒绝指挥劳动，而他的伙伴们尽管多能鄙事，却无法乐在工作，因为他们是被迫去做的，既绝望又必须闭塞其感官。奴隶的身体和灵魂皆受桎梏，而主人则不断退化。没有任何宰制能免除这个代价，权力总会伴随着衰颓，这也解释了历史进步里的循环性。人类的灵巧和知识随着分工而彼此分化，于是不得不回到人类学上更原始的阶段。因为，随着技术减轻存在的负担，支配权的延续则需要更强烈地压抑本能。幻想在萎缩。灾难不在于个人退缩到社会或其物质产物背后。当机械的发展翻转为支配的机制，而使得交织在一起的技术和社会趋势全部都在人类的掌握中，那么他们的退缩就不只是代表着虚假而已。对于进步力量的顺应也助长了力量本身的进步，而不断的萎缩证明了成功的进步才是自身的反命题，而不是失败的进步。无法阻挡的进步的诅咒正是无法阻挡的退化。

退化并不限于感官世界的经验（那样的经验是切身的），其实退化也影响到自主的理性。为了支配感官，理性自身抽离了感官经验。有了理性功能的统一化，理性才能支配感性，思维也才能拒绝成为同一性的产物，但是同一性同时意味着思维和经验的贫穷化，理性和感性两个领域的分隔给双方都留下伤害。思维自限于组织和管理，无论是狡猾的奥德修斯还是幼稚的总经理，其结果都是强者在支配弱者时显现的困窘。其实精神已经变成宰制以及自我宰制的工具，而资产阶级的哲学对此总是判断错误。顺服的无产阶级自神话以降的耳聋，和使役者的呆滞不动差不了多少。社会的过度成

---

[1] 黑格尔：《精神现象学》，见于《黑格尔全集》，第2卷，第146页。

熟，靠的是被支配者的不成熟。社会、经济和科学器具越是复杂精密（生产体系早就要身体配合器具的条件），身体所能接触的体验就越贫乏。性质被消除且转换为功能，经由理性化的劳动模式，也从科学转移到人类的经验世界，使它渐渐类似于两栖动物的世界。现在，群众的退化在于无法以自己的耳朵去倾听那未被倾听者，无法以自己的手触摸那未被把握者，那是新的蒙昧形式，取代了被打败的神话。经由全体性的、涵盖所有关系和活动的社会，人类被迫回到与社会的发展以及自我的原理对立的方向：变成单纯的种属生物，在强制的集体性里，因为隔离而彼此孤立。无法交谈的摇桨者，都听从相同节奏的操控，正如现代的工厂、电影院和集团里的劳工。迫使人们盲从妥协的，是社会里具体的劳动条件，而不是那些使受压迫者更加无知且偏离真理的有意识的影响。劳动者无权力，不只是支配者的诡计，也是工业社会的逻辑结果，古代努力要挣脱命运，现在则变成努力要摆脱该逻辑结果。

但是其逻辑的必然性也不是盖棺论定的。它和宰制绑在一起，既是其反照也是其工具。因此，正如其证据的不容置喙，其真理亦不无可疑之处。然而，思想总是自满于具体阐明必然性自身的可疑性。奴隶是主人无法恣意控制的。从人类发展至定居的生活乃至于商品经济，宰制自身物化为法律和组织，因而必须自我设限。工具获得了自主性：精神的中介代理者独立于统治者的意志，而缓解了经济上的不公的直接性。宰制的工具，如语言、武器乃至于机器，原本是要控制一切，却反而被一切控制。于是，在宰制当中，理性的环节自身实现为不同于宰制的东西。工具的对象性使得它普遍可利用，工具相对于所有人的"客体性"（Objektivität）便已经蕴含着对于宰制的批判，而思维正是形成宰制的工具。思维自神话发展到符号逻辑，丧失了自我反省的元素，而机器设备更让现在的人们残废，尽管他们以机器为生。然而异化了的理性以机器的形式走向一个社会，在那个社会里，被凝固为物质性和理性的工具的思维，与被解放的生命原理和解，在与社会自身的关系里，成为社会的真实主体。思维的特殊性的起源自始便与其普遍性的观察点不可分割。如今，随着世界蜕变为工业社会，普遍性的观察点以及思维的社会实现，皆完全接受支配者把思维驳斥为单纯的意识形态。那只是泄漏了朋党们的良心不安，在他们当中，经济的必然性最终体现出：思维的启示，从"领袖"（Führer）的直觉到"动态的世界观"，和以前的资产阶级辩护完全相反，再也不承认自己的暴行是合法脉络的必然结果。他们所引用的关于天命和命运的神话谎言，其实并不完全是虚妄不实的：支配企业家的行为且导致灾难的，再也不是客观的市场法则。相反，是由老板们有意识的决定去实现资本主义的古老价值法则，乃至于其命运，他们联合起来的强制力完全不输给最盲目的价格机制。支配者自己根本不相信什么客观必然性，尽管他们偶尔会如此称呼他们的诡计。他们自诩为世界历史的工程师。只有被支配者才要接受既存的发展，生活水平越是提升，他们就越无力，仿佛那是不可抗拒且必然的。操作机器所需要的那些人，他们只要用极少的工作时间去供社会的支配者差遣，就可以维持生计，于是在多余的时间里，庞大的人口便被训练成体系里增补的禁卫军，以期有朝一日作为体系伟大计划的人力资源。他们被视为失业者的军队而被豢养，他们被贬低为管理的单纯对象。如此的管理也构成社会生活各个领域的原型，甚至是语言和知觉，对他们虚构出一种客观的必然性，让他们相信自己对它无可奈何。权力和无权力的对立所造成的贫穷，随着消灭贫穷的能力的成长而恶化到不可收拾的地步。从经济的最高决策者到最底层的贩夫走卒，那些使得现状永续存在的庞大朋党和体制，对于任何个人而言，皆如堕五里雾中。如果他们能想到的话，那么对于工会主席（更不用说经理们）而言，一个无产者不过是个多余的样本而已，而工会主席又得害怕自己会被整肃。

随着脱离自然的控制，体系对于人类的控制渐渐成长，该状态的荒谬性在于把理性社会里的理性斥为冥顽不灵。理性的必然性和企业家的自由一样，都是假象，在企业家们无法避免的交战与媾和当中，显示其强制的本性。完全启蒙的人们迷失在如此的假象里，思维无法驱散它，作为支配的工具，思维必须在命令和服从之间做选择。思维自史前时代以来即无法摆脱这个难解的结，思维也借着"非此即彼"、推论和二律背反的逻辑完全脱离自然，然而，虽然没有与思维和解而且自我异化，理性却有足够的能力重新认识到该逻辑其实就是这个自然。在思维的强制性机制里，自然反映自身且持存着，而思维借由其无法阻挡的推论，也把自身反映为自我遗忘的自然，也就是强制性机制。想象固然只是个工具。人类以思维远离自然，由此以能够支配它的方式让自然罗列眼前。事物和物质工具，在各种情况里都固定不变，把世界区分为混沌、多重和异质的世界，以及熟悉、单一和同质的世界，同样地，概念是观念工具，以人类能够把握的方式与事物对应。于是，每当思维想要否认区分、距离化和对象化的功能，它就变成了幻想。所有神秘的统一都包含着欺骗，那是被没收的革命的微弱内在痕迹。然而由于启蒙正确地反对任何乌托邦的实体化，并且冷静地宣告支配即分化，主体和客体的分裂（启蒙不愿意掩盖该分裂）便成了彰显分裂自身的虚妄以及真理的指标。扫除迷信除了意味着权力的增长，也意味着自暴其短。启蒙不再是启蒙，而是在异化中被察觉到的自然。在精神认识到自己是分化了的自然的时候，自然就像在原始时代一样呼唤自己，但不是以其惯有的名字，即意味着全能的"马那"，而是自称为瞎子或瘸子。精神对于自然的顺服存在于它赖以生存的宰制自然当中。精神谦卑地自承为宰制且撤退到自然里，因而放弃那使它受缚于自然的宰制要求。虽然人性不得不抛弃自我认知以摆脱必然性且逃避到进步和文明里，人性也为此筑起壁垒，以抵挡必然性以及那些总是从征服自然回到社会的体制和支配行为，但是起码他们不会把该壁垒误认为未来自由的保证。文明的每次进步不只会革新支配的形式，也包括如何缓和该支配形式的远景。然而，尽管真实的历史是由真实的苦难编织而成的，苦难也没有随着消除苦难的手段增多而相对地减少，但是该远景的实现还是依赖概念。因为作为知识的概念不仅使人类远离自然，作为思维——在科学的形式下，思维仍然受缚于盲目的经济趋势——的自我省察，它让那使不公永存的距离得以接受检验。借由在主体里回忆起自然，其中包括所有文化被忽略的真理，启蒙和支配完全对立。即使在哲学家瓦尼尼（Vanini）[1]的时代，要求制止启蒙的呼声并不是因为害怕精确的科学，而是因为憎恨那放纵不羁的思维，它相信自己就是自然对于自身的畏惧，由此脱离自然的魔咒。祭司们总是要为马那向启蒙者报仇，而启蒙的占卜者因为害怕所谓马那的东西，而在其傲慢中和祭司合而为一。资产阶级的启蒙早在杜尔哥（Turgot）和达朗贝

----

[1] 瓦尼尼（1584—1619），意大利哲学家，被教廷指控为无神论者而入狱，最后被烧死。——译者注

尔（d'Alembert）[1]以前就失去了它的实证主义环节。它总是难免要把自由和自我保存的活动混为一谈。概念的悬置，无论是借进步还是文化之名，皆密谋联合对付真理，而让谎言满天飞。在一个只能证实呈堂证言的世界里，伟大思想家的成就被贬低为陈词滥调的报纸标题，在那里，谎言和中庸文化产物的真理再也无法区分。

　　支配被认为是无法和解的自然，这种思想意味着必然性的弱化，而社会主义认为必然性是常识，是永恒不变的。社会主义认为必然性是所有未来的基础，而把精神理想化，把它放逐到上层结构的顶端，因而极力攀附资产阶级的哲学遗产。于是必然性与自由王国的关系就仅止于数量的、机械性的层面，而自然被视为完全异质的，就像最早的神话一样，变成极权主义式的，把自由和社会主义都给同化了。思维被启蒙放弃，以数学、机械和组织的物化形式向遗忘它的人类报仇，而启蒙也因此失去了自身的实现。启蒙驯服了一切个别事物，而让那无法理解的整体得以宰制事物并回到人类的存有和意识。但是真正颠覆性的实践有赖于理论拒绝让社会把思维僵化成无意识状态。使该实现成问题的，不是实现的物质条件或挣脱束缚的技术。那是社会学家们的主张，他们在找寻另一个对策，为了找到这个对策，他们有可能采取集体主义式的主张。[2]罪存在

---

[1] 杜尔哥（1721—1781），法国经济学家、政治家，曾任海军大臣和财政大臣等职，著有《关于财富的形成和分配的考察》等书；达朗贝尔（1717—1783），法国著名物理学家、数学家、天文学家，和狄德罗一起编撰了法国《百科全书》。——译者注

[2] "我们现代所面临的最重要的问题（所有其他问题都是由它推论而得的）就是：科技是否可以被控制……没有人能够确定实现这个目标的公式是什么……我们必须尽可能使用一切资源……"参见洛克菲勒基金会：《1943年回顾》（*A Review for 1943*），1944年版，第33—35页。

于使人盲目的社会脉络里。诸民族以神话和科学的方式对他们自己不断创造的既存者致敬，最后这个既存者变成实证的事实和堡垒，所有革命性的幻想在它面前都成为乌托邦而自惭形秽，并且堕落到顺服历史的客观趋势。就像浪漫主义的对手们所称的，启蒙作为这种顺从的工具、单纯的手段设计，是具有破坏性的。当启蒙发誓放弃与对手们和解，且大胆扬弃那虚假的绝对者、盲目支配的原理，启蒙才会自我实现。如此坚定不屈的理论的精神，甚至可以使无情的进步精神放弃其目标。进步精神的传令兵培根梦想有许多东西是"国王以其所有宝藏也买不到，也无法以其命令取得，国王的斥候和探子也查不出的"。而正如他所愿，那些东西落到资产阶级、国王启蒙了的后裔的手里。资产阶级的经济借由市场的中介使其权力倍增，使得其事物和力量也倍增，因而不再需要国王或资产阶级（但是需要全体人类）去管理它。他们终于从事物的力量那里学到如何放弃力量。当启蒙眼前的实践目标原来早已经完成，而人们也想起来，"国王的斥候和探子也查不出的"那些国度（亦即被拥有支配权的科学误解的自然）才是发源地，启蒙便成就其巅峰而又自我扬弃。在培根的乌托邦里，"我们应该以行动去驾驭自然"，而现在，当那个乌托邦覆盖大地，便彰显出那无拘无束的自然所拥有的强制性本质。那就是宰制本身。培根认为"人类的优越性"所在的知识，现在便可以瓦解宰制的力量。但是在面对这个可能性时，正在运转中的启蒙却转而对群众撒了大谎。

附论一：奥德修斯，或神话与启蒙
Exkurs 1: Odysseus oder Mythos und Aufklärung

正如塞壬女妖的故事蕴含着神话和理性劳动的交织纠缠，奥德修斯也见证了启蒙的辩证。最古老的史诗清晰显示了它和神话的关联：探险故事源自民间传说，但是由于荷马的精神攻陷了神话且"组织"了它，其叙事便与神话对立。史诗与神话习惯被画上等号，最新的古典语言学已经推翻了这种说法，而在哲学批判面前，它也被证明是个假象。这两个概念彼此分歧。它们标示一个历史历程的两个阶段，在荷马史诗编纂的交会点，该历程仍然看得见。当语言还没有默认普遍性的时候，荷马的话语创造了语言的普遍性；它以通俗的表现方式赞颂社会的阶级秩序，却也瓦解了该秩序。人们歌颂阿喀琉斯（Achilleus）的愤怒和奥德修斯的迷航，是渴望把那些再也无法被歌颂的东西给风格化，而冒险英雄原来是资产阶级个体的原型，其概念源自始终不变的固执任性，故事里四处流浪的人们可以说是其古代的典范。就历史哲学而言，史诗与小说是互相对立的，而史诗却表现出类似小说的性质。而那充满意义的荷马世界，那整个庄严的宇宙，显现为建立秩序的理性成就，它以原本用来反映神话的理性秩序瓦解了神话。

德国晚期浪漫主义运动以尼采的早期著作为基础去诠释古典时期，强调理解荷马作品里资产阶级的启蒙元素。尼采和自黑格尔以降的某些人一样，认识到启蒙的辩证。他阐释启蒙与宰制的矛盾关系："启蒙应该被灌输到民族里，让所有神职人员都成为良心不安的神职人员，国家也是如此。启蒙的任务就是揭穿贵族和政客装腔作态的谎言……"[1]另一方面，启蒙始终是"圣王的工具（中国的孔子、罗马帝国、拿破仑和教宗，如果指的是权力而不是世界的话）……就此而论，群众的自我欺骗（例如民主）便特别有价值：他们所歌颂的'进步'，只是让群众变得卑微且容易统治！"[2]启蒙的双重性质浮现为历史的基本主题，于是启蒙的概念，即前卫的思考，也溯源至文献可证的历史伊始。尼采对于启蒙以及荷马的态度仍然摇摆不定，他认为启蒙既是宰制精神的普遍运动（他认为自己是集大成者），也是仇视生命的、"虚无主义"的力量，可是在法西斯主义以前的尼采追随者，却只看到第二个因素，并且把它扭曲为意识形态。于是，它就变成对于盲目生命的盲目礼赞，而献身于该礼赞的实践，却是在压抑所有生命，我们由文化法西斯主义对待荷马的态度可见一斑。他们在荷马对于封建社会情况的描绘里嗅到一点民主的味道，把他的作品硬是说成关于船员和商旅的故事，批评这部爱奥尼亚的史诗是过于理性的言说和陈词滥调。他们同情那些虚假的直接统治，并且贬谪任何层次的中介和"自由主义"，不过他们的邪恶眼光却看到了一个正确的面向。理性、自由和资产阶级的关系，的确比历史学家所想象的还要古老——历史学家认为资产阶级的概念始自中世纪封建制度的末期。新浪漫主义的复古运动认为，以前资产阶级的人文主义以为能够使他们合法化的神圣黎明到来的时候，就已经有了公民的概念，因此把世界历史和启蒙画上等号。以消灭启蒙为使命的流行的意识形态，也很不情愿地向它致敬。他们不得不承认，在最古老的时代里都可以发现启蒙的思想。对于现在那些问心有愧的倡议复古者，启蒙思想的最古老的遗

---

[1]尼采：《遗著》（*Nachlass*），见于《尼采全集》，第14卷，第206页。

[2]同上书，第15卷，第235页。

迹很可能把他们极力遏阻却不自觉地助长的历程给重新松绑了。

　　尽管人们在荷马的作品里看到反神话的和启蒙的性质，以及他和地府神话的对立，该洞见却因为其褊狭而仍然无法成立。就像是鲁道夫·博夏特[1]——德国重工业界最重要因而也最无能的秘密辩护者，在为高喊镇压的意识形态说话时，也难免急于中断其分析。他没有看到，即使是他所赞颂的原始力量，也表现了某个层次的启蒙。他不分青红皂白地把史诗斥为小说，却因而忽略了史诗和神话其实有相同的地方：宰制和剥削。他批评史诗里的卑鄙性质（调解和互通有无），只是他所赞赏的神话里的高尚性质（即赤裸裸的暴力）的延展。他所谓鲜血和献祭的真实性和古典原理，已经沾染到现在以"民族复兴"为名的宰制的内咎和诡诈，所以他们会把古代社会拿来宣传。世界起源的神话就已经包含了谎言的环节，它在法西斯的骗局里大张旗鼓，却又把罪行归咎于启蒙。对于启蒙和神话的纠缠关系，荷马的作品做了最言辞优雅的见证，而他的作品也成为欧洲文明的基础文本。在荷马那里，史诗和神话、形式和质料，不只是彼此区隔而已，它们甚至相互对立。美学的二元论见证了历史哲学的趋势。"阿波罗主义的荷马只是普遍的人类艺术历程的延续者，而我们得把个性化的结果归功于该历程。"[2]

　　神话沉淀在荷马的材料层面上；但是关于神话的记载，那强加于芜蔓庞杂的传说的统一性，也是在描绘主体如何摆脱神话力量的路径。在深层的意义下，《伊利亚特》（*Iliad*）的确是如此。一

---

[1] 鲁道夫·博夏特（Rudolf Borchardt，1877—1945），德国诗人、散文家。他的父亲是犹太银行家，但他本人并不认同自己的犹太人身份，其作品中也带有强烈的法西斯色彩。——译者注

[2] 尼采：《遗著》，见于《尼采全集》，第9卷，第289页。

个女神的儿子对于理性的将领和组织者的愤怒；英雄放纵的无所事事；注定要毁灭的胜利英雄，经由对于死去伙伴的神话般的忠诚，被卷入希腊民族的命运里，而不再只是部落的命运——它们都记录了历史和史前时代的纠缠关系。在《奥德赛》那里则更加强烈，它比较接近冒险小说。启蒙与神话的对立表现于幸存的自我与多重打击的命运之间的对立当中。从特洛伊到伊萨卡岛（Ithaka）的迷航，是自我历经神话的道路。相对于自然的力量，自我实在是无限的脆弱，并且还在发展自我意识当中。原始世界被世俗化为奥德修斯所穿越的空间，古老的恶魔则住在遥远的边界和文明化的地中海小岛，畏怯地变成岩石和洞穴，而他们原本就是从岩石和洞穴闯入太初的恐惧当中的。但是冒险者给每个地方想了个名字，而由此得到关于空间的理性概观。觳觫不安的船难者自己得担任罗盘的角色。对于他的无力感而言，大海再也没有任何角落是他不认识的，而他的无力感也同时准备要颠覆那些宰制的力量。但是神话在睁眼说瞎话，其实大海和陆地并没有什么恶魔，而只是传统民间宗教的巫术谎言和以讹传讹，在成熟的冒险者眼里，那都是"离经叛道的"，而与他的自我保存、归乡以及永久财产的明确目标相对立。奥德修斯所经历的种种冒险，都是非常危险的诱惑，引诱自我偏离其逻辑轨道。他一再听任其摆布，像个怎么也学不会的新手似的，不断地试验它，有时候更像是个愚昧而好奇的人，正如默剧演员永不餍足地试验他的角色。

"有危险的地方就会有拯救"[1]：他的自我认同和生存皆得自知识，而知识的实体则是对于多样、分散和零碎的事物的经验，有

---

[1] 荷尔德林（Hölderlin）：《帕特摩斯》（*Patmos*），见于《荷尔德林全集》，第230页。

认知能力的幸存者同时也身处最危险的死亡威胁当中，因而得到求生的坚强毅力。那是史诗和神话在对簿公堂时的秘密：自我不只是要固执地与冒险对立，相反地，唯有经由该对立，自我才能建立它的固执，只有在否定统一性的多样性里，才能够建立统一性。[1]奥德修斯和所有此后真正小说里的英雄一样，必须先抛弃自己，才能够赢得自己；他先向自然臣服，才能在每次冒险里和自然较量，

---

[1] 对于这个论断，《奥德赛》第20卷开篇有直接的论述。奥德修斯听到宫女们夜里如何和那些求婚者卿卿我我："他的心在胸中怒吼，有如母狗守护着一窝柔弱的狗仔，向陌生的路人吼叫，准备扑过去撕咬；他也这样被秽事激怒，心中咆哮。继而他捶打胸部，内心自责这样说：'心啊，忍耐吧，你忍耐种种恶行，肆无忌惮的独眼神族曾经吞噬了你的勇敢的伙伴，你当时竭力忍耐，智慧让你逃出了必死的洞穴。'他这样说，对胸中的心灵严厉谴责。他的情感竭力忍耐，听从他吩咐，可是他本人仍翻来覆去、激动不安。"（《奥德赛》，第20卷，第13—14节）主体还没有坚定到形成内在的同一性，情感、勇气和"心"不听他使唤而自行其是。"在第20卷的开头，他的心，kradie或etor（这两个词是同义的）在怒吼，而奥德修斯捶胸自责且对心说话。他的心跳激烈，该身体部位违背其意志而激动不已，因此，他对心说话不只是个形式而已，就像是在欧里庇得斯（Euripides）的悲剧里对手脚说话，叫它们动起来。"［穆伦道夫（Wilamowitz-Moellendorff）：《奥德修斯还乡记》（Die Heimkehr des Odysseus），1927年版，第189页］情感就像人类驯养的动物：母狗的比喻和奥德修斯的伙伴被变成猪的故事，都属于同样的经验层次。主体仍然分裂，必须对内在的本性和外在的自然施暴，它"处罚"心，要它忍耐，为了未来而否定当下的状态。后来捶胸变成了胜利的姿态：胜利者表示他的胜利其实是战胜了自己。"……说话者先是想到他激动的心，他另一个分裂的力量，也就是他的狡诈（metis）胜过了它：狡诈救了奥德修斯一命。后来的哲学家或许会把它当作睿智（nous）或理性推论（logistgikon），与其他非智慧的心灵部分做对比。"（前引书，第190页）但是直到第24句诗才提到自我（autos）：理性压制了冲动。如果语词的选择和顺序有证明力的话，那么荷马应该认为有同一性的自我是人类内心宰制本性的结果。在内心被惩罚之后，新的自我，作为一个事物或身体，在自身里颤抖。无论如何，穆伦道夫把经常彼此对话的个别心灵元素做了细致分析，似乎是要证明心灵短暂的和解，其实质仅存在于那些元素的协调。

完成与自然的疏离；很讽刺的是，他现在控制的无情自然却歌颂他的归乡，他挣脱了自然的暴力，而成为无情的审判者和暴力继承者的复仇者。在荷马的阶段，自我的同一性是那非同一者，或即零乱的、无组织的众多神话的一个函数，自我的同一性必须由它们挂论得到。个性化的内在组织形式，也就是时间，仍然非常贫弱，以至于众多冒险的统一性仍然只是外在性的，冒险的先后顺序仍然是场景的空间以及地方诸神的场所的更换，也就是暴风雨袭击的地方。每当自我在后来的历史里又经验到这个缺点，或者在故事的表现里预设了它，那生命的叙事便再一次悄悄溜进冒险的顺序里。历史时间以旅行的形象辛苦地暂时脱离了空间，脱离了所有神话时间的不可改变的结构。

自我完成冒险的能力，为了自我保存而必须被抛弃，那个能力即是诡诈（List）。航海者奥德修斯智取自然诸神，正如文明的旅行家欺骗蛮族一样，他们以彩色玻璃珠换得象牙。当然奥德修斯在礼物授受时，有时候会被认为是以物易物。在荷马的故事里，礼物是介于交易和献祭之间的东西。就像献祭一样，礼物是要补偿不幸流的血，无论是外邦人还是被海盗洗劫的屯垦者，并且促成停战协议（Urfehde）。然而在礼物当中也预示了等值性的原理：殷勤招待的主人得到实质的或象征性的等价礼物，客人则得到足够让他回家的旅途物资。即使主人没有得到任何直接的回报，他还是可以期望他自己或亲族有一天会得到：作为献给自然诸神的供品，礼物也是对诸神的初步防备。早期希腊无远弗届而又充满危险的航海，是该习俗的实用性前提。波塞冬（Poseidon）是奥德修斯的自然敌人，他就是以等值性的概念去思考的，因为海神总是抱怨说，如果不是他从中阻挠的话，奥德修斯从航程的每一站带回去的礼物都会比在特洛伊掠夺的战利品还要多。在荷马故事里，如此的理性思考可以回溯到真正的献祭。每种规模的太牢祭（Hekatomben）都期待诸神的赏报。如果说交易是献祭的俗世化，那么就像理性交易的巫术结构一样，献祭是人类图谋支配诸神，而诸神也正是被那以崇拜他们的体系给推翻的。[1]

献祭里的欺诈环节是奥德修斯的诡诈的原型，正如奥德修斯的许多诡计也包藏在他对自然诸神的献祭里。[2]欺骗自然诸神的，不只是英雄，也包括诸神。奥德修斯的奥林匹斯朋友们利用波塞冬驻足于埃塞俄比亚人那里的时候（那些穷乡僻壤的族人崇拜他且行血祭），平安护送了奥德修斯。即使是波塞冬悦纳的供品，里头也有诡诈：把无固定形象的海神限制在某个地方、某个圣所，同时也限

---

[1] 不同于尼采以唯物论的方式诠释献祭和交易的关系，克拉格斯从巫术的角度去理解它："献祭的必要性影响到了每个人，因为如我们所见，每个人都接受了他所能捕捉的生命和生活资料，只要他持续地付出，总能获得回报。但是那不是平常货物交易的意思（最初的献祭已经把它神圣化），而是流体或基本元素的交换，把自己的灵魂奉献给化育万物的世界生命。"[路德维格·克拉格斯（Ludwig Klages）：《作为灵魂对手的精神》（*Der Geist als Widersacher der Seele*），1932年版，第3卷，第2部分，第1409页]然而献祭的双重性质，也就是个体对于集体的巫术性的自我放弃（无论是什么方式），以及借助巫术技术的自我保存，蕴含着一个客观的矛盾，进而促使献祭里的理性元素得到发展。在巫术持存的魔力下，理性作为献祭者的行为模式，变成了诡诈。克拉格斯自己是神话和祭祀的忠实支持者，他看到该矛盾，不得不区分自然的真实沟通和虚假沟通。但他自己从神话思考推论出与巫术宰制自然的幻想相对立的原理："不再只是异教的信仰，而且是异教的迷信，使得诸神之王在升座时必须宣誓他会让太阳照耀，让田地里硕果累累。"（前引书，第1408页）

[2] 的确，在荷马史诗里并未出现真正意义上的用人祭祀。史诗的文明化倾向体现在描写事件的选择里。"除了一个例外……《伊利亚特》和《奥德赛》都完全排除了令人作呕的杀人祭祀。"[吉尔伯特·默里（Gilbert Murray）：《希腊史诗的兴起》（*The Rise of the Greek Epic*），1911年版，第150页]

制了他的力量，而为了享用埃塞俄比亚人的圣牛，他放弃了对奥德修斯泄愤的机会。人类一切有计划的献祭，都是在欺骗享祭的神，他们把符合人类目的的特权强加给神祇，因而瓦解了神祇的力量，而对神的欺骗则天衣无缝地过渡为不忠实的祭司对虔诚的信众的欺诈。诡诈源自仪式。奥德修斯自己同时扮演供品和祭司的角色。他计算了把自己当作供品的风险，因而得以否定那风险所在的力量。于是他讨价还价地赢回了岌岌可危的生命。然而欺骗、诡诈和合理性并没有和献祭的原始意义直接对立。经由奥德修斯，只有献祭的欺骗环节（它或许是神话的假象性质的核心理由）才浮现到自我意识。人们应该自古即知道，经由献祭而与神象征性的沟通并不是真实的。被流行的非理性主义者给美化的献祭的替代性质，和祭品的神格化是不可分割的，那是个骗局，也就是说，借着被拣选者的神圣化，以祭祀去合理化谋杀的行为。如此的骗局，把受难者扬举为神性实体的载具，我们可以在自我那里察觉到，自我的存在总是牺牲当下以寄望未来。自我的实体性和被宰杀者的不朽性一样，都是个假象。

　　只要个体被牺牲，只要献祭把集体与个体的对立考虑在内，那么欺骗便客观地蕴含在献祭当中。如果说，对于献祭的替代性的信仰是意味着回忆在自我里非原始的、属于统治史的东西，那么对于完全发展成形的自我而言，该信仰就变成谎言：自我正是那不再相信替代性的巫术力量的人。自我的结构切断了与自然的起伏不定的关系，而自我的献祭原本就是要建立那关系的。每次献祭都是一次修补，而修补行为所处的历史现实则揭穿其谎言。但是对于献祭的崇高信仰或许早已经是反复灌输的结构，据此，臣服者把他们所受的冤屈重施于自己身上，如此才能够忍受它们。献祭并不是如现在的神话学所称的，借由替代性的归还去恢复那直接的（其实只是被中断的）沟通，相反地，献祭的体制自身是历史灾难的征兆，是同样施于人类和自然的暴力行为。诡诈只不过是献祭的客观谎言的主观开展，继而取代了献祭。或许谎言并不始终只是谎言而已。在史前的某个时期里[1]，献祭可能拥有某种血腥的合理性，却也和当时蛮族的贪婪几乎是不可分的。现在关于献祭的主流理论认为，它与族群和部落的观念有关，族人流的血是一种力量，会回流到部落里。尽管图腾在其时代里就已经是个意识形态，它却指出支配的理性何以需要献祭的现实状态。那是原始的匮乏状态，在那时候，杀人祭祀和食人习俗几乎没有区别。在某些时期，人口不断增长的族群只有吃人肉才能存活。或许在某些族群和社会团体中，享乐和食人习俗也有点关系，而现在，唯有从对于食人习俗的憎恶才看得见一点证据。在后来的习俗里，例如春祭（ver sacrum）[2]，在荒年时，年轻人在举行仪式以后就得离乡背井一整年，诸如此类的习俗清楚保存了那种野蛮而被神化的合理性的痕迹。早在神话的民间宗教形成以前，它应该就已经表现为幻象了。有系统的狩猎给部落带来足够的动物时，吃人的习俗便成为多余的，然而巫医却欺骗那些

---

[1] 在最早的时期则很难说。"杀人祭祀的习俗……在蛮族和半文明民族中，要比真正的原始部落普遍得多，而在最低层次的文明阶段则几乎见不到。或者说，在某些民族中，这些习俗随着时间而逐渐成为主流。"在波利尼西亚的社会群岛、印度、阿兹特克人中都出现过这种情况。"谈到非洲人，温伍德·瑞德（Winwood Reade）说：'民族越强盛，祭祀就越重要。'"（韦斯特马克：《道德观念的起源》，第1卷，第363页）

[2] 古代意大利的萨宾人会在每年的三四月举行这种宗教仪式，最早的时候，献祭的孩子会被牺牲掉，后来改为将其放逐一整年。——译者注

学乖了的猎人和设陷阱者说：族人们必须被吃掉才行。[1]以巫术和集体去诠释献祭，并且完全否认献祭的合理性，那恰恰就是对于献祭的合理化；但是启蒙思想轻率地假设，现在的意识形态在以前可能也是真理，那未免太伪善了[2]：最晚近的意识形态只是最古老的意识形态的主题再现，晚近的意识形态总要回溯到以前已知的意识形态，正如阶级社会的发展总要揭穿以往被圣化的意识形态。人们常说的献祭的非理性，无非是说，比起献祭不真实的、个别的、理

---

[1] 在西非的食人族里，"妇女和青少年是……不可以享用佳肴的"。参见韦斯特马克：《道德观念的起源》，第2卷，第459页。

[2] 穆伦道夫曾把睿智和理性"严格对立起来"[穆伦道夫：《希腊人的信仰》（*Glaube der Hellenen*），1931年版，第1卷，第41—42页]。他认为神话是"人们说给自己听的历史"，是童话、谎言，与柏拉图那种无法证明的最高真理没有什么不同。尽管穆伦道夫知道神话的虚幻性质，却依然把神话等同于诗。换言之，他在象征性的语言里寻找神话，而那种语言的本意就包含了客观的矛盾，他把神话类比为诗，尝试去调停矛盾："神话最初是口传的言谈，话语和内容始终无甚关系。"（同上书）他假设神话这个后来的概念是实在的，其中把理性预设为其外显的对立面，而得到神话与宗教的明确界限[他隐约地与巴霍芬（Bachofen）唱反调，且嘲讽巴霍芬趋炎附势，但没有提到他的名字]。（同上书，第5页）在那区分里，神话似乎不属于比较古老的，而是比较晚近的阶段："我试着……研究从信仰到神话的形成、演变和过渡。"（同上书，第1页）研究希腊化时代的学者的傲慢，让他无法看到神话、宗教和启蒙的辩证关系："我搞不懂现在像禁忌、图腾、马那或欧伦达（Orenda）那些流行的词，但是我想专注于希腊研究，以希腊的角度去理解希腊，这是我该做的事。"他的说法是"在最古老的希腊文化里有柏拉图的神的种子"，但没有对此做出解释；而基希霍夫（Kirchhoff）所主张而被穆伦道夫继承的历史见解，则认为《奥德赛》的最古老核心可以在"归乡"的神话里看到，但穆伦道夫关于神话自身的核心概念也欠缺哲学解释。不过，穆伦道夫反对把神话捧上天的非理性主义，坚持神话的虚构性，不可不谓真知灼见。他对原始思维和史前时代的厌恶，更清楚地显示出谎言和真理早就存在的紧张关系。穆伦道夫批评后来的神话是胡编乱造，其实那早已存在于献祭的"虚伪"（Pseudos）性里。而该虚伪的性质又和柏拉图的神（穆伦道夫认为可以追溯到远古希腊文明）有关。

性的必然性，它的习俗持存得更久。理性和非理性的分裂，给予诡诈可乘之机。所有破除神话的过程，总会不断地体验到献祭的无益和多余。

如果说，献祭的原理因其非理性而证实为短暂无常的，那么它也因其理性而长久持存。理性只是蜕变，而非消失。自我努力避免消融于盲目的自然里，而以献祭不断重申其要求。但是它仍然受限于自然事物的关系，也就是生存者的相互倾轧。以自我保存的理性对于献祭的讨价还价，和献祭本身一样都是交易。始终同一的自我源自征服献祭，但是自我本身是僵化的献祭仪式的产物，人们在仪式里把自然关系和自己的意识对立起来而歌颂自己。北欧神话的著名故事便是如此，奥丁吊在树上献祭给自己。克拉格斯[1]则认为，每一次的献祭都是神对神的献祭，即使是神话伪装为一神论，即基督论（Christologie），也是如此表现的。[2]而关于自我献祭给自身的神话层面，与其说是表现民间宗教的原始概念，不如说是表现神话如何被接纳到文明里。在阶级的历史里，在自我对于献祭的敌意里包含了自我的献祭，因为自我的敌意为了支配人类以外的自然和其他人类，必须以否认人性里的自然为代价。而如此的否认，或即所有文明化的理性的核心，却是不断蔓生的神话非理性的底层组织：否认了人性里的自然，被混淆且变得暧昧不清的，不只是外在的支配自然的目的（Telos），也包括自身生命的目的。就在人们不再意识到自身也是自然的时候，一切存活的目标，例如社会的进步、物质和精神力量的提升，甚至是意识自身，都变成梦幻泡影，

[1] 路德维格·克拉格斯（1872—1956），德国心理学家、哲学家。——译者注

[2] 关于"基督教是献祭多神的宗教"的说法，参见维尔纳·黑格曼（Werner Hegemann）：《被拯救的基督》（Geretteter Christus），1928年版。

而手段即成为目的，这在后来的资本主义里变得如醉如狂，其实早在主体性的最早历史里便有迹可循。人类对自身的支配是自我的基础，支配也是为了主体，却很可能是在消灭主体，因为那被支配、被压抑，而且被自我保存瓦解的实体，其实无异于生命，而自我保存只能被规定为生物的功能，实际上，实体才是应该被保存的东西。极权的资本主义的反理性以及满足它需求的技术，以其被对象化的、被支配规定的形态，阻碍了需要的满足，甚至会灭绝人类。这个反理性的原型便表现在英雄身上，他牺牲自己，因而逃避了献祭。文明的历史即献祭的内省的历史，也就是断念（Entsagung）的历史。每个断念者舍弃的生命皆多过于生命给他们的回报，多过于他们所捍卫的生命。尤其是在虚伪的社会背景里，更是屡见不鲜。在那种社会里，每个人都是多余的，也都被欺骗。但是社会的困境即在于，想要摆脱普遍存在且不公不义的交易的人们，他们并不会放弃世界，而是会紧抓着整体，一点也不肯放弃，却因此会失去一切，甚至包括自我保存给予他的些微残屑。为了抵抗献祭，所有多余的献祭都是必需的。甚至奥德修斯也是供品，一个不断自我压抑因而错失生命的自体[1]，他拯救了生命，却只记得生命是迷

---

[1] 例如，他放弃立即杀死波吕斐摩斯（Polyphemos）（《奥德赛》，第9卷，第302节），忍受求婚者安提诺俄斯（Antinoos）的挑衅，以免泄露身份（《奥德赛》，第17卷，第460节）。另见他解开皮囊使得狂风大作的史诗段落（《奥德赛》，第10卷，第50节），以及在第一次冥府之旅时忒瑞西阿斯（Teiresias）给他的预言（《奥德赛》，第11卷，第105节）。他如果要回家乡，就得学会忍耐。当然，奥德修斯的放弃并不是出自真心，而只是按捺脾气；他当时忍住的怒气，会让报复执行得更彻底。作为自然的目的，他的行为或多或少显露了其彻底且决绝的断念，由此沾染了那奴役一切自然事物的不可抵挡的暴力。如此的奴役转移到主体里，摆脱了原本的神话内容，因而成为与人类个别目的对峙的"客观的"、独立的事物，变成普遍的理性法则。在奥德修斯的耐心里（显然是在求婚者被杀以后），复仇已经过渡为司法程序；

航。然而他也是一个为了阻却献祭而牺牲的供品。作为对神话的抗争，他那气度恢宏的断念，代表一个不再需要断念和宰制的社会：想要自主的社会，并不是要对自身和他者施暴，而是为了和解。

供品蜕变为主体性，也是受到总是参与献祭的诡诈的影响。在诡诈的虚假里，献祭中本有的欺骗变成性质的元素，变成"狡诈者们"（Verschlagener）自身的肢解，由自我保存所招致的各种打击（Schläge）形塑其形貌。其中也表现了精神和身体力量的关系。精神的载体，那发号施令者（狡猾的奥德修斯几乎总是扮演该角色），尽管有许多英雄事迹的记载，他们的身体力量却总是不及那些必须与之生死搏斗的原始力量。在那些歌颂冒险者赤裸的身体力量的场合里，其本质都是竞技性的，比如求婚者煽动外乡人奥德修斯和乞丐伊罗斯（Iros）进行徒手搏斗，以及奥德修斯与人比试弓箭。自我保存和身体力量分道扬镳：奥德修斯的竞赛技艺是属于绅士的，他们衣食无忧，可以自我训练为雍容且自制的贵族。与自我保存渐行渐远的力量，却有利于自我保存：奥德修斯在对抗那些孱弱、贪婪且散漫的流浪汉或是无所事事的懒骨头时，象征性地以从前地主对待弱势者的方式去对付他们，并且把自己合法化为贵族。但是当他遭遇到那些既无法驯服也不会疲倦的原始力量时，要困难得多。他始终无法对那在异域持存的神话力量将袖揎拳。他经常沦为祭物，而必须承认献祭仪式是既有的事实：他无法打破它。他必须在形式上把献祭当作自己的理性决定的预设。在古老献祭情

神话里的渴望的最终实现变成宰制的实用工具。法律是能忍耐的报复。但是，因为如此的法律耐心建立于自身之外，也就是对故乡的渴望，于是有了人性特质，几乎可以说是信仰的特质，而指涉到复仇以外的东西。在发达的资产阶级社会里，两者都会被废除：和复仇的念头一样，渴望也会沦为禁忌，那也正是经由自我对自身的报复。

境的判决里，总是必须执行该决定。古老的献祭有时候会变得非理性，这对于机智的弱势者而言，显示出仪式本身的愚蠢。他们仍然接受仪式，严格遵守其规定，但是那变得无意义的祭词，现在却自我抵触，因为其判决总是容许有规避的空间。那宰制自然的精神在与自然的搏斗里，一再确认自然的优越性。所有资产阶级的启蒙都要求深思熟虑、实事求是、明辨势力关系。愿望不会是思考之父。其原因则在于，阶级社会的任何权力，皆难免很苦恼地意识到在面对物理自然及其社会性的继承者（群众）时自身的无力感。唯有戒慎恐惧地适应它，身体方面的弱者才能够支配自然。那压抑拟态的理性并不是拟态的对立者。那理由本身就是拟态：死亡。那瓦解自然的灵魂灌注的主观精神，唯有模拟自然的严酷且把自身分解为泛灵论，才能够支配无灵魂的自然。而当某个人在众人面前也变成神人同型，模仿也正好迎合宰制。奥德修斯的诡诈结构即是以如此的因势利导去宰制自然的。评估势力关系，于挫败中置之死地而后生，此即隐含了资产阶级的破除幻觉（Desillusion）的原理，也就是献祭的内在化（即断念）的外在结构。诡诈者对自身以及外在力量予以祛魅，因而抛弃了自己的梦，唯有如此，他才能存活。他从未能拥有全体，他必须耐心等候并且学会放弃，他不可以吃莲花或天神许珀里翁（Hyperion）的小牛，而当他航经海峡时，他必须考虑到同伴可能被斯库拉从船上掳走。他努力挣脱困境，一生颠沛流离，至于别人因此给予的赞誉无非证明了：唯有压抑贪得一切幸福的骄奢欲望，才能获得英雄的名声。

　　奥德修斯的狡诈的形式在于，被取代的工具性的精神，以断念顺应自然，把本来就属于自然的东西献给它，因而欺骗了自然。他落入其势力范围的那个神秘恶魔，当然也是象征远古僵化的契约和判决。在发展成熟的父系社会时代，早期的民间宗教则表现在荒烟蔓草的遗迹里：在奥林匹斯诸神的天空里，它们化身为抽象的命运，是看不见摸不着的必然性。除了从斯库拉和卡律布狄斯中间穿过，别无他路，对此人们或许可以理性主义地解释为海流对于古时小型船舶的宰制力量的神话象征。但是在神话式的对象化诠释里，强者和弱者的自然关系便已经具有法律关系的性质。凡穿过斯库拉和卡律布狄斯的牙齿的，他们都有权判生判死，正如喀耳刻有权把难逃该劫者变成猪，波吕斐摩斯也有权吃掉他的客人。每个神话角色都必须做同样的事。他们都是由重复的故事组成的：总是以失败收场。他们的故事里都有冥府的惩罚神话的调性，正如奥林匹斯诸神对于坦塔罗斯（Tantalos）、西西弗斯（Sisyphos）和达那伊得斯诸女（Danaides）的惩罚。他们扮演着本能冲动的角色：他们所犯的恶行是他们背负的诅咒使然。诅咒、抵偿诅咒的恶行，以及产生自恶行且招致新的诅咒的罪，它们之间的等值性便定义了神话所要表现的必然性。至今历史里的法律都有点该结构的痕迹。在神话里，因果循环的每个环节都是在抵偿前面的环节，并且协同把罪行的脉络制定为法律。奥德修斯则是要对抗它。自我代表着与命运的必然性对抗的合理的普遍性。然而因为必然性和普遍性总是纠缠不清，因此其合理性也必然是有限的形式，亦即例外的形式。他必须摆脱那涵摄他且威胁着他的法律关系，那些关系或多或少都铭刻在每个神话角色身上。他的确守法，然而借由对法律力量的让步，他却摆脱了它的宰制。听见塞壬女妖歌声的人，是不可能不向她们屈服的：她们是无法抗拒的。抗拒和欺骗是同一回事，任何抗拒者都会失去他所对抗的神话。但是诡诈是理性化的抗拒。奥德修斯并没有尝试塞壬岛以外的航道。他也没有刚愎自用，率尔聆听诱惑者的歌声，误以为他的自由足以保护他。他戒慎恐惧，以既定的、宿命的路线行船，他也明白，无论他如何有意识地与自然保持距离，作为一个"聆听者"（Hörender），他仍然难逃其手。他履行"臣属"（Hörigkeit）的契约，被绑在桅杆上时，挣扎着要投向诱惑者的怀抱。但是他在契约里找到漏洞，在履约时规避了那些漏洞。在古时的契约里，并没有规定航经者是否要被绑起来。捆绑是后来当犯人不立即被处死时所使用的刑罚。技术上已经启蒙的奥德修斯深知女妖歌声的古老威力，于是让自己被绑起来。他向欢愉的歌声俯首称臣，因而打败了它，也打败了死亡。受缚的聆听者和其他人一样都想要投向塞壬女妖，而由于他的预防措施，尽管他向女妖们屈服，却没有因此入彀。他的欲望力量反映了女妖们自身的力量，而那力量再怎么强烈，他也无法投向女妖们，正如摇桨的船员们，耳朵里塞了蜡丸，他们不仅听不到女妖们的歌声，也听不见船长绝望的嘶吼。塞壬女妖固然有自己的特性，但是在资产阶级的史前时代里，该特性早已被中性化为航行者的渴望。史诗没有提到当船只离开后女歌者们的下场如何。但是在悲剧里，那应该就是她们的末日，就像斯芬克斯（Sphinx）一样，当俄狄浦斯（Ödipus）完成他的要求，解开谜语，他就当场毙命。因为神话角色的法律，作为强者的法律，只因为其规定无法被履践，它才得以存在。一旦规定被实现，那么神话就会土崩瓦解，永远消逝。自从奥德修斯与塞壬女妖们幸运且不幸的交会以后，所有的歌曲都生病了，整个西方音乐都受苦于歌曲在文明里的荒谬性，然而所有音乐艺术的动力却也来自歌曲。

　　随着字面上的契约因为被履践而瓦解，语言的历史境况就有了改变：语言开始过渡为"指谓"（Bezeichnung）。神话的命运

（Fatum）一直都与口头语言一致。在神话角色实现不可改变的命运要求的观念层次里，语词和对象并没有区别。语词被认为可以直接宰制事物，语句和意向（Intention）彼此汇流。然而诡诈正是在于利用其中的差异。人们紧抓着语词不放，借以改变事物。同样地，意识也源自意向。奥德修斯在危难里察觉到其中的二元性，因为他发现同一个语词可以意指不同的东西。既然"Udeis"可以指"英雄"也可以指"无人"，他便由此打破名字的魔咒。不可改变的语词始终是冷酷无情的自然环境的公式。在巫术里，巫术的不变性即在于挑战它所反映的宿命的不变性。其中便已经蕴含着语词和它所模拟的对象之间的对立。在荷马的时代里，该对立更加具有决定性。奥德修斯在语词当中发现了在已开发的资产阶级社会里所谓的形式主义（Formalismus）：当语词脱离了用以实现它的特殊内容，而若即若离地指涉任何可能的内容，包括"无人"和奥德修斯自己，那么语词的恒久的指谓关系就会被牺牲。从神话名字和法律（它们和自然一样都想支配人类与历史）的形式主义，产生了唯名论（Nominalismus），而那正是资产阶级思维的原型。自我保存的诡诈依存于语词和事物之间的争讼。奥德修斯在遭遇波吕斐摩斯时的两个矛盾的举动（既顺服其名字而又拒绝承认它），其实是同一回事。他否认自己，说他是"无人"，借以替自己辩解；他让自己隐藏起来，而救了自己一命。以语言去顺应死亡，正蕴含了现代数学的结构。

　　诡诈作为交易的工具，使物得其所，并且履行约定，却又欺骗对方。这种方式至少要回溯到远古（即使不是神话的史前时代）出现的一种经济类型：原始社会里自给自足的家庭经济中彼此的"偶然交易"。"多余的东西偶尔会交易，但是主要的物品仍在于自己的生产。"[1]奥德修斯在旅程里的行为使我们想起偶然交易的关系模式。即使是伪装成可怜的乞丐，领主奥德修斯仍然要像东方商人一样[2]，带着巨大的财富归乡，因为他违反传统，跨出家庭经济的范围，"把货物装船出海"。他的事迹里的冒险元素只不过是他的理性在面对习以为常的传统经济形式时的非理性表现。理性的非理性沉淀在诡诈里，而诡诈则是资产阶级的理性顺应更强势的非理性。那个诡诈的孤独旅者是个"经济人"（homo oeconomicus），有一天所有理性的人都会像是个经济人：因此《奥德赛》已经是个鲁滨孙的故事。这两个船难者把他们的弱点（与集体隔离的个体）转化为他们在社会里的优点。他们都险些葬身大海，无助地与世隔绝，他们的离群索居使他们肆无忌惮地竞逐原子论式的个人利益。早在他们役使任何劳工以前，他们就体现了资本主义经济的原理，但是他们带着抢救到的货物继续新的探险事业（Unternehmung），却美化了一个事实，即企业主（Unternehmer）每次进场竞争时，总会带着更多的物资，而不是胼手胝足地奋斗。他们面对自然时的无力，也已经被当作面对社会威权的意识形态。奥德修斯面对汹涌海涛时的束手无策，听起来就像是探险者为自己对原住民横征暴敛的举止的合法化。后来的资产阶级经济更把它确立为风险的概念：富贵险中求，获利在道德上应该以失败的可能性为基础。就发展成熟的交易社会及其中的个人

---

[1] 马克斯·韦伯（Max Weber）：《经济通史》（*Wirtschaftgeschichte*），1924年版，第3页。

[2] 维克多·贝拉尔（Victor Bérard）特别强调《奥德赛》里的犹太元素，但这种说法有伪托之嫌。参见其著作《荷马的复活》（*Resurrection d'Homere*）中专门论述腓尼基人和《奥德赛》的章节（第111—113页）。

而言，奥德修斯的历险无非是在表现成功之路上的风险。奥德修斯依据古老的原理而幸存，而该原理后来也建构了资产阶级社会。人们得选择欺骗或是失败。欺骗是理性的印记，其中显露出其特殊性。绝对的孤独原本是涵摄在世界漫游者奥德修斯和独立工匠鲁滨孙所勾勒的社会化里，直到资产阶级时期的尾声才显露出来。彻底的社会化也意味着彻底的异化。奥德修斯和鲁滨孙都和全体性有关：前者穿越它，而后者则是创造了它。他们只因为与他人完全隔绝才得以实现全体性。他们所遭遇的其他人，无论敌友，都只是异化的形态，但始终是工具或事物。

　　最早的"归乡故事"（Nostos）当然源自更早以前，甚至比恶魔面具和巫神要早。那是关于"莲花国"（Lotophagen）（食莲花者）的故事。吃了莲花的人们，和听了塞壬女妖的歌声或被喀耳刻的魔杖点到一样，都会失魂落魄，不思归乡。但是这些人毫发无伤："他们无意杀害我们的同伴。"[1]他们只是会遗忘且放弃意志。魔咒只是让他们回到"肥沃的大地之滨"[2]，一个没有劳役和战争的原始状态："谁知吃过这莲花，便恍如失了神魂，忘却回头复命，只想与居民作伍成群，不把故乡思忖。……免得他们去尝试莲花，致忘乡井。"[3]然而自我保存的理性却不能容忍它的人民享有如此的田园景致，那犹如毒品的快感，帮助残酷的社会组织里的下层阶级借以忍受种种难堪的困境。其实那只是幸福的假象，如草木般单调无味，和动物的生活一样贫乏，最多只是不会意识到痛苦而已。但是幸福在自身里便包含了真理。它本质上是个结果。它是

---

[1]《奥德赛》，第9卷，第92—93节。

[2]同上书，第23卷，第311节。

[3]同上书，第9卷，第94—96节。

从被扬弃的痛苦里开展出来的。饱尝艰辛的奥德修斯自然有权拒绝待在莲花国。为此他提醒他们所负的使命，也就是以历史性的成就去实现乌托邦，而耽溺于幸福的景象只会夺走他们的力量。但是理性（或即奥德修斯）在使用该权利时，却被迫陷于不公的环境。他自己的直接行为助长了宰制。自我保存的理性既无法容忍"在世界各个边缘"[1]的幸福，也无法承认后来更加危险的幸福。那些怠惰者被惊醒且赶回船上："我只得迫他们垂泪回舟，用绳索将他们牢捆。"[2]莲花是东方的食物。至今在中国和印度的食谱里，仍然会以切成细片的莲花做菜。也许莲花的诱惑无非是回归到采集大地[3]和海里的果实的时代，那时代早于农业、畜牧，甚至狩猎，也就是说，早于所有的生产。在史诗关于极乐国的生活的想象里，经常会谈到吃某些花，这并不是偶然的，尽管那些植物现在已经不可考了。中东现在仍然习惯把花材当作点心，欧洲的孩子也知道烤蛋糕时可以加玫瑰露和紫罗兰糖浆，那意味着应许一个境况，即生命的复制独立于有意识的自我保存，而饱足的快感也独立于有计划的摄取营养。对于那依稀闻得到的古老幸福的忆念，仍然局限于最切身的摄食消化。那要回溯到上古时代。无论当时人们受了多少折磨，他们仍然无法奢望在原始社会的想象以外的幸福："我们从此向前航，中心实惨伤。"[4]

---

[1] 雅各布·布克哈特（Jacob Burckhardt）：《希腊文化史》（*Griechische Kulturgeschichte*），第3卷，第95页。

[2]《奥德赛》，第9卷，第98—99节。

[3] 在印度神话里，莲花是大地女神。参见海因里希·齐默（Heinrich Zimmer）：《玛雅》（*Maja*），1936年版，第105—106页。如果它和古老的荷马"归乡"史诗所依据的神话传说有关，那么莲花国的遭遇可以解释为与地府力量对抗的一个阶段。

[4]《奥德赛》，第9卷，第105节。

奥德修斯接着漂流到（verschlagen）——在荷马的史诗里，
漂流和狡诈（verschlagen）是同义的——独眼巨人（Kyklop）波
吕斐摩斯那里去，他那巨轮般的独眼同样有原始世界的痕迹：独眼
使人联想到鼻子和嘴巴，比眼睛和耳朵的对称性更加原始[1]，如果
没有两个协调一致的知觉统一的话，就不会有辨识、深度或对象性
的作用。但是相对于莲花国，他象征着其后真正的野蛮时期，也就
是狩猎和畜牧时期。对于荷马而言，"野蛮"的定义无异于没有系
统性的农耕，因而还没有系统性的、恒常的劳动和社会的组织。他
把独眼神族称为"不知法纪的蛮邦"[2]，因为（其中似乎存在着文
明自身暗地里的悔罪）"那居民仰仗天神，不知种植不知耕，却是
一年谷麦不愁乏，并有葡萄成纠生，尽靠着育夫（宙斯）的雨露之
恩"[3]。富足并不需要法律，而文明对无政府主义的指控犹如在谴
责富足："也不识合群会议，也不知制定法纪，身居在山巅洞里，
各管束自家妻子，对同族素无情谊。"[4]那已经是个恃强凌弱的父
系部落社会，然而还不是以恒产及其阶级为依据组织的社会，他
们散居于洞穴，缺乏客观的法律，因此荷马批评他们是彼此无情
谊的蛮邦。在其后的段落里，荷马的忠实描写却抵触了他的文明
化判断：尽管他们彼此无情谊，但是听到被刺瞎眼睛的巨人痛极
狂吼，邻人们闻声四至问讯，只不过奥德修斯以名字的诡计吓跑

---

[1] 根据穆伦道夫的说法，独眼神族"原本是野兽"。参见《希腊人的信仰》，第1卷，
　　第14页。

[2]《奥德赛》，第9卷，第106节。

[3] 同上书，第107—108节。

[4] 同上书，第112—113节。

了那些愚蠢的邻人[1]。愚蠢和不知法纪似乎是同一个定义：当荷马说独眼神族是"不思法纪的怪兽"[2]时，意思不只是说在他的思考里完全不尊重文明教养的法律，更是说他的思考本身就是没有法则的、没有系统的、狂热的。平常人都想得到，奥德修斯藏在羊肚底下，抓着羊毛逃走，而不是骑在羊背上，那巨人却百思不得其解，而他也不知道奥德修斯用微妙的双关语欺骗了他。波吕斐摩斯虽然有神力护持，却是个食人魔，也因此虽然他仰仗诸神，却不知敬畏他们："你们真是些愚人，或因来自远方异地不知情，竟叫我敬畏神明！"（在其后的时代里，愚人和异乡客的区别日渐模糊，而和外地人一样不知当地习俗者，也都直接被贴上愚蠢的标签。）"要知道我们独眼神族，并不怕宙斯威势，也不怕其他有福的天神，为的是我们的能力比他们更高胜。"[3]"更高胜。"奥德修斯嘲讽地说，但是那巨人的意思其实是"更古老"。大家都承认太阳系的力量，同样地，封建领主也可以承认资产阶级的财富，然而他暗地里仍然认为自己要高贵得多，却不知道他所蒙受的恶行其实无异于他自己所代表的不公。住在附近的海神波塞冬是波吕斐摩斯的父亲、奥德修斯的仇敌，比那统治全世界却遥不可及的天神宙斯还要古老。在当时，原始的民间宗教和以理性为中心的律法宗教的争论已经沸沸扬扬。无法无天的波吕斐摩斯不只是个文明的禁忌眼里的恶棍而已，而且像在幼儿启蒙的童话世界里常被提及的歌利亚（Goliath）。在他的自我保存变成秩序和习俗的贫瘠国度里，并不乏和解的特质。当他让绵羊和山羊各自哺育小羊的时候，该习

---

[1]《奥德赛》，第9卷，第403—404节。

[2] 同上书，第428节。

[3] 同上书，第273—274节。

惯动作已经包含了对自然生物的照顾。瞎眼的巨人有一段著名的话，他把带头的公羊称为朋友，并且问他为什么这次最后一个离开山洞，是否因为见到主人丧目而心下伤悲。这是让人非常感动的段落，与《奥德赛》的高潮差堪比拟，也就是奥德修斯回家时，老狗阿格斯（Argos）认出他来的场景，尽管那段话的结尾非常粗暴。而巨人的行为还没有客体化为任何角色。对于流浪的奥德修斯的请求，巨人并没有以野蛮的仇视回应他，而是拒绝接受那对他尚无拘束力的法律：他只是说"我不会因怕宙斯愤怒"[1]而饶了奥德修斯和他的伙伴的性命。而他是否真的如奥德修斯所说的那样奸诈地刺探他船在何处，则不得而知。喝醉了的巨人飘飘然且醺醺然地应许赠礼给奥德修斯[2]，奥德修斯说他叫作"无人"时，巨人才心生恶念，说要最后才吃了他，当作给他的赠品，或许是因此他自称为"无人"，而弱智的独眼神族真的把他当作不存在。[3]力大无穷的怪物的蛮力正是他容易受骗的原因。因此，遵守神话的法律不仅对被审判者不公，对立法的自然力量而言也不公平。奥德修斯捉弄的波吕斐摩斯和其他巨人，正是自基督教世界以来众多好争讼的愚蠢恶魔的原型，直至于（《威尼斯商人》里的）夏洛克（Shylock）和梅菲斯特（Mephistopheles）。巨人的愚蠢始终是其野蛮暴行的凭恃，因为那对他们有利，而当其愚蠢被更聪明者发现并推翻时，其实是更好的事。借着以守法的漏洞设计的诡计，奥德修斯巧妙取得波吕斐摩斯的信任，以及他的食人肉的权利："你既饱

---

[1]《奥德赛》，第9卷，第273—274节。

[2]同上书，第278节。

[3]路德维格·克拉格斯：《作为灵魂对手的精神》，第3卷，第2部分，第1469页。

餐人肉，请饮一杯助余兴，也好识我们船中贮酒居何等。"[1]这个文明人如是推荐。

然而理性顺服其对手（亦即仍然混沌暗昧的意识状态，以笨拙的巨人为代表），在假名的诡计里达到了巅峰。在众多民间故事里，那是个流传甚广的主题。在希腊神话里，则是玩弄文字游戏；在一个意思明确的语词里，名字（奥德修斯）和意图（无人）彼此分歧。对于现代的发音而言，Odysseus 和Udeis 仍然是很相近的，因此在回到故乡伊塔卡岛的故事的某段对话里，国王的名字念起来就是"无人"。奥德修斯算计到，如果邻人问波吕斐摩斯是谁干的，他会回答说是"无人"，如此便得以隐匿其罪行，他也就免于被究责，此举已经带有理性主义的薄纱。其实作为主体的奥德修斯已经否认了自己的身份，该身份使他成为主体，且借由模拟形式不确定的世界（Amorphe）而保存性命。他自称"无人"，因为波吕斐摩斯不是个"自我"，而名字和事物的混淆使得受骗的野蛮巨人无法跳脱陷阱：他狂吼要报复，如巫术般诅咒被报复者的名字，而该名字已经注定他的报复是徒劳无功的。奥德修斯把他的意图置入该名字，因而也逃出巫术的国度。但是他的自我主张（在整部史诗或是所有的文明里），其实是自我否认。自我也因而又落入身不由己的自然关系的循环里，而那原本是他借由顺应自然想要摆脱的。他为求自保而自称"无人"，且以模仿自然状态作为操纵自然的工具，因而变得傲慢狂妄。诡诈的奥德修斯不得不如此：逃亡的奥德修斯还处在巨人扔石头的危险之中，他不但大声调侃波吕斐摩斯，还透露他的真实姓名和来历，仿佛原始世界始终宰制着经常

---

[1]《奥德赛》，第9卷，第347—348节。

仅以身免的奥德修斯，因此他自称"无人"以后，害怕如果无法以咒语回复真正的身份，就会再度变成"无人"，而那咒语正是被理性的身份取代掉的。他的朋友们想要阻止他自炫聪明的愚行未果，他差一点被巨石击中，而报上自己的名字很可能让海神波塞冬（他很难说是无所不知的）把气出在他头上。诡诈原本在于以愚昧的形式显现其聪慧，一旦他放弃了该形式，就真的变成愚昧了。那正是对于雄辩者的辩证。从古代到法西斯主义，人们总是批评荷马的啰唆絮聒，包括英雄和叙事者自己。但是这个爱奥尼亚人（Ionier）犹如先知般地证明自己比以前或当时的斯巴达人（Spartanen）高明许多，因为他描写了那些诡诈者或平庸者如何多言贾祸。尽管话语诓骗了自然力量，却无法控制自己。意识流和思维自身接着也东施效颦：思维的坚定自律性里有一种躁狂的愚昧，当它经由话语进入实在界，仿佛思维和实在界是同义的，而思维实则只是借由距离去支配实在界而已。但是如此的距离也正是痛苦所在。因此失败者总是忘了箴言而忍不住要絮絮叨叨。客观而言，是恐惧影响了他，害怕如果不紧抓着语言对于自然力量的脆弱优势，就会被自然力量给夺回去。因为语言知道自己比被它诓骗的自然要弱势许多。话说得太多，让暴行和不公有机可乘，更诱使他所畏惧者做出让他更害怕的事。史前神话里的言语冲动行为，也持存于启蒙的语言所酿成的灾祸里。"无人"不由自主地自称奥德修斯，已经带有犹太人的性格，他们因为怕死而总是自夸从畏惧死亡当中战胜它，对于中间人（Mittelsmann）的报复也不在资产阶级社会的终点，而是在其开端，也就是各种暴行一再指向的否定性的乌托邦。

许多逃脱神话国度的故事皆在象征摆脱野蛮的食人文化，然而喀耳刻的魔法故事则是回溯到真正的巫术阶段。巫术瓦解了落入其手中的自我，把他变成更原始的生物学物种。而他的瓦解力量仍然是遗忘的力量。借着时间的坚定秩序，那力量俘获了向该秩序看齐的主体的坚定意志。喀耳刻诱使船员们沉湎于其本能，此处我们联想到被诱惑者的动物形象，而喀耳刻则成为情妇的原型，当然赫尔墨斯（Hermes）的诗句也说明了理由，他很理所当然地把她说成巫山神女："她于是便会屈降，并邀你同上雕床，你也莫须拒挡。"[1]喀耳刻的名字有歧义，正如她在剧情里先后扮演荡妇和救助者的角色。而她的血统也说明了该歧义性：她是太阳神赫利俄斯（Helios）的女儿，海神俄刻阿诺斯（Okeanos）的孙女。[2]在她的身上，水和火两个元素是无分别的，而不同于自然的某个面向总是要居首位（无论是父系还是母系），该无分别性即构成杂交和情妇的本质，甚至重现于（波德莱尔笔下的）荡妇眼波中的荡漾月影[3]。情妇既给予临幸者快乐，也破坏其自主性，此即她的歧义性。但是她不一定要毁灭他：她执着于比较古老的生活形式。[4]就像在莲花国一样，喀耳刻并没有杀死她的客人们，即使是那些被她变成动物的人，也都很平和："周遭有山狼狮子卧伏成群，乃是喀耳刻用药草将它们养驯。它们看见生人，并不奔来欲噬吞，却是起身摇尾，宛转欲依人；好一似猎犬儿见主人饭罢出前庭，向他摇尾乞怜形景，只为盼望些食物来分。"[5]被魔法蛊惑的人的举止犹

---

[1]《奥德赛》，第10卷，第296—297节。

[2]《奥德赛》，第10卷，第138—139节。参见鲍尔（F. C. Bauer）：《符号学与神话学》（*Symbolik und Mythologie*），1824年版，第1卷，第47页。

[3]参见波德莱尔（Baudelaire）：《恶之花·孤独者的酒》（*Le vin du solitaire, Les fleurs du mal*）。

[4]参见汤姆森（J. A. K. Thomson）：《〈奥德赛〉研究》，1914年版，第153页。

[5]《奥德赛》，第10卷，第212—213节。

如聆听奥菲厄斯（Orpehus）的琴声的野兽。那使他们沉溺其中的神话指令，同时也解放了他们内心被压抑的本性。当他们再度堕落到神话里时，被废除的正是神话自身。本能的压抑使他们成为自我且有别于禽兽，那样的压抑是完全封闭的自然循环的内省化压抑，而根据以前的说法，"喀耳刻"这个名字即是影射该自然循环。然而正如在莲花国的田园风格，那个使他们忆及史前世界的残酷魔法，除了把他们变成动物，也营造了和解的幻象，尽管是很有限的。但是因为他们曾经是人类，那讲述开物成务的文明化史诗就不得不把他们的遭遇描绘为不幸的堕落，而在荷马的字里行间几乎嗅不到一点快乐的气氛。受难者越是文明化，就越加着力于抹去快乐的痕迹。[1]奥德修斯的伙伴不像以前的客人那样被变成神圣的动物，而是变成不净的家畜，也就是猪。或许，喀耳刻的故事是在影射德墨忒尔（Demeter）的地府宗教，他们把猪视为圣兽[2]。然而这故事或许也在影射猪与人类相似的解剖学构造以及赤裸，如此则解释了以下的主题：爱奥尼亚仿佛也已经和犹太人一样有近亲相奸的禁忌。最后，我们或许也会想到食人习俗的禁忌，因为正如尤维纳利斯（Juvenal）[3]所描绘的，人肉的味道经常被比拟为猪肉。无论如何，其后的文明总喜欢以猪来形容那些追求社会目的所不容许的其他快乐的人。在奥德修斯的伙伴的变形里，魔法以及对治的魔法和药草以及葡萄酒有关，也就是嗅觉的麻醉和唤醒，而嗅觉

---

[1] 默里指的是荷马史诗在编纂过程中"性爱部分被删除"。参见默里：《希腊史诗的兴起》，第141—143页。

[2] "一般来说，猪是给德墨忒尔的祭品。"参见穆伦道夫：《希腊人的信仰》，第2卷，第53页。

[3] 尤维纳利斯（60—140），罗马讽刺文学家。——译者注

是越来越被压抑和潜抑的感官，它不仅最容易引起性欲，也会让人回想到原始世界。[1]在猪的形象里，气味的快感被扭曲为那鼻子贴在地面而不再直立的动物不由自主的哼唧声。[2]那让男人屈服于仪式的、施魔法的荡妇，仿佛是重现那父系社会里一再要她屈服的对象。就像她一样，在文明的压迫下的女性倾向于接受文明对于女性的评判，并且污蔑性爱。史诗里保存了启蒙与神话的争论痕迹，于其中，威力无穷的诱惑者同时也是柔弱的、年华不再的、容易受伤的，并且需要顺服的动物当她的护花使者。[3]女性作为自然的代表，在资产阶级社会里变成既使人无法抗拒[4]而又柔弱无力的谜样形象。女性让宰制的虚荣谎言昭然若揭，宰制不是与自然和解，而是要征服它。

　　婚姻是社会在敷衍问题时的妥协办法：女性始终是弱势的，因为她必须经由丈夫的中介才能获得权力。《奥德赛》里荡妇女神的挫败约略影射了它，而以现在的文学角度来看，与泊涅罗珀（Penelope）的婚姻演变则是在表现后期的父系制度的客观结构。随着奥德修斯踏上爱亚亚岛（Aiaia），男人与女人的双重意义的关系，渴慕和命令的关系，已经变成由契约保障的交易的形

[1] 参见弗洛伊德：《文明及其不满》（*Das Unbehagen in der Kultur*），见于《弗洛伊德全集》（*Gesammelte Werke*），1968年版，第14卷，第459页脚注。

[2] 穆伦道夫在一则注释里语出惊人地说，哼唧声的概念和蕴含着自主理性的睿智概念有关。"施韦泽（Schwyzer）确切指出睿智和鼻息声与哼唧声的关系。"（参见穆伦道夫：《奥德修斯还乡记》，第191页）不过，穆伦道夫对此表示质疑，它们在词源学上的关系对于意义没有什么帮助。

[3] 参见《奥德赛》，第10卷，第434节。

[4] 其"无法抗拒"的意识表现在"阿芙洛狄忒的崇拜者"的仪式里，"其魔力让人无法拒绝"。参见穆伦道夫：《希腊人的信仰》，第2卷，第152页。

式。放弃是其前提。奥德修斯拒绝了喀耳刻的魔法。于是，她的魔法对于那些无法抵抗者的虚假承诺，被他真正得到了。奥德修斯和她同床共枕，但是他要她先对着奥林匹斯诸神发重誓。那个誓言应该是保护男人，不要为了报复杂交的禁令和男性的威权而残害他们，但男性的威权始终是压抑本能冲动，因而也是象征性的自残。对于拒绝变身者、统治者、自我，喀耳刻责怪他的铁石心肠："你胸中的思想却丝毫没有被折服。"[1]他却让喀耳刻心悦诚服："你请把长刀插入鞘中，我和你去同衾共枕，我和你且言欢好互温存。"[2]她温言云雨巫山，却被他鄙弃合欢；最后的荡妇却拥有最早的女性特质。当传说转型到历史时，她对于资产阶级式的冷漠有重要的影响。她的行为使对于爱情的禁令生效，而作为意识形态的爱情越是助长竞争者彼此的仇恨，那禁令就越发变本加厉。在交易的世界里，付出较多者是犯了罪的，但是爱人者总是付出比较多的爱。尽管爱人的牺牲被神圣化，人们仍然斤斤计较爱人的牺牲一点也不能省。就在爱情本身里，爱人就被定罪且要受罚。他既无法支配自身也无法支配示爱的对象，这个理由就足以让他无法实现愿望。随着社会的演变，孤单大量地复制自己。即使是在最微细的枝末感觉里，该机制也会起作用，直到爱情自身为了和他人接触而陷于冷漠里，在实现的当下烟消云散。喀耳刻拥有让男人俯首称臣的力量，却转而对那借由放弃而拒绝臣服的男人百依百顺。诗人说女神喀耳刻能够影响自然，其影响力却萎缩到如祭司般的预言，或者只能预言将要发生的船难，后来更演变为对于女性智慧的讽刺。到头来，被褫夺力量的女巫关于塞壬女妖、斯库拉和卡律布狄斯的预

---

[1]《奥德赛》，第10卷，第329节。

[2] 同上书，第333—335节。

言，也沦为男性自我保护的工具。

传宗接代制度的产生付出了什么沉重的代价，只能在一段诗句里看得出端倪。当喀耳刻答应她的契约主人奥德修斯的要求而把他的伙伴变回人形时，我们首先读到："并且比原先更年轻，样子更加俊美，也显得更健壮。"[1]但是在男性特质上更加强壮的他们并不快乐："不由得涕泪如淋，直哭得屋瓦俱震。"[2]在庆祝只维持一年的露水姻缘的婚礼里最古老的结婚赞歌，或许就是这个调调。他和珀涅罗珀的实际婚姻，与他和喀耳刻的婚姻更是出乎意料地如出一辙。在父系社会的世界里，妓女和妻子是女性的自我异化的两个互补形式。妻子显露了在生活和财产的安定秩序里的快乐，而妓女是妻子的秘密共犯，她把妻子的财产权范围外的东西占为己有，并且贩卖快乐。喀耳刻和荡妇卡吕普索（Kalypso）一样都被描绘为勤奋的织女，因而类似于神话里的命运力量或资产阶级社会的家庭主妇[3]，然而珀涅罗珀却像妓女一般多疑地猜想归乡的奥德修斯究竟是个老乞丐还是下凡的天神。那一幕传颂千古的奥德修斯归乡情景，自然是充满父系社会的意味："只是她终久默然，但觉心内惊疑难辨，一会儿熟视其面，一会儿又觉褴褛难识故容颜。"[4]她并没有欢欣雀跃，只想确定她没有搞错，在体制施加其身的压力下，她无法容许任何错误。年轻的忒勒玛科斯（Telemachos）为此很生气，尽管他尚未习惯自己未来的角色，却已经阅人无数而足以告诫其母亲。他责备母亲的固执和铁石心肠，可是以前喀耳刻正

[1]《奥德赛》，第10卷，第395—396节。

[2] 同上书，第398—399节。

[3] 参见鲍尔：《符号学与神话学》，第1卷，第49页。

[4]《奥德赛》，第23卷，第93—94节。

是如此抱怨奥德修斯的。如果说荡妇接受了父系社会的规矩，那么妻子唯有仿同男性特质才能得到满足和平安。如此夫妇才莫逆于心。她为了试探归乡客，便佯装要奶妈移动他们结婚时的床榻，那原本是奥德修斯年轻时亲手做的，床座环绕着一株橄榄树，因此无法移动，而橄榄树则是象征性爱与财产合而为一。非常聪慧的她装得若有其事，仿佛床座真的可以移动，而她的丈夫则"异常惊讶地"向她描绘他那坚固耐久的手工艺作品的种种细节。作为一个资产阶级的原型，聪明的奥德修斯拥有了嗜好，也就是回味他在分化的财产关系框架里早已被排除的手工艺。他乐此不疲，因为他可以很自由地优游其间，证明他有权力支配那些为了生计而从事该工作的人。蕙质兰心的珀涅罗珀由此认出他来，很诤媚地称赞他的聪明才智。然而紧接着不无嘲讽意味的诤媚之后，话锋却急转直下，她把两夫妇的所有苦难都归咎于诸神妒忌那只在婚姻里才能拥有的幸福，即"生死不渝的概念的证实"[1]："他们妒忌我们俩一起欢乐度过青春时光，直到白发的老年来临。"[2]婚姻不只是意味着负担生计的报酬制度，更是要不离不弃，一起面对死亡。在婚姻里，和解是环绕着服从而成长的，正如在至今的历史里，真实的人性（das Humane）只有在那被人文精神（Humanität）掩翳的野蛮性质上面才会茁壮成长。尽管夫妇间的契约得费好大的力气才能化解古老的仇恨，白头偕老的夫妇仍然翩然化为费莱蒙

---

[1] 歌德：《威廉·迈斯特的学习时代》（*Wilhelm Meisters Lehrjahre*），第1卷，第16章，第70页。

[2]《奥德赛》，第23卷，第210—211节。

（Philemon）和鲍西丝（Baucis）的形象[1]，犹如祭坛的熏香蜕变为炉灶上的袅袅炊烟。婚姻无疑是以文明为基调的神话的原始基石。但是婚姻在神话里的坚实和恒久性则延伸到神话以外，正如蕞尔岛国伸向无垠海洋。

奥德修斯的冒险最远的一站，则没有像这样的避难所。那就是冥府。首次“夜行”（Nekyia）的冥府之旅的景象，则是看到被太阳神崇拜摒弃的母权象征。[2]奥德修斯遇到他死去的母亲时强忍悲伤，故意摆出父权的铁石心肠[3]，而在母亲去世之后，古代英雄才出现。[4]但是母亲的形象是无力的，既不注视他也不跟他说话[5]，正如史诗描绘的无言形象，她是个死去的幽灵。为了让幽灵说话，无论是枉然地还是只是很短暂地挣脱神话的静默，都得让她喝牲血，当作人间记忆的抵押物。主体唯有认识到形象的空虚性而主宰自己，才能有一丝形象所无法承诺给予的希望。奥德修斯的应许地不在古老的形象国度。最后，作为冥府的鬼魂，所有形象对他揭露其真正本质，也就是幻象。他知道他们都是亡魂以后，以很专横的动作不让他们啜饮牲血，只让那些愿意告诉他有利于其生活的

[1] 古罗马诗人奥维德（Ovidius）的寓言《变形记》（*Metamorphoses*）中，仁慈的老夫妇费莱蒙和鲍西丝热情款待了宙斯（朱庇特）和赫尔墨斯（墨丘利），因此宙斯让他们成为祭司，守护神殿，他们死后化为橡树和菩提树，枝叶缠绕，长在同一根树干上。——译者注

[2] 参见汤姆森：《〈奥德赛〉研究》，第28页。

[3] “我见她时，不由得落泪痛心，却依然强自熬忍，不让她走近血腥，必待我向忒瑞西阿斯先问讯。”（《奥德赛》，第11卷，第87—88节）

[4] 指底比斯的盲眼先知忒瑞西阿斯。——译者注

[5] “我现在看见我故去的母亲的魂灵，她在那默然端坐，不举目正视自己的儿子，也不和自己的儿子说话。老人啊，请告诉我，怎样能使她认出我？”（《奥德赛》，第11卷，第141—142节）

知识的鬼魂靠近。在那些知识里，那变调为精神性的神话力量，也
只是个想象的东西而已。各种被夺权的神话角色所聚集的冥府远离
其家乡，他们只能在八荒九垓和家乡互通讯息。如果根据基希霍夫
的假设，奥德修斯的冥府之旅是史诗里最古老的段落，采撷自真实
的民间传说[1]，那么，正如奥菲厄斯和赫拉克勒斯的冥府之旅，这
个最古老的段落也意味着非常坚决地走出神话，而冲破地狱门或
消灭死亡的主题，是所有反神话（antimythologisch）的思想的
核心。忒瑞西阿斯预言他可能会与海神波塞冬和解，此即包含了反
神话的性质。他要奥德修斯肩背着一只船桨不停地流浪，直到他找
到一个异族，"那族人从未见大海沧溟，不知盐食"[2]。当他遇见
一个行路人，对他说他肩上扛的是一只簸谷铲，那么那里就是向波
塞冬献祭并与其和解的好地方。预言的重点在于把船桨误认为簸谷
铲。对于一个爱奥尼亚人而言，那是非常滑稽的事。然而这个和解
所系的滑稽故事，却不是针对那些族人，而是要演给愤怒的波塞冬
看的。[3]该误会是要引得那暴躁的原始神发笑，在笑声当中消解愤
怒。那就像是《格林童话》里邻妇告诉母亲如何摆脱被偷换的孩
子："邻居要她把被偷换的孩子带到厨房去，摆在炉灶上，点着

[1] "我不得不相信，第11卷，除了某些例外……是古老的'归乡故事'被误植的
　　片段，因而是史诗里最古老的部分。"[基希霍夫：《荷马史诗奥德赛》（Die
　　homerische Odyssee），1879年版，第226页]"如果说奥德修斯的神话故事里有什
　　么原始的东西，那就是冥府之旅。"（汤姆森：《〈奥德赛〉研究》，第95页）

[2] 《奥德赛》，第11卷，第122—123节。

[3] 他原本是"大地的丈夫"（穆伦道夫：《希腊人的信仰》，第1卷，第112—113
　　页），直到后来才变成海神。忒瑞西阿斯的预言可能影射了他的双重本质。可想而
　　知，远离海洋而在内地向他献祭并与其和解，其基础是他重新拥有了冥府的力量。
　　这一过程也体现在以农业取代出海捕鱼的生活形态，对波塞冬和德墨忒尔的崇拜互
　　相过渡了。（参见汤姆森：《〈奥德赛〉研究》，第96页脚注）

火，在两片蛋壳中放一点水煮沸，好让他笑，如果他笑了，就可以摆脱他。"[1]即使笑声至今仍是暴力的记号，是自然盲目而执拗的情绪发作，在它自身却也蕴含了对立的元素，也就是说，在笑声中，盲目的自然认识了自己，并且放弃了毁灭性的暴力。笑的歧义性也很类似于名字的歧义性，或许名字只不过是笑声的凝固成形，就好像某些昵称当中仍然保存着原始的命名动作。笑和主体性的罪有共谋关系，但是当它所宣布的法律被中止时，其意义就不只是共谋而已。它应许了归乡的路。是乡愁使他开始探险的旅程，而主体性（在《奥德赛》里描绘了它的史前阶段）则是由此挣脱了原始世界。虽然法西斯主义指鹿为马，说神话就是家，然而家的概念和神话终究是对立的，其中更蕴含着史诗最深层的吊诡。在史诗里沉淀着一段历史的回忆，即定居生活（那是家的前提）接替游牧生活的时期。如果说随着定居生活而产生的固定财产制度是人类异化的基础，在其中，所有乡愁和渴望都源自那失去的原始状态，然而家的概念的形成又奠基于定居生活和固定财产，而渴望和乡愁则指向家的概念。根据诺瓦利斯（Novalis）的定义，所有哲学都是乡愁，而唯有该乡愁不会在失去的原始状态的幻境里烟消云散，家和自然本身也被表现为首先必须从神话那里抢来的东西，那个定义才有效。故乡是"逃离"。因此批评荷马的史诗故事"远离大地"，其

---

[1] 参见《格林童话》。自古即有相关的主题，尤其是关于德墨忒尔的神话故事。"德墨忒尔流浪到埃莱夫西斯（Eleusis）寻找被掳走的女儿，狄萨乌勒斯（Dysaules）和妻子包玻（Baubo）收留她，但是心痛欲绝的她茶不思饭不想，于是女店主包玻掀开衣服，露出肚皮，好让她破涕为笑。"（弗洛伊德：《弗洛伊德全集》，第10卷，第399页）。另参见莱因纳赫：《崇拜、神话与宗教》（Cults, Mythes et Religions），1912年版，第4卷，第115—117页。

实是对史诗故事的真理的保证："它转向了人类。"[1]神话变调为小说，正如冒险故事与其说是歪曲神话，不如说是把神话一起拉到时间里，揭露出把神话隔离于家与和解的深渊。文明对原始世界的报复是很恐怖的，正如荷马关于美拉提俄斯（Melanthios）被肢解的残忍场景的描绘[2]，在报复里，文明与原始世界并无二致。使文明破茧而出的，并不是史诗所描写的那些行为内容，而是在讲述故事时使暴力暂歇的自我省思。谈话本身，与神话的歌曲对立的话语，能够以记忆去捕捉那已经发生的不幸，那才是荷马史诗里的逃离的法则。颠沛流离的英雄每每以叙事者登场，那是不无道理的。叙事者冷静地保持距离，把极端残忍的事讲得兴味盎然，如此才得以彰显那在歌曲里一本正经地混充为命运的暴行。但是言谈的暂歇则让被描写的事件蜕变为早已发生的过去，而因为如此，文明始终无法完全熄灭的自由，也隐约闪烁一点光亮。《奥德赛》第22卷里提到奥德修斯的儿子如何对那些不贞的宫女行刑。在描写被绞缢的宫女的下场时，其中笔调沉着冷静，其冷酷无情唯有19世纪最伟大的短篇小说家的"无动于衷"（impassibilité）才差堪比拟，并且不带感情地把她们隐喻为落到圈套的鸠鸽[3]，而叙事到此戛然而止，可以说所有其他话语都僵在那里。诗句接着说，那排成一行的宫女，"但见她们脚儿略一蹬，即便俱安宁"[4]。其描绘之精确

---

[1] 荷尔德林：《秋》（Der Herbst），见于《荷尔德林全集》，第1066页。

[2] "先把他耳鼻纤削，然后剜出腑肠去喂犬，又将他手从根断。"（《奥德赛》，第12卷，第474—477节）

[3]《奥德赛》，第12卷，第465—473节。

[4] 同上书，第473节。

已经显露出在解剖或活体解剖时才有的冷酷[1]，如小说般记录了受刑者的觳觫抽搐，在正义和法律的前提下，她们落入了审判者奥德修斯曾经逃脱的死亡国度。荷马作为一个反思该绞刑的公民，他强调她们只一会儿工夫就死去[2]，以安慰自己和听众（实际上是读者）。但是在"只一会儿工夫"以后，叙事的内在流动就静止下来。只一会儿工夫吗？叙事者的客人们如是问，揭穿了其沉着冷静的谎言。故事陡然中止，让人无法忘记被处死的宫女们，揭露了宫女们与死亡对抗的瞬间所经历的难以言喻的永恒痛苦。"只一会儿工夫"没有任何回响，除了西塞罗（Cicero）的"要多久？"（Quo usque tandem），其后的修辞学家们用它指称自己的耐心，其实不自觉地玷辱了这句名言。然而在描写那些恶行时，唯一的希望在于那是很久以前的事了。关于史前时代、野蛮和文化的纠葛，荷马以"从前以前"的回想给予人们抚慰。直到作为小说，史诗才过渡为童话。

---

[1] 穆伦道夫认为"诗人很惬意地详细描述"刑罚（《奥德修斯还乡记》，第67页），这位权威的语言学家还赞叹说，罗网的比喻"以优雅……而具有现代意义的方式描绘了宫女们的尸体的摆动"（《奥德修斯还乡记》，第76页）。穆伦道夫的作品也足以证明在德国野蛮和文明的混杂。那也是现代的亲希腊主义（Phihellenismus）的基础。

[2] 默里指出这段诗用来抚慰人心的企图。根据他的理论，文明社会的审查已经把荷马史诗里的酷刑场景给删除了，只保留了美拉提俄斯和宫女们死去的部分。（《希腊史诗的兴起》，第146页）

附论二：朱莉埃特[1]，或启蒙与道德
Exkurs II : Juliette oder Aufklärung und Moral

　　康德说，启蒙是"人类走出自我究责的未成年时期。所谓未成年时期，是指无法使用自己的理性而不被其他事物左右"[2]。"不被其他事物左右"的理性即是依循着理性的理性。那无非是说，理性以自身的推论，将个别的知识整合为体系。"理性……以理性及其有效之应用为其唯一对象。"[3]理性"设定某个集体的统一，作为理性活动的目标"[4]，该统一就是体系。理性的各种规定，皆在指挥众多概念的层级结构。对于康德、莱布尼茨和笛卡尔（Descartes）都一样，理性在于"既上穷更高的属，也下推更低的种，以得到完全的体系关系"[5]。知识的"体系"是"所有知识基于单一原理的相互关系"[6]。就启蒙的意义而言，思维是指建立统一而科学性的秩序，并且由原理推论出事实性的知识，无论该原理是任意规定的公理、本有观念，还是最高的抽象。逻辑法则在秩

---

[1] 萨德创作了以两姐妹为主角的两部小说，分别是《朱莉埃特》和《朱斯蒂娜》，后文中都会提到。朱莉埃特是姐姐，在修道院长大，13岁时受一个女人的影响，开始认为宗教和道德都无意义，此后堕落为放荡而残忍的杀人犯。——译者注

[2] 康德：《答复问题："什么是启蒙？"》（*Beantwortung der Frage: Was ist Aufklaerung?*），见于《康德全集》（*Kants Werke*），第8卷，第35页。

[3] 康德：《纯粹理性批判》（*Kritik der reinen Vernunft*），见于《康德全集》（第2版），第3卷，第427页。

[4] 同上。

[5] 同上书，第435—436页。

[6] 同上书，第428页。

序里建立各种普遍的关系且定义它们。矛盾律即是具体而微的体系。知识把事物归类在原理下面。它和把事物整合到体系里的判断并无二致。任何不以体系为规则的思考，都是既无方向而又专断的。理性的做法无非是体系统一的理念，固定的概念关系的形式元素。在启蒙的严格意义下，人们想要提出任何内容性的目标作为理性的洞见，那都只是幻想、谎言或"合理化"（Rationalisierung），无论个别的哲学家如何辛苦地想要摆脱该结论，转而依赖民胞物与的情感。理性是"从共性推论出特殊性……的能力"[1]，康德认为，"纯粹理性的图式"保证了共性和特殊性的同质性。那图式是理性机制的无意识作用，根据理性把知觉予以结构化。主观判断在事物里发现的可理解性，在进入自我以前，就被理性烙印了客观的性质。如果没有该图式，或简言之，如果知觉里没有理性元素，感觉印象就无法与概念相符，范畴也无法和个例对应，那么连思维的统一性都没了，更不用说什么涵盖一切的体系了。科学的有意识的任务，就是要建立该统一性。如果说"所有经验法则……都只是纯粹理性法则的个别规定"[2]，那么研究就必须时时记得要让原理正确地联系到事实判断。"判断力……先天地预设自然与我们认知能力的和谐一致。"[3]那是有组织的经验的"主要线索"[4]。

　　体系必须与自然维持和谐；正如体系预言了事实，事实也必

---

[1] 康德：《纯粹理性批判》，见于《康德全集》（第2版），第3卷，第429页。

[2] 同上书，第4卷，第93页。

[3] 康德：《判断力批判》（*Kritik der Urteilskraft*），见于《康德全集》，第5卷，第185页。

[4] 同上书，第185页。

须去证实体系。然而事实是属于实践的，事实处处在说明个别主体与作为集体对象的自然的接触：经验总是真实的施与受。在物理学里，可以用来证明一个理论成立的知觉，经常被简化为在实验器材里冒出来的电流火花。如果它没有出现，照例也不会有实践上的影响，而只会毁了一个理论，或是毁了一个做实验的研究助理的生涯。然而实验室的情形是个例外。无法使体系和直观一致的思维，不仅会扰乱各自独立的视觉印象，也会和真正的实践起冲突。不仅该发生的没发生，不该发生的甚至会纷至沓来：桥梁会塌陷、种子会枯萎、医疗会致病。"电流火花"一语道破体系思维的阙如，以及与逻辑的格格不入，那不是短暂的知觉，而是突然的死亡。启蒙所认为的体系，是一种最能处理事实的知识形态，也最能有效支持主体宰制自然。主体的原则是自我保存，不成熟其实就是说没有自我保存的能力。在奴隶主、自由企业家和行政官员的前后相续的形式里，资产阶级成为启蒙的逻辑主体。

理性概念里的困难，起因于那承载同一个理性的众多主体彼此其实是对立的，在西方世界的启蒙里，那些困难潜藏在其判断显著的明晰性里头。可是在《纯粹理性批判》里，它们就表现在先验自我和经验自我的模糊关系以及其他无法调解的矛盾里。康德的概念是有歧义的。理性作为先验且超越个体的自我，蕴含了一个人类自由的共同存在的理念，在其中，他们组成普遍的主体，并且在全体有意识的凝聚里扬弃了纯粹理性和经验理性的冲突。全体则表现了真正普遍性的理念，也就是乌托邦。然而理性同时也是思维的计算体系，它为了自我保存的目的而调整世界，其功能仅仅是把对象整治成感觉数据，好让它成为奴役的材料。图式从外部去调整共性与特殊性、概念与个别事物，其真正本性最终在当时的科学里证明为工业社会的需求。存有被放在加工和管理的层面上去审视。一切都变成可以重复且替代的程序，仅仅是系统的概念模型的个例，人类尚且如此，动物就更不用说了。当下的种种环境则预防管理学与具象化的科学、公共思想与个人经验之间的冲突。感官在有知觉以前，已经先被概念机器给予规定。资产阶级把世界先天地看成质料，而他们就是以该质料建构自身的。康德早已经直觉预见好莱坞有意识实现的一切：所有形象在生产当中都要由理性的各种标准预先审查，决定它们此后如何被看见。公众判断借以证明自身无误的知觉，早在知觉以前就已经被该判断设定好了。潜藏在理性概念里的神秘乌托邦，经由主体们的各种偶然性差异，窥见主体们被压抑的相同需求，而理性在目的的驱策下只具有系统科学的功能，则把差异以及共同的需求给平整化了。除了社会活动的分类，理性不承认任何其他规定。一切皆无异于它生成的目的：作为各种职业和国家团体的一个有用的、成功或失败的成员。每个人都是他所属的地理、心理和社会类型的一个任意的样本。逻辑是民主的，在里头，强者并不比弱者占优势。前者属于社会名流，而后者是社会救助的计划对象。一般性的科学与自然以及人类的一般性关系，并无异于特殊的保险理论和生死的关系。无论是谁死掉都一样，重要的是事故和保险公司的理赔责任的比例关系。在公式里重复出现的是大数法则，而不是个别事件。共性与特殊性的一致性，也不再潜藏于一个理性里。在知觉特殊性时，该理性总是只把它当作共性的一个例子；而在知觉共性时，则只是把它当作特殊性的一个侧面，在该侧面里，可以把握且支配共性。科学并不会意识到自身，它只是个工具而已。然而启蒙把真理等同于科学体系的哲学。康德基于哲学的企图，想要论证这个同一性，推论出对科学没什么意义的概念，因为那些概念只是根据某些游戏规则制定的操纵指导。知识的自我理解的概念抵触了科学自身的概念。康德的工作超越了单纯的操作性经验，为此，现在的启蒙根据其自身的原理，把康德的工作视为独断主义而拒绝它。康德的成果是把科学系统证实为真理的形态，由此思维也确认了它自身的无意义性，因为知识是技术的习作，和其他在系统压力下的劳动形式一样，都不曾反思它们自身的目的。

启蒙的各种道德学说见证了一种无谓的努力，也就是当物质需求不足时，试图寻求一个在社会存活的理性基础，以取代没落了的宗教。哲学家们作为真正的资产阶级，不约而同地实践他们在其理论里口诛笔伐的各种权力。理论总是前后一致且坚定的，而道德学说则是大义凛然而动人心弦的，尽管它们听起来也很严格，或者是意识到道德是无法演绎的，因而恣意妄为，正如康德把道德力量视为事实的做法。康德敢于由理性法则推论出彼此尊重的义务，这在整个哲学史里仍属保守，但是在《纯粹理性批判》里无法支持它。资产阶级的思维经常试图把尊重（文明没有它就无法存在）奠基于物质需求以外的东西，它比以前的任何尝试都要更崇高而吊诡，却一样转瞬即逝。基于康德所说，对于单纯律法形式的尊重而放弃其利益的资产阶级，不会是启蒙的，而是迷信的——是个傻瓜。康德的乐观主义的根基（根据该理论，只要卑鄙者有善的意图，那么道德行为也是理性的），是恐惧退化到野蛮生活。康德在回复哈勒（Haller）时说[1]，如果这个伟大的伦理力量（互爱和尊重）沉没的话，那么“（不道德的）虚无会以其血盆大口，把整个（道德）存有者的国度一饮而尽”。但是根据康德的说法，在科学理性面前，道德力量和不道德的力量一样，都是中性的驱力和行为模式，

---

[1]康德：《道德形而上学起源》（*Metaphysische Anfaenge der Tugendlehre*），见于《康德全集》，第6卷，第449页。

而当它不朝着潜在的可能性发展，反而与权力和解时，就会马上翻转为不道德的力量。启蒙把差异从理论里赶出去，它考察欲望，"如同考察线、面和体积一样"（ac si quaestio de lineis, planis aut de corporibus esset）[1]。极权主义的制度更是变本加厉。人们摆脱了自身的阶级桎梏，在那种控制下，19世纪的商人都必须服从康德所说的尊重和互爱，而法西斯主义以严酷的纪律免除了民众的道德感，甚至再也不必遵守任何纪律。相对于定言命令，甚至与纯粹理性更深层的一致性，法西斯主义把人类当作事物，视其为行为模式的中心。统治者愿意为资产阶级世界防堵在欧洲已经泛滥成灾的赤裸暴力的洪流，只因为其时经济的集中化尚未发展成熟。以前只有穷人和原住民受到失控的资本主义元素的影响，但是极权主义的制度把完全的权利给予了计算的思维，并且向科学本身求助。血腥残暴的执行力被它奉为圣典。从康德的《纯粹理性批判》到尼采的《道德的谱系》，哲学的手把圣典写在墙上，而一个人就巨细靡遗地实践它。萨德（Marquis de Sade）的作品显示了"不受其他事物左右的理性"，指的是豁免于任何监护的资产阶级的主体。

　　自我保存是科学的构成原理，是范畴表的灵魂，即使该范畴表必须以康德哲学的方式演绎得到。即便是自我、统觉（Apperzeption）的先验统一，或康德称为最高点的行为者，它也必须担负整个逻辑[2]，既是物质存在的产物，也是其条件。个体为了求生存，发展出"自我"以作为深谋远虑的反省主体，而几经世代递嬗，自我也随着经济的独立性和生产力的所有权的前景而扩

[1] 斯宾诺莎：《伦理学》，第三部分，序言。
[2] 康德：《纯粹理性批判》，见于《康德全集》（第2版），第3卷，第109页。

充和萎缩。最后，自我由被剥夺财产的资产阶级过渡为极权主义的托拉斯主宰，其科学也完全变成被奴役的群众社会的各种复制方法的典范。而萨德则为它们的规划意义树立了早期的纪念碑。对于自马基雅维利（Machiavelli）[1]和霍布斯（Hobbes）[2]以来的启蒙精神而言，统治者通过坚固的组织控制人民的阴谋，和资产阶级的共和一样都是可以理解的。唯有在权威无法迫使人们服从时，启蒙才会仇视权威，而只有当暴力不是既成事实时，启蒙才会反对暴力。只要人们不问谁在使用理性，那么理性与暴力的关系并不比与和解的关系更紧密。依个体或群体的不同处境，理性会让和平或战争、宽容或压迫显现为既有事实。因为理性的实质目的原来是主张自然对于精神的宰制力量，并且约束其自我立法，所以，正如理性是形式性的，任何自然需求都可以利用它。思考完全成为工具而回复到自然里。但是对于统治者而言，人类变成了物质，正如对于社会而言，整个自然也只是物质而已。在由资产阶级对弈的自由主义的短暂插曲以后，宰制以法西斯的理性主义形态出现，造成了古老的恐怖灾祸。弗兰卡维拉（Francavilla）亲王在那不勒斯国王费迪南德的一次御前会议里说："我们必须以极度的恐怖统治取代宗教妄想；我们要让人民摆脱对于未来的地狱的恐惧，那个恐惧被消灭以后，他们就会为任何东西而无所不用其极；但是我们必须以严刑峻法取代这种妄想式的恐惧，当然，刑罚只及于庶民，因为都是

---

[1] 尼可罗·马基雅维利（1469—1527），意大利政治哲学家、诗人、作家，著有《君主论》等，认为君主应该大权独揽，不受任何道德负责的约束。他的国家学说以性恶论为基础，认为人是自私的，追求名利是人的本性。——译者注

[2] 托马斯·霍布斯（1588—1679），英国政治学家、哲学家，著有《利维坦》等。他提出的国家契约论认为，人性本恶且自私自利、残暴贪婪，为了寻求自我保存，而甘愿放弃原来的自然权利，订立社会契约进而成立了国家。——译者注

那些乱民使国家不安的：只有下层阶级才会产生反叛者。如果有钱人凭着这个空洞的假象而有权压榨那些活在其牛轭下的人，那么他们干吗要担心那个不会套在他们头上的缰绳的想法呢？在有钱人的阶级里，只要专制统治实际上不及于他们，你找不到任何一个人反对被专制统治的重重阴影笼罩。"[1]理性是计算和规划的工具，对于所有目的都是中立的，理性的元素则是对等关系。在喜欢合理化的资产阶级的生活细节里，知识和计划的紧密关系都烙上无法摆脱的合目的性（Zweckmäßigkeit）本质，康德以先验的方式去证明它，而早在运动竞赛兴起的一百年前，萨德便以经验的角度去阐释了它。现代竞赛的队伍严格规定团队合作，让每个队员不会怀疑自己的角色，每个替补也都蓄势待发，这和朱莉埃特的性爱团队如出一辙，在里头没有任何片刻是无用的，没有任何身体裸露会被视而不见，没有任何功能是闲置的。在运动和大众文化的所有其他支系里，弥漫着紧张且有目的的熙来攘往，而只有完全内行的观众才能分辨不同组合的差异，理解那些和任意制定的规则对应的胜负得失的意义。康德体系特有的建筑学结构，萨德的狂欢宴会里的体操员叠罗汉，以及早期资产阶级的共济会讲究原则的性格（《索多玛120天》里淫荡者社会的严格体制是对它的讥笑反映），皆预示了那涵盖了整个生活却缺乏实质目的的组织。在如此的公开活动里，重要的似乎不只是享乐，也包括对享乐汲汲营营的追求，亦即组织，正如在其他被破除神话的史诗里，在罗马帝国、文艺复兴或巴洛克时期，活动的结构比它的内容更重要。近代的启蒙让和谐以及完美的观念不再于宗教的彼岸里被实体化，而是作为人类在体系形

---

[1] 萨德：《朱莉埃特》（*Histoire de Juliette*），1797年版，第5卷，第319—320页。

式里奋斗的标准。那曾经给予法国大革命希望的乌托邦，一旦若
有似无地被吸收到德国的音乐和哲学里，既有的资产阶级制度便
把理性完全功能化了。理性变成无目的的合目的性（zwecklosen
Zweckmäßigkeit），因而可以套在所有目的上面。理性是就其自
身被考察的计划。极权主义国家操控了许多民族。在萨德的书里，
"亲王回答说，就这么办，政府本身必须整顿老百姓，政府手里必
须有一切工具，当它害怕老百姓时，可以消灭他们，而当它认为有
必要时，也可以增殖他们。在权衡正义的天平上，除了政府的利益
或欲望，不可以有其他东西，只有那些有足够权力增加我们的利
益和欲望的人，其利益和欲望才是唯一的考虑"[1]。亲王说出了帝
制——作为最可怕的理性形态——自古以来即实行的道路。"……
把你们要奴役的老百姓的上帝夺走，你们就可以让他们的意志不知
所措；只要他们除了你们，不再崇拜其他的神，除了你们的伦理，
不再有其他的伦理，那么你们就可以永久统治他们……为此你们就
让他们肆无忌惮地作奸犯科；不要去制裁他们，除非他们把矛头指
向你们。"[2]

　　因为理性并未设定任何实质目的，也就没有任何情感可言。理
性仅仅是中立的。理性据以和所有非理性事物直接对立的原理，正
是启蒙与神话真正对立的基础。神话所认识的精神只是沉浸于自然
的精神，只是一种自然力量而已。对于神话而言，内在的情感冲动
和外在的作用力一样，是来自神或魔鬼的有生命的权力。相反地，
启蒙则让关系、意义和生命完全撤回到主体性里，而主体性也只有
借着如此的撤回才真正建构起来。对于启蒙而言，理性是化学药

[1] 萨德：《朱莉埃特》，1797年版，第5卷，第322—323页。
[2] 同上书，第324页。

品，是吸收事物的真正实体，自身也挥发为理性的单纯自律性。为了摆脱对自然的迷信恐惧，启蒙把一切有客观作用的事物和形态都揭露为混沌物质的外壳，并且把物质对于人类行为者的影响斥为奴役，直到主体依据理念完全变成唯一的、无限制的、空洞的权威。所有自然的作用力都变成与主体的抽象权力对抗的无差别的阻力。西方世界的启蒙乃至于加尔文教派亟欲消灭的个别神话，是天主教关于神圣秩序（ordo）的信理以及异端的民间宗教，在启蒙的宰制下，民间宗教反而更流行。让人类自那些信仰解放出来，是资产阶级哲学的目标。然而这个解放超越了它原本的人文主义推动者的初衷。挣脱桎梏的市场经济既是理性的当前形态，也是摧残理性的权力。浪漫主义的反动派只是说出了资产阶级的亲身体验：自由在其世界里总会趋向有组织的无政府主义。天主教的反革命派对于启蒙的批评，和启蒙对于天主教信理的批评同样有道理。启蒙坚持其自由主义的承诺。如果所有情感冲动都是等值的，那么总是主宰着体系形态的自我保存，似乎给予行为最合理的箴规。在自由经济里，应该对行为解禁。早期资产阶级社会里深沉阴暗的作家们，如马基雅维利、霍布斯、曼德维尔（Mandeville）[1]，鼓吹自我的利己主义，因而认为社会是破坏性的原理，并且否定和谐，直到高唱入云的古典主义者才把和谐扬举为正式的学说。前者宣称资产阶级的全体制度是残酷的东西，它终究会把共性和特殊性、社会和个人纠结在一起。在经济体系里，私人团体对于经济工具的宰制使人类产生区隔，而随着该经济体系的发展，那被理性认同的自我保存，资

---

[1] 伯纳德·曼德维尔（1670—1733），荷兰哲学家、古典经济学家，在其著作《蜜蜂的寓言》（*The Fable of the Bees*）中提出"私人恶德即公共利益"，在西方思想史上影响深远。——译者注

产阶级个体被对象化的本能冲动，到头来却是毁灭性的自然力量，而且无异于自我毁灭。它们彼此暗通款曲：纯粹理性变成无理性，变成无误却也无内容的作业程序。然而那宣告自然与自我和解的乌托邦，原本潜伏于德国哲学里，随着革命的前卫主义而浮现为既理性又非理性的理念，也就是自由人类的团结的理念，而致使理性自怨自艾。在那样的社会里，尽管有可怜的卫道士鼓吹人性为最合理的工具，自我保存仍然不受那被讥为神话的乌托邦的羁绊。上层的狡猾的自我保存，是在争夺法西斯主义式的权力，对个体而言，则是无论如何都得顺服不公。被启蒙的理性无法评量某个冲动和其他冲动的等级差别，正如它无法替宇宙依序排列诸天体。它固然正确指出自然的秩序其实是中世纪社会的写照，但是其后它试图证明一个新的、客观的价值秩序，却显然有谎言的性质。在如此虚无的重构里昭然若揭的非理性主义，几乎无法抵挡工业社会的理性。尽管如莱布尼茨和黑格尔所说的，在那些还不算是思维的主观和客观的表现里，在各种感受、制度和艺术作品里，伟大的哲学都能发现对真理的要求，那和启蒙的余绪（即现代的实证论）相似处甚多的非理性主义，却把感性、宗教和艺术孤立于一切所谓的知识以外。非理性主义固然为了直接的生命而限缩了冷酷的理性，却也直接让生命变成一种只懂得仇视思维的原理。在仇恨的表象底下，感性乃至于一切人类的表现，亦即文化本身，都被免除了对于思维的责任，却因而蜕变为那早已非理性化的经济体系里涵摄一切的理性的中性化元素。理性自始即无法只信任自己的吸引力，而以感性的仪式补其不足。理性诉诸该仪式，转而批判自己的媒介，亦即总是被怀疑为异化的理性的思维。电影里恋人含情脉脉的倾诉衷曲，已经是对于无动于衷的理论的嘲弄，而在反驳那打击不公的思维时的滥情论证，更是变本加厉。即使感性被提升到意识形态，它在现实里遭受的歧视也不会被扬弃。尽管意识形态把感性捧上天，但是相较之下它仍然显得粗鄙，因而使感性更容易被放逐。在理性被形式化时，便已经成为对于感性的判决。自我保存作为和其他欲望一样的自然冲动，也都会于心有愧，只有贪婪的营求以及相对应的各种体制，即已经独立自主的媒介、工具、组织和系统，仍然为它们在理论和实践上被视为理性而沾沾自喜，而各种情绪也被划归其中。

现代的启蒙自始即有激进主义的性质，因而使得启蒙有别于以前破除神话的各阶段。随着新的社会存在方式、新的宗教和观点赢得世界史里的一席之地，此时古老的诸神也和旧阶级、部落和种族一样被弃如敝屣。特别是某些民族，例如犹太人，为了自身的命运而转型至新的社会生活形式，庄严古老的习俗、神圣的活动和崇拜的对象，皆如着魔般地变成可憎的恶行和作祟的幽灵。现在生活里的各种恐惧症和异常体质，经常被蔑视或厌恶的性格特质，都可以被解读为人类演化的过度进步的证据。从对于排泄物和人肉的厌恶，到对于狂热的信仰、无所事事、精神和物质的贫穷的蔑视，那些行为模式从合宜且必要的转变为可憎的，其中皆有迹可循。那既是毁灭的迹象，也是文明的迹象。每一步都是进步，是启蒙的一个阶段。然而，尽管有以前一切的改变，从前泛灵论（Präanimismus）到巫术、从母权文化到父权文化、从蓄奴者的多神论到天主教的品位，仍然有新的（虽然是启蒙了的）神话取代旧神话，战神取代大地之母，羔羊的崇拜取代图腾，在启蒙理性的阳光下，那以前被认为客观且实事求是的一切信仰奉献，都被消融为神话。一切既有的义务都被判定为禁忌，即使是资产阶级生活所需的，也都难以幸免。资产阶级借以夺权的工具——各种力量的解禁、普遍的自由、自我规定，简单说就是启蒙，当资产阶级作为宰制的体系不得不去镇压被统治者时，那工具就被用来对付资产阶级。基于其原则，启蒙并不畏于限缩资产阶级世界赖以生存的信仰。它不像旧时的意识形态那样对于宰制拳拳服膺。启蒙的反权威倾向在理性概念里和乌托邦暗通款曲，最后使它既仇视资产阶级的既有势力，也厌恶贵族阶级，的确，资产阶级和贵族不多久就结盟了。到头来，反权威会变成自己的对立面，变成反对理性本身的行为者：当反权威的原则摆脱了行为的一切约束，便让宰制有权制定且控制对它有利的各种义务。根据公民道德和博爱精神（启蒙始终无法替它们找出什么好的理由），哲学宣布权威和阶级也是德行，虽然启蒙早就证明它们是谎言。但是面对如此的颠倒是非，启蒙也没有什么论证可以反驳。因为纯正的真理相对于曲解，或是合理化相对于理性，如果哲学不能证明自己的实践意义，那么是没有什么优势的。随着理性的形式化，理论本身如果不想只是当作中性的操作程序里的记号，就会变成无法理解的概念，而思维也只有放弃意义才会被认为是有意义的。启蒙始终努力摧毁桎梏人类的制度，一旦它被套上生产的支配模式的缰绳，自己就冰消瓦解了。在流行的启蒙早期对于"碾碎一切者"（Alleszermalmer）康德的抨击里，便表现出了这点。正如为了拯救理性的可能性，康德的道德哲学限制了他的启蒙性批判，无反省性的启蒙思维为了自我保存，也总是回头以怀疑论扬弃自己，好让既存的秩序有足够的空间。

　　相反地，萨德的作品和尼采的作品一样，是对于实践理性的强硬批判，相对于萨德的作品，"碾碎一切者"的批判看起来就像是在推翻自己的思维。萨德的作品把科学的（szientifische）原理提高到毁灭者的角色。当然，康德早已把自我的道德法则里所有他律的（he-teronom）信念都摧陷廓清，以至于尽管有康德的保证，"尊重"仍然只是心理的自然事实，就像我头上的星空是物理事实一样。康德称它为"理性的事实"（Faktum der Vernunft）[1]，在莱布尼茨那里，它则叫作"社会的一个共同本能"（Un instinct général de société）[2]。但是如果事实不存在，那就无任何意义可言。萨德并不否认它们的出现。朱斯蒂娜（Justine）[3]是两姊妹里善良的那个，却成为伦理法则下的殉难者。然而，朱莉埃特的推论则是资产阶级想要回避的：她把天主教恶魔化为最新的神话，和整个文明是一丘之貉。以往投注于圣体圣事的能量，现在却翻转到亵渎的行为。如此的翻转也扩及整个团体。朱莉埃特自然没有像天主教对待印加族那样的狂热信仰，她只是以启蒙的方式，有效率地从事亵渎的勾当，而天主教自古以来即有亵渎的倾向。被文明认为是禁忌的古老行为模式，背负着兽行的污名，转变为毁灭性的行为，存在于黑暗处。朱莉埃特所实现的不再是自然的行为，而是禁忌的。她补偿了对于该行为的负面价值判断，那样的价值判断是站不住脚的，因为所有的价值判断都因其对立面而无法成立。当她重现原始世界的反应时，就不再是原始的，而变成兽行。用心理学的话来说，朱莉埃特不像《危险关系》

---

[1] 康德：《纯粹理性批判》，见于《康德全集》，第5卷，第33、47、55页等。

[2] 莱布尼茨：《人类理智新论》（*Nouveaux Essais L Entendement, Humain*），1840年版，第1卷，第2章，第9节，第215页。

[3] 萨德作品《朱斯蒂娜》中的女主角，朱莉埃特的妹妹。和朱莉埃特不同，朱斯蒂娜是虔诚的信徒，渴望通过宗教的力量获得救赎，却屡遭磨难，备受屈辱，始终无法逃脱厄运。——译者注

（*Liaisons Dangereuses*）里的梅尔特伊（Merteuil）[1]那样，她并不体现未升华或退化的欲力（libido），而是体现对于退化的理性欢愉，"恶魔的理性爱慕"（amor intellectualis diaboli），对于文明以子之矛攻子之盾时的快感。朱莉埃特热爱系统和推论，很娴熟地掌握适合理性思维的工具。至于自制，她的指导之于康德的学说，有时候就像是个别的应用和基本原理的关系。康德说："就德行植根于内在自由而言，也包含一个对于人类的肯定性诫命，亦即他们所有的能力和倾向都要臣服于（理性的）力量，因而臣服于自我宰制，除了禁戒屈服于情感和倾向，更要有不动心（Apathie）的义务：因为如果理性没有掌握驾驭的缰绳，它们就会征服人类。"[2]而朱莉埃特在谈到犯罪者的自我约束时则说："首先，花几天的时间预先评估你的计划，考虑所有的后果，详细检查什么对你有利……什么可能出卖你，要冷静权衡这些东西，犹如你确定会东窗事发似的。"[3]谋杀者的脸庞必须流露出极度的平静。"……让你的表情露出平静和无所谓的样子，在这种情况下，要尽可能保持冷静……如果你没有把握不会有良心的谴责（只有惯犯才做得到），如果对此不很有把握，那么我告诉你，你再怎么装腔作态都没有用……"[4]对于形式主义的理性而言，免于良心的谴责和摒弃爱憎一样是不可或缺的。悔恨把过去定义为存在的东西，而不同于流行的意识形态，对于资产阶级而言，过去是没有任何意

[1] 参见海因里希·曼（Heinrich Mann）为《危险关系》[岛屿出版社（Insel Verlag）版]所写的导论。

[2] 康德：《道德形而上学起源》，见于《康德全集》，第6卷，第408页。

[3] 萨德：《朱莉埃特》，第4卷，第58页。

[4] 萨德：《朱莉埃特》，第4卷，第58页。

义的；对于资产阶级的实践而言，悔恨的唯一动机是避免再犯。然而斯宾诺莎却以斯多葛学派的观点说："懊悔不是一种德行，换言之懊悔不是起于理性；反之，一个懊悔自己行为的人是双重苦恼或软弱无力的。"（Poenitentia virtus non est, sive ex ratione non oritur, sed is, quem facti poenitet, bis miser seu impotens est.）[1]但是他接着又以弗兰卡维拉亲王的口吻说："可怕的事莫过于一大群人不知道畏惧。"（Terret vulgus, nisi metuat.）[2]而作为忠实的马基雅维利主义者，他主张说，谦卑和懊悔就像敬畏和希望一样，虽然与理性抵触，却是很有用的。康德说："不动心（就其为优点而言）是德行的必要前提。"[3]不同于萨德，康德把他所说的"道德的不动心"和冷漠无情（Fühllosigkeit）区分开来，后者是指对于感官刺激无动于衷。心荡神驰是不好的，平静和坚定是德行的优点。"那是道德生活里的健康状态，相反，即使情感（Affekt）是因为善念而生起的，也只是短暂的光辉现象，只会留下疲累。"[4]朱莉埃特的女友克莱薇尔（Clairwil）对于所谓的罪恶也有相同的看法："我的灵魂是刚强的，而我绝不会舍弃我现在享有的幸福而偏好多愁善感（Empfindsamkeit）。喔，朱莉埃特……关于那个曾经让多少笨蛋自鸣得意的、危险的多愁善感，你或许是在欺骗自己。"[5]不动心出现在资产阶级历史的转折点，正如它在古代史里一样，面对势不可挡的历史潮流，寡福者（pauci

---

[1]斯宾诺莎：《伦理学》，第四部分，命题五十四，第368页。

[2]同上书，命题五十四之附释，第368页。

[3]康德：《道德形而上学起源》，见于《康德全集》，第6卷，第408页。

[4]同上书，第409页。

[5]萨德：《朱莉埃特》，第2卷，第114页。

beati）明白了自己的无能为力。那意味着个体的自发性撤退到私人领域，而私人领域也由此成为资产阶级真正的生存形式。斯多葛主义也是资产阶级的哲学，它让上层观察他人的痛苦，而更容易正视对于他们自身的威胁。它把私人生活提升为抵挡公共领域的原则，由此约束公共领域。资产阶级的私人领域是上层阶级谪降到世界的文化资产。

朱莉埃特把科学当作信仰（Credo）。任何无法证明其合理性的崇拜，她都觉得很可憎：对神和他死去的儿子的信仰、服从十诫、好善恶恶，以及罪的救赎。那些被文明的传说宣告绝罚[1]的反动，深深吸引着她。她像当前的实证论者一样操作语义学和逻辑语法，但是不像最近的政府公务员，她的语言批判主要不是针对思考和哲学，作为好战的启蒙的女儿，她的批判对象是宗教。"一个死去的神，"她说，"没有什么比天主教辞典里这个没头没脑的词序更滑稽的：'神，意思是永恒；死亡，意思就是没有永恒。'白痴的基督徒，你们要你们死去的神干什么？"[2]没有科学证明而被诅咒的东西转变为值得追求的，正如那没有任何证明就被承认的东西转变为鄙弃的对象，这就是价值的重新评估，"冒险犯禁的勇气"[3]而没有尼采阴险狡诈的"开始吧！"（Wohlan!），也没有他的生物学式的观念论，那正是朱莉埃特所热衷的。"犯罪还需要借口吗？"她的密友女爵博尔盖塞（Borghese）完全以尼采的口吻问

---

[1] 绝罚是教会的一种制裁，即开除教籍。——译者注

[2] 萨德：《朱莉埃特》，第3卷，第282页。

[3] 尼采：《重估一切价值》（*Umwertung aller Werte*），见于《尼采全集》，第8卷，第213页。

她。[1]尼采宣告了她们的理论本质。[2]"弱者和失败者应该灭亡：此即我们的博爱的第一个命题。我们更应该帮助他们灭亡。什么是比任何罪恶的危害更大的？有成就者对于弱者和失败者的同情，也就是基督教……"[3]基督教"很奇怪地总是想要推翻暴政，要他们简化为兄弟关系……由此玩起弱者的游戏。它代表他们，说话也像他们……我们可以相信，那种同盟其实不只是由弱者提倡的，更是由他们实现的——当他们偶然掌握到神职的权力时"[4]。朱莉埃特的恩师努瓦尔瑟（Noirceuil）对于《道德的谱系》倒有些贡献。尼采不怀好意地歌颂权势者及其"对外界和异域"——也就是对于一切不属于他们的东西——的残暴。"他们在那里享受摆脱所有社会束缚的自由，在旷野里，他们长期被禁锢且隔离在社群的和谐里而产生的压力得到补偿，他们回归到猛兽的纯真，作为高声欢呼的怪兽，或许扬弃了令人发指的一连串的谋杀、纵火、强暴、酷刑，虽然趾高气扬，内心却很平静，好像只是学生的恶作剧罢了，他们相信很久以后的诗人将会有东西可以歌咏和赞颂……高贵的民族的'鲁莽'、顽固、荒谬、突然，或是行为的反复无常和不可思议……他们对于安身立命的淡漠和蔑视，他们对于肆虐破坏的骇人嗜好以及对于征服和残忍的兴趣。"[5]尼采曾经鼓吹的那种鲁莽，也使朱莉埃特深深着迷。"身居险境"也是她的教义：

---

[1] 萨德：《朱莉埃特》，第4卷，第204页。

[2] 杜伦（E. Duehren）在《最新研究》（*Neue Forschungen*，1904年，第453—454页）中有相关探讨。

[3] 尼采：《重估一切价值》，见于《尼采全集》，第8卷，第218页。

[4] 萨德：《朱莉埃特》，第1卷，第315—316页。

[5] 尼采：《道德的谱系》（*Genealogie der Moral*），见于《尼采全集》，第7卷，第321—322页。

"……大胆去做任何事，不要怕。"[1]世上本来就有弱者和强者，有阶级、种族和国家，总有些人要统治，有些人要臣服。韦尔讷伊（Verneuil）大声疾呼："我问你们，证据摆在眼前，有哪个凡夫会笨到主张人类在事实和法理上皆生而平等？只有像卢梭之类的仇视人类者，才会提出如此的诡论，因为软弱无能的他，看不得别人比他强，就要把他们都拉下来。我问你们，这个四尺二寸的侏儒的脸皮要有多么厚，才敢自诩为体格和力量的典范，而认为自己拥有赫丘力士的力量和外表？那不就像是苍蝇自比于大象吗？力量、美丽、体格、口才，那是自有社会以来当威权转移到统治者时的重要德行。"[2]尼采也说："要求强者不显露为强者，不显露其统治的意志、征服的意志，以及对于敌人、抵抗和胜利的渴望，那就和要求弱者表现为强者一样的荒谬。"[3]韦尔讷伊说："一个有犯罪天性的人，无论是因为他的力量过人、身手敏捷，还是因为他那个阶级的教育或他的财富，我问你们，你们真的要以那些一切都循规蹈矩的人的法律去审判他吗？两个人都被判处相同刑罚的法律，就比较公平吗？对于生性好作乱者，以及一切皆谨慎以对者，一律平等对待，就比较合乎自然吗？"[4]

当自然的客观秩序被贬谪为成见和神话以后，自然就只剩下一堆物质而已。尼采认为没有任何法则是"我们不仅认识，而且经

---

[1] 萨德：《朱莉埃特》，第1卷，第300页。

[2] 萨德：《朱斯蒂娜》（*Histoire de Justine*），1797年版，第4卷，第4页。另参见杜伦前引书《最新研究》，第326—327页。

[3] 尼采：《道德的谱系》，见于《尼采全集》，第7卷，第433页。

[4] 萨德：《朱斯蒂娜》，第4卷，第7页。

由我们自己去认识的"[1]。只要基于自我保存的标准而成型的理性
认知到任何的生命法则，那就是强者的法则。即使它因为理性的形
式主义而无法为人类归结出必然的模式，相对于说谎的意识形态，
它仍然有事实性的优点。尼采的学说主张，有罪的是弱者，因为他
们以其诡诈规避了自然的法则。"危害人类的，是那病态者，不是
邪恶者，也不是'禽兽'。那自始即是失败者、被征服者、颠沛
流离者，那些弱者，他们才是损害人群生活的人，他们戕害我们对
于生命、人类和我们自己的信任，并且质疑它。"[2]他们把基督教
散播到全世界，而尼采和萨德一样鄙夷且仇视基督教。"……弱者
对强者的镇压并不符合自然，那是精神上的，而非身体上的；弱者要
执行如此的镇压，需要他所没有的力量；他得摆出一个他不曾拥有
的性格，这多少抵触了自然。在这个聪明的母亲的法则里，其实
是强凌弱、众暴寡的，因为强者要这么做，只需拿出他拥有的天
赋；他不必像弱者那样以另一种性格伪装自己，他只需在行动里
表现出自然赋予他的东西。一切结果都是合乎自然的：他的高压
统治、暴行、残忍、专制、不公……皆如压在他身上的掌印那样
的清清楚楚；而且当他执行其欺压和掠夺弱者的权利，他只是在
做一件世界上最自然的事；我们根本不必顾虑是否可以对弱者巧
取豪夺，因为犯罪的不是我们，弱者的抵抗和报复才是典型的犯
罪。"[3]如果弱者自我防卫，那么他就做了不公的事。"所谓的不
公是说，弱者逾越了自然埋在他身上的性格：自然创造他，是要他

---

[1] 尼采：《遗著》，见于《尼采全集》，第11卷，第214页。

[2] 尼采：《道德的谱系》，见于《尼采全集》，第7卷，第433页。

[3] 萨德：《朱莉埃特》，第1卷，第208—209页。

当个贫穷的奴仆，而他不愿臣服，那就是他的不公。"[1]在专横倨傲的演说里，巴黎最大黑帮的帮主多瓦尔（Dorval），对朱莉埃特反复说明统治阶级的秘密信理。尼采在当时宣告该信理时，还加上了怨恨（Ressentiment）的心理学。和朱莉埃特一样，尼采赞叹"行为的美丽恐怖"[2]。尽管如此，作为一个日耳曼的教授，他因为不同意犯罪行为而与萨德有别，因为犯罪的自我主义"自限于鄙劣的目标。如果目标高尚，那么人类也会有不同的标准，即使其手段非常可怕，人们也不会就'犯罪'自身去评判它"[3]。启蒙了的朱莉埃特对于"高尚"还没有什么偏好，而那偏好其实是资产阶级世界的特色；对她而言，匪徒不会因为他的受害者比较少，而没有教区牧师那么可爱。但是对日耳曼人而言，数大就是美，而在偶像崇拜正值没落的时候，他们仍然没有摆脱理想主义的习惯，让窃钩者诛，而窃国者为诸侯。日耳曼的法西斯主义把强者崇拜扬举为世界历史的教义，自己因而也尝到荒谬的结果。作为对于文明的责难，统治者的伦理反过来支持被压迫者：对于萎缩的本能的厌恶，客观地揭穿了主人们只有在其受害者面前才会显露的真正本性。但是统治者的伦理作为霸权和国家宗教，却完全臣服于文明的掌权者（powers that be）、团结的群众、怨恨，以及一切曾经与统治者的伦理对立的东西。尼采学说的完成，既反驳了尼采自己，也在他身上彰显了某种真理，那真理尽管是在赞颂生命，却也敌视现实性的精神。

---

[1] 萨德：《朱莉埃特》，第1卷，第211—212页。

[2] 尼采：《善与恶的彼岸》（*Jenseits von Gut und Boese*），见于《尼采全集》，第3卷，第100页。

[3] 尼采：《遗著》，见于《尼采全集》，第7卷，第108页。

如果说懊悔是违反理性的，那么怜悯更绝对是罪恶。向怜悯投降的人，"误解了一般性的法则：由此推知，那根本不能算是德行的怜悯，一旦它诱使我们去干预自然法则所需要的不平等，就会变成真正的罪恶"[1]。尼采和萨德都认识到，在理性的形式化以后，怜悯也仅仅是对于普遍与特殊的同一性的感性意识，或是自然化的媒介。于是怜悯变成最偏执的成见，"虽然表面上怜悯好像近似虔诚"[2]。如斯宾诺莎所说的："因为一个人既不依理性的指导，又不受怜悯的感动，就要去帮助他人，简直可以说是不人道。"[3]怜悯就其直接形式而言确实符合人性，但它同时"本身是恶，而且没有益处"[4]，因为它是男性才能的反面。自罗马的"德行"（virtus）[5]、美第奇家族（Medici）[6]，一直到福特企业标榜的"效率"，"男性才能"始终是唯一真实的资产阶级德行。克莱薇尔在炫耀自己的"斯多葛主义"时说，怜悯是属于女人和孩子的东西，是"各种激情的止息"，而她"在处理和坚持一切事物时都不为所动"[7]。"怜悯根本不是德行，它是个弱点，源自恐惧和不幸，那是男人尤其必须克服的弱点——如果他们想要克服神经过

---

[1]萨德：《朱莉埃特》，第1卷，第313页。

[2]斯宾诺莎：《伦理学》，第四部分，附录16。（原文为："恐惧是起于心灵的软弱无力，对于理性没有什么帮助。怜悯也是这样，虽然表面上怜悯好像近似虔诚。"——译者注）

[3]同上书，命题五十之附释。

[4]同上书，命题五十。

[5]"virtus"原意为"男性作风"。——译者注

[6]美第奇家族是13—17世纪意大利佛罗伦萨的望族，该家族以银行业起家，曾是欧洲最富有的家族。——译者注

[7]萨德：《朱莉埃特》，第2卷，第125页。

敏的毛病的话，而神经过敏和哲学箴规是不相容的。"[1] "无法抑制的怜悯突然发作"[2]是女人才会做的事。萨德和尼采知道，他们关于怜悯的罪恶的说法是古代资产阶级的余绪。尼采提到"强者的时代""高贵的文化"，而萨德则是引用了亚里士多德[3]和逍遥学派（Peripatetiker）[4]的说法。在哲学面前，怜悯是禁不起检验的。即便是康德也不例外，他认为怜悯"是软心肠"，"本身没有德行的地位"。[5]然而他忽略了，不同于克莱薇尔的理性主义，他试图以"对于人类的普遍善意"[6]的基本原理去取代怜悯，却也落入非理性主义的诅咒，就像"善良的情感一样"，容易引诱人们变成"软心肠的懒惰虫"。启蒙则是不会被诓骗的，对启蒙而言，普遍的事实并不优先于特殊的事实，涵盖一切的爱也没有胜过有限的爱。怜悯变得声名狼藉。和萨德一样，尼采也把《诗艺》（*Ars Poetica*）拿来评论一番。"根据亚里士多德的说法，希腊人的怜悯更是泛滥成灾，因此需要悲剧加以宣泄。我们看到他们对于这种习性也有些疑虑。它会危害国家，夺走必要的冷酷和纪律，让英雄们像女人一样哭哭啼啼。"[7]查拉图斯特拉大声疾呼："我看到有多少善良，就有多少软弱；有多少怜悯和正义，就有多少软

---

[1] 萨德：《朱莉埃特》，第2卷，第125页。

[2] 尼采：《尼采驳瓦格纳》（*Nietzsche contra Wagner*），见于《尼采全集》，第7卷，第204页。

[3] 萨德：《朱莉埃特的故事》，第1卷，第313页。

[4] 同上书，第2卷，第126页。

[5] 康德：《论优美感和崇高感》（*Beobachtungen über das Gefühl des Schönen und Erhabenen*），见于《康德全集》，第2卷，第215—216页。

[6] 同上。

[7] 尼采：《遗著》，见于《尼采全集》，第11卷，第227—228页。

弱。"[1]其实怜悯里有个环节是与正义抵触的，不过尼采还是把它们混为一谈。它以自己构成的例外去证实不符人性的规则。怜悯认为唯有那捉摸不定的博爱才能扬弃不公，只好相信普遍性的异化法则是不可改变的，而那原本是怜悯想要去缓解的。心存怜悯者，作为个体，固然支持普遍性的主张，也就是生存的主张，而反对拒绝生命的自然和社会的那种普遍性。但是在个体心里，怜悯与普遍性合而为一，却因为自身的软弱而证明为谎言。怜悯的问题不在于软心肠，而在于自身的局限性，它总是太少了。怜悯的对立面——资产阶级的冷漠，以斯多葛的"不动心"为模范，原本也想要抛弃普遍性，可是和那已经习惯了全体性的卑鄙的怜悯相比，它对于普遍性更加卑躬屈膝，因此，那些揭露怜悯的短处的，才是消极拥护法国大革命的人。怜悯畸变为自恋，正如慈善家的趾高气扬、社会福利人员的道德自我意识，贫富的差别只是内化到他们的心里而已。当然，哲学不经意地流露出对于"冷酷无情"的偏好，却被那些对于"冷酷无情"最不假辞色的人玩弄于股掌。法西斯主义的世界统治者把对于怜悯的诽谤转移到对于政治宽容的中伤，接着鼓吹"紧急状态法"（Standrecht），于其中，他们和"怜悯的形而上学家"叔本华不谋而合。叔本华认为，期望人性的建立，是个狂妄的幻想，那些人大概只能等着不幸接踵而至。鄙视怜悯者不想把人性等同于不幸。对他们而言，不幸的存在是很丢脸的事。由于他们忧国忧民却无能为力，因而见不得人们被怜悯。绝望之余，他们的无力感转为歌颂权力，可是就在权力给他们下台阶的机会时，他们又宣告与权力断绝关系。

---

[1] 尼采：《查拉图斯特拉如是说》（*Also sprach Zarathustra*），见于《尼采全集》，第6卷，第248页。

　　善意和善行变成一种罪，而宰制和压迫则变成德行。"所有好事都曾经被认为是坏事；每一种原罪也变成原善。"[1]在新时代里，朱莉埃特则把它付诸实践，第一次有意识地重新评估价值。在所有意识形态都被打破以后，朱莉埃特把被基督教的意识形态鄙视的东西（即使在实践时不见得反对）扬举为自己的道德。她是个杰出的女哲学家，始终保持冷静和反省能力。她没有任何幻想。克莱薇尔提议某个亵渎的行为时，她回答说："亲爱的，只要我不再信神，你所渴望的亵渎就只不过是没有用处的儿戏……或许我比你更坚持不信神；我的无神论是很极端的。你不必幻想我会需要你教我那些儿戏去坚定我的立场……我会那么做，只是要讨你欢心，那纯粹只是博君一笑罢了。"美国的女杀手安妮·亨利（Annie Henry）则会说"纯属好玩"："绝对不要把它当作必然的东西，无论是要用来支持我的想法，还是要说服别人。"[2]尽管她对于同党的短暂友谊让她心如悬旌，她仍然坚持其原则。即便是不公、仇恨和破坏，都变成了单纯的活动，因为理性的形式化让所有目标都失去了必然性和客观性而沦落为骗人的把戏。而魔法则变成了单纯的行为、手段，简言之，就是工业。理性的形式化只是机器生产方式的理性表现而已。手段被盲目崇拜：它吸纳了快感。正如古代统治者用以掩饰自己的目标被启蒙以理论揭露其假象，富裕生活的可能性也让那些目标失去实践的理由。统治化身为经济形式，变成唯一的目的本身。享乐已经有些不合时宜且不切实际，就像禁欲的形而上学一样。朱莉埃特谈过犯罪的动机。[3]她和她的朋友斯伯里

---

[1] 尼采：《道德的谱系》，《尼采全集》，第7卷，第421页。

[2] 萨德：《朱莉埃特》，第3卷，第78—79页。

[3] 同上书，第4卷，第126—127页。

加尼（Sbrigani）一样争名逐利，但是她歌颂禁忌。斯伯里加尼看
似一个循规蹈矩的人，其实他是更前卫的。"生活丰衣足食是最重
要的，无法完成该目标是罪大恶极的事；唯有成功致富，才有资格
寻欢作乐：在那之前，你必须忘掉那些欢乐。"尽管凡事皆经由理
性审度，朱莉埃特仍然固执着一个迷信：虽然她知道亵渎是很幼稚
的，却还是以它为乐。然而每个快乐都透露着一个偶像化：那是对
一个他者放弃自己。自然并不知道快乐这件事，一切只是在满足需
要。无论是未升华还是已升华的情绪，所有的快感都是社会性的。
快感源自异化。尽管快乐不知道它所抵触的禁忌是什么，但是它最
初仍然出自文明，出自坚固的秩序，那秩序原本是要保护快乐而远
离自然的，而快乐却是渴望从秩序回归自然。唯有梦想摆脱工作的
制约、摆脱个人对于特定社会功能以及最终对于自我的执着，回归
到没有羁绊的原始时代，人类才能感受到快乐的魔法。陷于文明桎
梏者的乡愁，社会秩序的一分子的"客观的绝望"，正是原来对于
神和魔鬼的爱的资本，在崇拜当中，神和魔鬼则蜕变为被神化的自
然。思维源于从可怕的自然解放出来的过程，自然则最终完全被
征服。而快乐则可以说是自然的反扑。在快乐当中，人类抛弃了
思维，远离了文明。在远古社会的庆典里，会有一起回归自然的
仪式。原始的酒神崇拜是快乐的集体来源。罗歇·凯卢瓦（Roger
Caillois）[1]说："庆典所表现的完全狂乱的间奏，似乎真的要把
世界秩序给扬弃了。因此在庆典里可以尽情放纵。所有规矩都得
被打破，一切都要被颠覆。在神话时期，时间是倒着走的：人们出
生时是个老头子，而死的时候则是个婴儿……因此那保护自然和社

---

[1] 罗歇·凯卢瓦（1913—1978），法国社会学家、哲学家，法国社会学学院的创始人
之一。——译者注

会的良善秩序的一切规定，都被有系统地推翻。"[1]人们沉醉于各种被神化的力量，但是就被搁置的禁忌而言，那些举动都有放荡和疯狂的意味。[2]而随着文明和启蒙的演变，变得强壮的自我和稳固的统治才开始把庆典视为单纯的闹剧。统治者把快乐当作理性的东西，是要献给不完全被驯服的自然的贡品，他们自己则是立即给它消毒，保存在更高的文化里，对于臣属者却继续给他们下药，让他们无法完全断除。快乐变成被操弄的对象，直到它最后在制度化里完全陨落。于是原始的庆典演化成假期。"复杂的社会组织越强势，就越无法容忍日常生活的停滞。日复一日，一切如常。风行草偃已经不再可能。动乱的时期已经个性化。假期取代了庆典。"[3]在法西斯主义里，则经由收音机、报纸头条和兴奋剂增加了集体的假酒疯。斯伯里加尼早有预感。他说他要"在致富之路上"尽情享乐，就当作度假。而朱莉埃特却仍然想要效法旧体制（ancien régime）。她把罪恶给神圣化了。她的放浪形骸仍旧拘泥于天主教思想，正如修女的苦行始终受到异教的影响。

　　尼采知道所有的快乐都仍然带有神话的性质。当快乐沉醉于自然时，它拒绝了可能性，正如怜悯拒绝去改变整体。两者都包含放弃的环节。尼采在每个隐匿处发现快乐的踪迹：隐居时的自我陶醉、自虐者的沮丧里的受虐狂快感。"反对所有单纯的享乐者！"[4]朱莉埃特想要拯救快乐，她驳斥资产阶级所谓奉献的爱，

―――――――――

[1] 罗歇·凯卢瓦：《节日理论》（《Théorie de la Fête»），见于《法兰西新评论》（Nouvelle Revue Française），1940年1月号，第49页。

[2] 同上。

[3] 同上书，第58—59页。

[4] 尼采：《遗著》，见于《尼采全集》，第12卷，第364页。

那种奉献的爱是在反抗资产阶级社会在上一个世纪里典型的机关算尽。在爱里，快乐也使得提供快乐的人们被神圣化，那爱其实是真正符合人性的情感。最终爱也被贬抑为以性欲为条件的价值判断。在情侣彼此狂热的崇拜和无止境的爱慕里，女性事实上的奴役状态不断被神化。两性也一再基于对此奴役状态的确认而彼此妥协：女性似乎坦然接受挫败，而男性也似乎理所当然地应许她们胜利。在基督教里，性别的阶级、男性的财产体制给女性性格套上的枷锁，被神圣化为婚姻里的心灵相契，也抚平了对于父权社会以前更美好的两性关系的回忆。在庞大的工业社会里，爱情被宣告无效。资产阶级的财产瓦解，自由的经济主体的没落，也波及家庭：家庭不再是以前被歌颂的社会细胞，因为它不再构成资产阶级经济生活的基础。成人不再以家庭为其生活界限，父亲的独立性消失，接着父亲的权威开始遇到反抗。以前，在父系家庭里被奴役的女孩子心里会燃起一点热情，那似乎可以带给她自由，但是不曾在婚姻或外界实现。当工作的前景为女孩开启时，爱情却会对她关上大门。现代工业社会体系越是无所不在地要求每个人要为它奉献自己，在所有不属于“贫穷白人”（white trash，没有一技之长的失业者和劳工渐渐就会变成所谓的贫穷白人）的海洋的人当中，就有越多的人得变成基层的技术专家，变成自食其力的贩夫走卒。已经不合时宜的企业主的独立性，现在则转移到技术娴熟的工作者，也渐渐扩展到被认可的生产者，以及“在职的”妇女，而成为她们的性质。她们的自尊和她们的可替代性成正比地增长。和家庭对抗已经不是什么大胆的行为，正如和男友的幽会也不再是飘飘欲仙的事。人们对自己的性关系选择了理性和精明的态度，在朱莉埃特那一群启蒙了的朋党看来，这种态度是传颂已久的古老智慧。精神与肉体在现实里被分开，正如那些轻浮放荡的资产阶级所要求的。努瓦尔瑟以理性主义的态度宣布说："我重申，对我而言，爱情和享乐是完全不同的事……因为温柔的感觉对应于善变的情绪和应对得体的各种关系，绝对不是出自颈项的美丽或臀部的漂亮曲线；那些东西固然可以因为个人的品味而刺激身体的感觉，但是对我来说，却无法触动任何精神的感受。总而言之，贝莉丝（Bélize）长得很丑，她40岁了，整个人一点也不优雅，既没有秾纤合度的身材，也没有任何魅力；但是贝莉丝有智慧，性格可爱，她有一百万个地方可以牵动我的感觉和喜好；我不会想要和贝莉丝睡觉，但是我会非常倾心于她；相反，对于阿拉敏蒂（Araminthe），我会想要染指垂涎，但是一旦欲望的狂热止息，我会在心里厌弃她……"[1]笛卡尔把人类区分为思维的实体和扩延的实体时，就已经蕴含了一个无法避免的结论，此时清楚表现为浪漫主义的爱情的幻灭。那样的爱被认为是个伪装，是肉体冲动的理性化，正如贝尔摩（Belmor）伯爵在关于爱情的伟大演讲里所说的，爱是"一种虚假的且始终有危险的形而上学"[2]。朱莉埃特的朋友们尽管放荡无行，却认为性爱不同于温柔，前者是俗世的，后者是天堂的，尽管颇有说服力，却也太轻描淡写了。颈项的美丽或臀部的曲线对于性欲的影响并不是没有历史背景的自然因素，而是整个社会经验都被涵摄其中的意象，在该经验里蕴藏着对于自然以外的事物的向往，一种不以性关系为限的爱。但是最精神化的温柔，却是变形了的性爱，柔荑摩挲秀发，轻吻额头，这种精神上的热恋表现，相较于澳洲土著在交媾时又打又咬，也只是比较温和的形式而已。其中的区分是很抽象的。贝尔

[1] 萨德：《朱莉埃特》，第2卷，第81—82页。

[2] 同上书，第3卷，第172—173页。

摩说，形而上学曲解了事实状态，它让情侣看不到对方的样子，它源自巫术，它是一层面纱。"我不该扯掉你们眼前的面纱吗？那是软弱……是胆怯。当快乐离开以后，我们要分析它，那个曾经使我们盲目的女神。"[1]爱情本身是个不科学的概念。"……错误的定义总是误导我们，"在《闺房里的哲学》（*La Philosophie dans le Boudoir*）[2]重要的第五次对话里，多尔蒙榭（Dolmance）解释说，"我不知道'心灵'是什么东西。我只是用它来指称精神的软弱。"[3]"且让我们花一点时间看看卢克莱修（Lucretius）所说的'生命的背景'，"萨德在作品中冷酷地分析道，"我们就会发现，情人眼里出西施，或是任何浪漫的感觉，都经不起分析……我爱恋的只有肉体，而我哀伤的也只有肉体，虽然我随时都可以重获它。"[4]这部前卫作品对于爱情的分裂的洞察，是一切当中最真实的。那种分裂把快感给机械化，并且把渴望扭曲为欺骗，因而侵袭到爱情的核心。放荡的朱莉埃特从歌颂生殖器的、变态的性爱转向斥责不自然的、非物质的、幻想的性爱，因而和一种规范牵涉不清，那规范所限缩的不只是柏拉图式的爱情的洋溢，也包括肉体的快感——那既是最高的幸福，也是最底层的快感。像朱莉埃特那样从不心存幻想的放荡者，借由性教育、心理分析师和荷尔蒙生理学家，使自己蜕变为心胸开阔的务实之人，把其对于运动和保健的信仰延伸到了性爱生活。朱莉埃特的批评和启蒙本身一样都有不一致的地方。以前，违法犯禁总是和资产阶级革命相结合，只要它没有

---

[1]萨德：《朱莉埃特》，第3卷，第176—177页。

[2]萨德作品，一部对话体小说。——译者注

[3]萨德：《闺房里的哲学》，第267页。

[4]萨德：《朱莉埃特》，第3卷，第176—177页。

被就地合法化，就会和崇高的爱情一起存续着，服膺于下一个乌托邦，在那个乌托邦里，所有人都有权享受肉体的快乐。

使我们执着于某个人是唯一救主的"可笑的狂热"，以及在爱情里对女性的崇拜，都可以溯源到在基督教以前的父权社会。"……诚然，我们如骑士般求欢的精神，很可笑地让我们效忠于一个原本只是用来满足我们的需求的对象，如此的精神源自我们的祖先对于女性的敬畏，因为她们在许多城市和国家担任女先知的工作：因为恐惧，便由嫌恶转为崇拜，而骑士精神便从迷信里诞生。但是那敬畏并不存在于自然里，在那里寻觅它只是在浪费时间。性别的歧视早已根深蒂固，让我们找不到足够的动机去尊重另一性。而出自盲目的敬畏的爱情，和敬畏一样都只是偏见而已。"[1]社会阶级最终还是以暴力为基础，尽管它披上了合法性的外衣。对于自然的宰制也在人类身上如法炮制。基督教文明以保护身体上的弱者的观念去支持他们对于强壮的奴隶的剥削，却从未让归信的人们完全心悦诚服。爱的原理总是被锐利的理性以及基督教统治者更尖锐的武器抛弃，直到路德教派把刀剑和鞭子当作福音的本质，借以废除了国家和信理的对立。那原理把精神性的自由直接等同于肯定现实性的压迫。但是女性被烙上软弱的印记，而基于软弱，她们变成少数团体，虽然她们在数量上胜过男性。正如在以前的国家里被征服的原住民，正如殖民地的土著，他们的组织和武器都落后于征服者；正如在雅利安人统治下的犹太人，女性的无力自卫变成她们被压迫的合法理由。萨德的说法正是斯特林堡（Strindberg）[2]

---

[1] 萨德：《朱莉埃特》，第3卷，第178—179页。

[2] 奥古斯特·斯特林堡（1849—1912），瑞典著名作家，世界现代戏剧之父。他经历过三段失败而痛苦的婚姻，对女性有比较负面的看法。——译者注

的想法的雏形。"我们无法怀疑，男性和女性有个明确且重要的差异，正如人类和森林里的猴子的差异。我们或许也有理由否认女性和我们同种，正如我们否认猴子是我们的弟兄。我们仔细检视一个裸体的女性和同年龄的男性，就会发现两者在结构上的显著差异（除性征以外），因而相信女性只是比男性低等的生物。差异同样也存在于体内，非常仔细地观察两者的解剖，就会发现该真相。"[1]基督教尝试以敬畏女性去补偿在意识形态上的性别镇压，并且升华古代的记忆而不只是去压抑它，如此的努力却因为他们仇视地位提高的女性以及女性在理论上被解放的快乐而被抵消。和镇压的行为相对应的情绪是鄙视而不是敬重，在基督教的世纪里，潜伏"爱邻如己"背后的，是对于某个对象的隐藏的、不由自主的憎恨，那对象（也就是女性）不断让我们想起徒劳无功的努力。女性为了圣母崇拜付出的代价是：她们被认为会变成巫婆，那是对于记忆里基督教以前的女先知的报复行为，也是对于神圣化的父权统治体制的质疑。女性激起崇拜她们却信仰不坚定的男性的野蛮愤怒，正如弱者会让表面上的文明化强者恨入骨髓，虽然强者本应该照顾弱者。萨德让人们意识到了这种仇恨。罗马警察头子齐基（Ghigi）伯爵说："我从不相信从两个肉体的结合会产生两个心灵的结合。在肉体的结合里，我看到强烈的蔑视它的动机……鄙夷的动机，但是我看不到爱情的动机。"[2]当一个女孩被宰相圣方慈（Saint Fonds）威吓而掉泪时，宰相大呼："我就是喜欢女人这个模样……我为什么不能用一句话就让她们统统还原到这种状

---

[1] 萨德：《朱莉埃特》，第3卷，第188—189页。

[2] 同上书，第4卷，第261页。

态！"[1]男性统治者拒绝把女性个性化以示尊敬。就社会而言，个体的女性是种属的一个例子，是她所属的性别的代表。完全由男性的逻辑去理解，她代表自然，是观念永无止境的归纳的基底，也是现实里永无止境的臣服的基底。作为所谓的自然生物，女性是历史使她们变化气质的结果。但是极度渴望毁灭的意志指向一切体现自然魅力的东西，生理的、生物的、民族的、社会的、弱势者的魅力，那样的意志证明基督教的尝试是失败的。"……总归一句话，一切我办不到的事，就让它们回到现状。"要把可憎却难以抵挡的回归自然的诱惑完全根除，那其实是源自失败的文明的残暴，那是野蛮的心态，也是文化的另一面。"一切！"因为毁灭不要有例外，毁灭的意志是极权主义的，而极权主义正是源自毁灭的意志。朱莉埃特对教宗说："我已经可以像提比略（Tiberius）[2]那样说：真希望所有人类都只有一颗脑袋，好让我享受一刀就让人头落地的乐趣。"[3]无力的预感、躁进而不协调的举动、生物本能的恐惧、群众的骚动，都在煽动屠杀的欲望。理解了对于在心智和身体的力量上都居于弱势的女性（她们前额上有统治者的烙印）的仇恨，也就可以理解对犹太人的仇恨。人们从女性和犹太人身上可以看出他们有几千年不曾宰制世界。虽然女性和犹太人原本可以被消灭，但他们存活下来，他们的恐惧和弱势，他们因为长久被压迫而更加亲近自然，那正是他们的生存元素。强者的力量的代价是与自然日益隔绝，并且必须不让自己心生恐惧，而弱者的生存元素正好

---

[1] 萨德：《朱莉埃特》，第2卷，第273页。

[2] 提比略是奥古斯都之子，古罗马第二位皇帝，在古罗马作家的记载中是一位暴虐好色的皇帝。——译者注

[3] 萨德：《朱莉埃特》，第4卷，第379页。

激起他们盲目的愤怒。他们自己不可以呐喊，却让他们的受害者哭喊千万倍，在《阿丽娜和瓦尔古》（*Aline et Valcour*）里，布拉蒙（Blammont）提到女性时说："我真是喜欢看她们在我手里焦躁不安的样子！她们是狮子嘴里的羔羊。"[1]他在同一封信里说："那就像是攻打一座城市。我们得先占据山丘，设立制高点……然后才可以攻城略地而不必担心任何抵抗。"[2]处境卑下者容易招致攻击：落井下石是最快乐的事。在高处者的危险越少，供他驱策的虐待的快感就越肆无忌惮：只有受害者走投无路的绝望才能让统治觉得好玩，然后趾高气扬地废除统治者自己的原则，也就是纪律。当不必担惊受怕时，人们就会纵情大笑，那正是在集体里放荡不羁的个体冷酷无情的表现。响亮的笑声总是在指控文明："从人类嘴里的火山口进出的所有岩浆里，欢笑的危害最大。"维克多·雨果（Victor Hugo）在题为"人类的风暴比海洋的暴风雨更可怕"的章节里[3]如是说。朱莉埃特谆谆告诫说[4]："人类的恶意所有的重量都要尽可能落在灾难上面；为苦难者掉下的眼泪锐利到可以猛然摇醒我们的神经质……"[5]快乐舍弃温柔，而与残暴结盟，性爱也变成尼采经常说的："性爱的手段是战争，而它的基础则是两性的极度仇恨。"[6]动物学也告诉我们：" '爱情'或是性的吸引力最初都主要是'虐待性质的'；施加痛苦无疑也是性爱的一部分；它

---

[1] 萨德：《阿丽娜和瓦尔古》，1883年版，第1卷，第58页。

[2] 同上书，第57页。

[3] 雨果：《笑面人》（*L'Homme qui rit*），第8卷，第7章。

[4] 萨德：《朱莉埃特》，第4卷，第199页。

[5] 参见萨德：《索多玛120天》（*Les 120 Journées de Sodome*），1935年版，第2卷，第308页。

[6] 尼采：《瓦格纳事件》（*Der Fall Wagner*），见于《尼采全集》，第8卷，第10页。

和饥饿一样残酷。"[1]因此，最后的结果是，文明回归到可怕的自然。萨德在作品里经常描绘致命的爱情，尼采厚颜无耻地渴望的高尚情操，都是在不计一切代价让穷苦者被羞辱：对于残暴和高尚情操的傲慢，在戏剧和想象里虐待人们，都类似于现实世界里的德国法西斯主义。然而尽管真实存在的无意识的巨人——无主体性的资本主义——盲目地大肆破坏，而陷于妄想的叛逆主体也乐见毁灭的实现，把人类物化的冷酷态度扩及变态的爱，它在事物的世界里取代了直接的爱。病态变成疗愈的征兆。妄想者在美化牺牲者时才能相信它们被侮辱了，而把自己比拟为无法以身体去征服的宰制巨兽。残暴的想象试着要去顶住残暴的考验。罗马谚语说，"残酷才是真正的快乐"，那并不只是为了鞭策奴隶工作。其实那也表现了体制无解的矛盾，该体制把它应许的快乐变成拙劣的模仿作品，只有被它剥夺的快乐，才能产生真正的快乐。尽管萨德和尼采延续了这个矛盾，他们却也让人们了解了它。

对于理性而言，向被膜拜的受造物献祭就是偶像崇拜。而偶像破坏的必然推论就是查禁神话，正如犹太人的一神论所颁布的律法，而其俗世化的形式就是启蒙，它极力批判思想史里不断更替的崇拜对象。在始终作为蒙昧的基础的经济世界解体时，也释放了各种特别的否定性力量。而基督教却在鼓吹爱：对耶稣的纯粹崇拜。基督教把婚姻神圣化，借以扬举盲目的性爱，正如他们试图以天国的荣光使晶莹剔透的律法降临人间。基督教以受十字架苦刑的神的教义，仓促换得文明与自然的和解，但是那和解对于犹太人和启蒙的严格主义而言仍然是很陌生的。摩西和康德都不曾宣

---

[1] 布里夫（R. Briffault）：《母亲》（*The Mothers*），1927年版，第1卷，第119页。

示过那种情感：在他们冷漠的律法里，既没有爱也没有献祭的柴堆。尼采对于一神论的抨击，重创的是基督教而不是犹太教的教义。他当然也唾弃律法，但是他自认为属于"更高的自我"[1]，那不是自然的自我，而是高于自然的。他要以超人（Übermensch）取代神，因为以残破的基督教为形式的一神论显然已经变成神话。正如那服侍于"更高的自我"的旧时禁欲理想被尼采赞许为"基于统治力量形成"[2]的自我超越，那"更高的自我"结果证玥是拼命要拯救已死的上帝，只是康德的翻版。他把神的律法变形为自律性（Autonomie）以拯救欧洲文明，而放弃了英国怀疑主义的精神。康德的原理"一切行为皆出于意志箴规，而该意志能够以作为普遍立法者的自身为对象"[3]也就是超人的秘密。他的意志既是独裁的，也是绝对的命令（der kategorische Imperativ）。两种原理的目标都是独立于各种外在力量，也就是被定义为启蒙的本质的绝对成熟状态（unbedingte Mündigkeit）。然而，对于谎言的恐惧，一种即使是最清醒时的尼采都斥其为"堂吉诃德般的行为"[4]的恐惧，以自我立法取代了律法，一切皆显然变成唯一的、被揭穿的巨大迷信，变成启蒙自身，甚至是被偶像化的各种形式的真理，于是我们明白，"即使是我们现代的智者、无神论者、反形而上学者，仍然薪尽火传，承袭了一千年以前的古老信仰，基督教的信仰，或柏拉图的信仰，那就是相信神即真理，或者说真理是神

---

[1] 尼采：《遗著》，见于《尼采全集》，第11卷，第216页。

[2] 同上书，第14卷，第273页。

[3] 康德：《道德形而上学起源》，见于《康德全集》，第4卷，第432页。

[4] 尼采：《快乐的科学》（Die froeliche Wissenschaft），见于《尼采全集》，第5卷，第275页。另参见《道德的谱系》，见于《尼采全集》，第7卷，第267—271页。

圣的"[1]。即使是科学,也会招致和形而上学一样的批评。在否认上帝当中,包含了无法扬弃的矛盾,也就是否定了知识本身。萨德并没有把启蒙的思想推论到这个转折点。对科学的反省,以及启蒙的良知,留给了哲学,也就是德国哲学。对于萨德来说,启蒙与其说是精神性的现象,不如说是社会性的。他倡言亲情的瓦解(尼采则从观念论的角度认为可以经由更高的自我去超越它),批评社会、组织、家庭的团结[2],甚至宣告无政府主义。他的作品揭露了文明在宗教以后所奠基的原理的神话性质:十诫、父权、财产。那正是一个世纪后勒普累(Le Play)[3]所提到的社会理论[4]的倒置。在形式主义的理性的审判席前面,十诫的每一条都被宣判为虚无(Nichtigkeit)。应朱莉埃特的要求,教宗亲自为一宗谋杀案辩护。[5]对他而言,把不合乎基督教精神的行为予以合理化,比起以自然理性去论证那些认为该行为是魔鬼行径的基督教原则,似乎还要容易些。"教宗哲学家"(philosophe mitré)在为谋杀案辩护时,不像迈蒙尼德(Maimonides)[6]和托马斯·阿奎那

---

[1] 尼采:《快乐的科学》,见于《尼采全集》,第5卷,第275页。

[2] 尼采:《遗著》,见于《尼采全集》,第11卷,第216页。

[3] 勒普累(1806—1882),法国社会学家,主要研究家庭制度的起源、演变,以及家庭的结构、职能、成员关系等问题,是家庭社会学的创始人之一。——译者注

[4] 参见勒普累:《欧洲工人》(Les Ouvriers Europeens),1879年版,第1卷,第133—135页。

[5] 萨德:《朱莉埃特》,第4卷,第303—305页。

[6] 摩西·迈蒙尼德(1135—1204),犹太哲学家、神学家、法学家。关于谋杀犯的审判,他写过这样一段话:"如果在死刑审判中,议会一致判定有罪,嫌犯应免于处罚,直至找到一些无罪理由为止;判定有罪的人占多数,才能将他判处死刑。"——译者注

（Thomas Aquin）[1]在谴责谋杀时需要很多的诡辩。罗马的理性与其说支持普鲁士人的神，不如说是站在更强大的军队那边。但是律法已经被废黜，而原本应该使律法人性化的爱，也被揭穿是回归了偶像崇拜。科学和工业不仅指摘浪漫主义的性爱是形而上学，它们也批评所有的爱，因为在理性面前，一切皆站不住脚：妻子对丈夫的爱、情侣的爱、父慈子孝的爱，都一样经不起检验。布朗吉（Blangis）公爵对性奴们宣告说，所有与规定有关的人，女儿和妻子，对待她们都要比对待外人更严苛，"这样做正是为了让你们看清，你们认为我们或许放不下亲情，但我们视之如粪土"。[2]女性的爱和男性的爱一样都要被废除。由圣方慈告诉朱莉埃特的放荡者的规定，应该是适用于所有女性的。[3]多尔蒙榭则从唯物论的角度对亲情祛魅："父母的亲情是源自父母担心老来被抛弃，他们在我们孩提时表现的自私的关心，只是期望他们衰老时也可以得到相同的照料。"[4]萨德的论证和资产阶级一样古老。德谟克利特（Demokrit）[5]就已经批评说人类的亲情纯粹是利益考虑。[6]萨德却对作为文明基础的异族通婚也予以祛魅。他认为没有

---

[1] 托马斯·阿奎那（约1225—1274），中世纪哲学家、神学家，经院哲学的集大成者。他在《神学大全》里写道："在某些特定的条件下，为达成善的目的而同时造成恶的结果是可以被允许的。"——译者注

[2] 萨德：《索多玛120天》，第2卷，第72页。

[3] 参见萨德：《朱莉埃特》，第2卷，第234页注释。

[4] 萨德：《闺房里的哲学》，第185页。

[5] 德谟克利特（约公元前460—约公元前370年），古希腊哲学家，原子唯物论的创立者。——译者注

[6] 参见德谟克利特：《残篇》（*Diels Fragment*），1905年版，第2卷，第117—118页。

理性的理由去反对乱伦[1]，而科学的昌明也推翻了以前基于健康因素的反对理由，更加肯认了萨德的冷静判断。"……没有足够证据显示，乱伦所生的孩子特别容易罹患呆小症、聋哑症、佝偻症等疾病。"[2]如果家庭不以浪漫的性爱维系，而以母爱去支撑（那是所有温情和社会情感的基础）[3]，那么家庭和社会本身就有所冲突。"不要妄想只要把那原本属于整个社会的孩子隔离在家庭里，就能够建立一个美好的共和国……既然让孩子在家庭里埋首于与国家利益大异其趣的东西有百害而无一利，那么不让他们碰那些东西就有极大的好处。"[4]基于社会的理由，"夫妻的关系"必须被毁掉，孩子被"绝对禁止"（absolument interdite）认识他们的父亲，他们是"只属于祖国的孩子"（uniquement les enfants de la patrie）[5]。而萨德在对抗律法时所宣告的无政府主义和个人主义[6]，最后也归属于普遍者或共和国的绝对统治。正如被废黜的神复辟为更顽固的偶像，古老的资产阶级糜烂的国家也以法西斯的集体主义暴力地借尸还魂。萨德洞察了国家社会主义，而圣茹斯特（St-Just）和罗伯斯庇尔（Robespierre）[7]在刚起步时就

---

[1] 萨德：《闺房里的哲学》，第242页。

[2] 赖那克：《乱伦禁忌和羞耻感》（«La prohibition de L' inceste et le sentiment de la pudeur»），见于《祭祀、神话和宗教》（*Cultes, Mythes et Religions*），1905年版，第1卷，第157页。

[3] 参见萨德：《闺房里的哲学》，第238页。

[4] 同上书，第238—249页。

[5] 同上。

[6] 萨德：《朱莉埃特》，第4卷，第240—244页。

[7] 圣茹斯特（1767—1794）和罗伯斯庇尔（1758—1794）都是法国大革命时期雅各宾派政府的领袖，热月政变后被一同处死。——译者注

失败了。如果说资产阶级把他们最忠诚的政客送上断头台，那么他们也把最坦率的作家放逐到国家图书馆的地狱去。朱斯蒂娜和朱莉埃特如生产线般制造出来的丑闻，其风格是19世纪低俗小说（Kolportage）以及20世纪大众文学的前身，而那样的丑闻正无异于褪去最后的神话外衣的荷马史诗：思想史成为宰制的工具。思想看到自己在镜子里的形象大吃一惊，才转而去看形象背后的东西。使萨德的作品成为救赎的杠杆的，并不是和谐社会的理想（即使是萨德也都隐隐期待那样的社会："保卫你们的边疆，并且待在你们的国家里。"[1]），甚至不是札梅（Zamé）的故事里所开展的社会主义乌托邦[2]，而是萨德没有让敌人被启蒙吓坏。

　　"黑暗"的资产阶级作家并不像资产阶级的辩护者那样试图以和谐主义的教义去扭曲启蒙的结论，他们没有佯称形式主义的理性和道德的关系要比和荒淫的关系更紧密。"光明"的作家为了保护理性，否认理性与暴行、资产阶级社会与宰制之间解不开的纠葛，而黑暗的作家却毫不留情地指出那骇人听闻的真相。"……老天爷让那些财主落到杀妻弑子、鸡奸、屠杀、嫖妓的人手里；为了赏报我的劣迹恶行，他让我去役使他们。"克莱薇尔在回顾她的兄弟一生时如是说。[3]她的说法太夸张了——以暴易暴并不一定是对抗邪恶统治的合理正义——但是只有夸张才是真实的。原始时代的本质正是巨细靡遗地表现最残暴的行为。在集体屠杀中蒙难者的统计数字（其中包括基于怜悯的处决）会抹灭屠杀的本质，唯有精确描绘例外的情况以及最可怕的凌虐，才能彰显该本质。在残暴的世界里

[1] 萨德：《闺房里的哲学》，第263页。

[2] 萨德：《阿丽娜和瓦尔古》，第2卷，第181—183页。

[3] 萨德：《朱莉埃特》，第5卷，第232页。

的幸福生活，仅仅因为那世界的存在便被卑鄙地否认了。那世界变成本质，而幸福生活则是微不足道的。在资产阶级的年代里，杀死自己的孩子和妻子、嫖妓和鸡奸，对于上层而言，并不如那些因袭旧时统治者伦理的被统治者那么常见。然而如果是为了争夺权力，即使是最近的几个世纪，也是尸横遍野。和大权在握的法西斯主义统治者的心态与行为相比，布里萨-泰斯塔（Brisa-Testa）[1]的激情描绘（那些统治者当然是认可的）也就算不了什么。在萨德和曼德维尔的作品里，个人的罪恶是先于极权主义时代的公众德行的历史编写。人们无法自理性推论出反对谋杀的基本论证，而萨德和尼采不仅不掩饰它，甚至向全世界宣告，是可忍孰不可忍，就连现在的改革者都要对他们口诛笔伐。不同于逻辑实证论，萨德和尼采对于科学信守奉行。他们比逻辑实证论者更加坚持理性，其隐藏的目的是让诸如康德的理性概念的一切伟大哲学里的乌托邦理想能够拨云见日。符合人性的乌托邦既不再被扭曲，也就不需要伪装了。拒绝怜悯的学说主张宰制和理性的同一性，其实比资产阶级的假道学更加悲天悯人。"你们最大的危险在哪里？"尼采曾经问道，"在怜悯里。"[2]对于人性的坚定信任，被所有抚慰人心的保证日复一日地出卖，尼采否定了怜悯，却拯救了那个信任。

---

[1] 萨德作品《朱莉埃特》中的一个男性角色，他在书中讲述了贵族的两桩丑闻。有研究者认为这桩丑闻有真实原型。——译者注

[2] 尼采：《快乐的科学》，见于《尼采全集》，第5卷，第205页。

文化工业：
作为大众欺骗的启蒙

Kulturindustrie: Aufklärung als Massenbetrug

　　社会学家认为，社会失去了客体性的宗教[1]的支点，在资本主义以前的最后余绪也销声匿迹了，再加上技术以及社会的分化和专门化，就演变为文化的混沌现象，但是如此的观点日渐站不住脚。现在的文化让一切事物看起来都很相似。电影、广播、杂志，构成一个系统。每个领域自身都是一致的，而且也和其他领域如出一辙。即使是政治敌对者，他们的美学宣言也都主张同样冷酷的节奏。装饰性的工业管理大楼和展示场所，在独裁国家和其他国家里几无二致。到处高耸入云的鲜明纪念建筑，炫耀着全国性的企业集团意味深长的计划性，如脱缰野马的企业系统纷至沓来，而黯淡的城市外围的荒芜住宅和商店正是企业的纪念碑。钢筋水泥的市中心四周的老房子看起来像是贫民窟，城郊新建的别墅和国际商展临时搭盖的建筑一样，都在赞美技术的进步，并且要求使用者如易拉罐一般随用随丢。城市规划原本应该把个体视为相同的自主体，把他

---

[1] 宗教就主体性层面而言，是人类主观承认对于神的依赖，就客体性而言，则是经由敬拜行动的客观承认。所谓客体性的宗教，就是一切发生主体性宗教情感的敬拜行为。——译者注

们永久安置于卫生的小公寓里，但结果让个体更彻底地屈服于他们的敌人，也就是资本的极权力量。正如作为生产者和消费者的居民为了工作和娱乐而集中于市中心区，一间间斗室也坚固地结晶为组织完整的住宅区。微观宇宙和宏观宇宙的显著统一性向人类演示了他们的文化模式：共性和特殊性的虚假同一性。所有在市场垄断下的大众文化都是同一的，而它们的骨架，亦即垄断所编织的概念结构，也开始显现。指挥者再也不想掩饰其结构，他们越是粗暴地承认它，他们的权力就越大。电影和广播再也不需要冒充为艺术。它们只不过是商业的事实，被他们拿来当作意识形态，去合理化他们故意生产的那些垃圾。他们自称是工业，而他们公布其总裁的收入数字，也消除了人们对于其产品的社会必要性的怀疑。

利益团体喜欢以科技的角度去解释文化工业。他们说，数以百万计的从业人员使得大量复杂的流程不得不以标准化的产品去供应各地的相同需求。少数的生产中心与分散各地的收货点在技术上的对立，需要管理者的组织和计划。而标准原本即出于消费者的需求，所以他们才会无异议地照单全收。其实，在市场操作与响应需求之间的循环里，系统的统一性渐趋紧密。更不用说那技术赖以宰制社会的基础，正是经济强权对社会的宰制力量。到了现在，技术的理性就是宰制的理性本身。那是自我异化的社会的强迫症性格。汽车、炸弹和电影，它们共同的元素对于它们原本所服侍的不公宣示其力量，开始构成一个整体。在那期间，文化工业的技术仅止于标准化和大量生产，而牺牲了作品的逻辑与社会体系的区别。但是要怪罪的不是技术自身的运动定律，而是它在现在的经济里的功能。那原本可以摆脱中央控制的需求，现在却沦于个体意识的控制。从电话到广播的发展，清楚区分了不同的角色。电话很自由主义式地让使用者扮演主体的角色，而广播则很民主地让所有人都变成听众，由此不同的电台可以很独裁地对他们播送一成不变的节目。他们没有设置答辩的机制，而私人广播也被剥夺了自由。私人广播自限于"业余"的、不足为信的（apokryph）内容，而且是由上而下被归类的。大众广播的听众的一举一动，都会被星探、才艺竞赛和各种甄试的活动汇集为专业的拣选。有才能者早在他们表演以前就已经属于整个活动，否则他们也不会如此汲汲于配合。名副其实地迎合文化工业体系的大众心态本身就是体系的一部分，而不是体系的什么借口。如果一门艺术的创作方法和没有任何媒介与材料的艺术没什么差别，如果"肥皂剧"广播的戏剧情节变成解说如何克服技术困难的教学范例——无论是爵士乐的"即兴演奏"（jam）还是最高潮的技巧掌握，或是如果贝多芬的乐句被随意"改编"，就像是托尔斯泰的小说被拍成电影一样，那么所谓"应大众要求"的说法也只是空洞的托词而已。以技术和人员的配备考虑去解释，或许比较接近事实，所谓的配备则被理解为经济的挑选机制的一部分。此外，对于那些不符合他们的评量表的、不符合消费者（其实是他们自己的）概念的东西，究竟是要放弃生产或是要放行，在执行者当中必须有个约定或至少是共同的决定。

在现代，如果说客观的社会趋势表现为总裁个人的主观企图，那么最明显的表现就是影响力最大的若干工业部门，如钢铁、石油、化学。和它们相较之下，文化的市场垄断既不成气候也不够自主。它得加紧脚步，跟上真正的当权者，好让它在大众社会的活动领域（其特有的产品类型仍然和安步当车的自由主义以及犹太裔的知识分子牵扯不清）不至于沦为扫荡围剿的对象。即使是最大的广播公司也得依赖电子工业，而电影也得依赖银行，此即构成整个领域以及个别部门的利益纠缠。它们聚集得太紧密，使得知识集中化的容积溢出公司名称和技术部门的分界线。文化工业冷酷无情的统一性促成了政治山雨欲来的统一性。A级片和B级片[1]的严格区分，或是不同价格等级的杂志里所刊载的短篇故事，与其说是源自事实，不如说是反映了消费者的分类、组织和掌握的需求。对于每个人而言，总有某个东西是拟定好的，好让他们一个都躲不掉；同时，营销与宣传把每个人都分了类。以不同性质、层级的产品供应阅听大众，只是更彻底地量化那层级而已。每个人的行为皆应自动符合以各种指标预先规定的"等级"，并且在这类大量生产的产品中进行消费。消费者变成研究机构的量表上面的统计资料，和政治宣传的群众再也没有什么差别，他们都被划分为不同的族群，如红色区、绿色区和蓝色区。

所有机械性区分的产品最终都一个模样，由此也可见整个流程的结构。克莱斯勒和通用汽车的差异终究只是个假象，每个热衷于那种差异的孩子早就知道了。而行家夸夸其谈的性能优缺点，只是用来支撑竞争力和严选产品的假象。由华纳兄弟或是米高梅公司出品的电影，并没有什么差别。但是在同一家公司里，最昂贵的和最廉价的产品类型的差异也一直在缩减。就汽车而言，差异缩减至汽缸数、排气量、零部件的专利细节；就电影而言，就是明星阵容、技术上的庞大花费、制作和服装，以及是否套用最新的心理公式。价值的统一标准就在于"炫耀性产品"（conspicuous production）的量级，也就是对于影片的投资。文化工业里预算编列的价值差异，和实际的差异或产品的意义一点关系也没有。

---

[1] 好莱坞大致把院线电影分为这两个层级，A级片指大制作、大明星、高投入的电影项目，B级片则通常是小成本、粗制滥造的电影项目。——译者注

各种技术的媒介也相继沦陷到永不餍足的同一性里。电视的目标在于整合广播和电影，而因为利益团体尚未取得共识，才会暂缓整合，但它迟早会发生，那样的整合会让美感材料的江河日下地贫瘠化。所谓工业化的文化产物的统一性原本还遮遮掩掩的，明天一觉醒来却已经大张旗鼓，很讽刺地实现了瓦格纳的总体艺术（Gesamtkunstwerk）[1]的梦想。现在的文字、绘画和音乐的一致性比《特里斯坦和伊索尔德》（*Tristan und Isolde*）[2]更加完美，因为它们忠实地记录了表层的社会世界的感官元素，根据相同的技术流程被生产出来，而它们所表现的统一性也正是它们本有的内容。该流程整合了所有的生产元素，从对着电影暗送秋波的原著概念，到最后的音效。那是投资资本的胜利。让被剥削者相信资本的全能（也正是资本家的全能），才是所有电影的意义，无论他们拟定让哪个导演来拍。

* * *

即使是在业余时间，人也得遵循生产的统一性。在康德的先验图式论里，统一的工作是主体的事，也就是把感性的杂乱和根本的概念联结在一起，现在却由工业取代了主体的角色。工业以图式作为对顾客的第一线服务。康德认为，心灵里应该有个神秘机制在作

---

[1] 威廉·理查德·瓦格纳（Wilhelm Richard Wagner，1813—1883），德国作曲家，对德国的歌剧进行了改革。其提出的"总体艺术"观念大致是指各种艺术形式的综合运用能让艺术体验更加出众，如他的歌剧作品就是音乐、舞蹈、诗歌、戏剧等多种艺术形式的综合。——译者注

[2]《特里斯坦和伊索尔德》是瓦格纳的歌剧代表作，取材于凯尔特人的传说，讲述了骑士特里斯坦和公主伊索尔德身为仇敌却相爱、最终双双死亡的悲剧故事。——译者注

用，会把直接感觉数据准备好嵌入纯粹理性的体系。这个秘密现在被揭开了。经由社会权力的规划，那虽然理性化却还是不理性的社会的惰性，被强加于文化工业。尽管如此，那规划的灾难性倾向在商业掮客的转手时却蜕变为学乖了的意图。对于消费者而言，任何无法预先嵌入产品的图式的东西，就没办法分类。不做梦的大众艺术实现了耽于梦想而夸张荒诞的唯心论。唯心论说万法唯心，而马勒伯朗士（Malebranche）[1]和贝克莱（Berkeley）[2]则认为万物皆源自神，而在大众艺术里，一切皆出自俗世的生产管理。流行歌曲、明星、肥皂剧等各种类型一成不变地轮替循环着，不仅如此，戏剧的个别内容看似推陈出新，其实也只是从那些类型演绎出来的。至于各种桥段则可以随意拼凑互换。流行歌曲里朗朗上口的副歌，主角们"有雅量"（good sport）的搞笑演出，男明星无伤大雅地赏给女朋友一个耳光，或是对骄纵的富家女不假辞色，和所有其他桥段一样，都是到处可见的陈词滥调，完全根据其目的去决定套用哪一种图式。那些桥段的存在价值，就是拼凑出所要的图式。在电影里，从一开场就可以知道结局是什么，谁会有好下场、谁会得到报应、谁会被忘记；已经习惯了轻音乐的耳朵，从流行歌曲的第一个小节就可以猜到后面的旋律，而当旋律果然完全吻合时，他们就会心满意足。即使是脱稿演出、插科打诨和幽默，也都是依据其架构计算过的。它们都有个别的专家在管理，即使如此单调贫

---

[1] 马勒伯朗士（1638—1715），法国唯心主义哲学家、科学家。他认为客观世界是物质的，但"我"是精神的，人是灵魂和肉体的结合。——译者注

[2] 乔治·贝克莱（1685—1753），主观唯心主义创始人，经验主义哲学家。他认为人有"灵"，感觉和自我意识是世界的本源，而一切外部世界的事物都只是感觉或观念的集合。——译者注

乏，也要在办公室里彻底分类归档。文化工业的发展凭借的是对于作品的显著效果、确实的执行和技术细节的掌握，原本作品还承载着理念，但是都被文化工业给摧陷廓清了。细节被解放了以后，就变得很顽固，从浪漫主义到表现主义，都自诩为跌宕不羁的表现，以及向制度抗议的工具。在音乐里，和声的细节效果抹灭了对于整体形式的意识；在绘画里，颜色的讲究取代了构图；在小说里，心理世界的窥视掩盖了布局结构。文化工业以极权的方式把这一切画上句点。尽管它只注重效果，却压抑了效果的反叛性，让它们臣服于取代了作品本身的公式。它同样粉碎了整体和部分。整体和部分变得彼此漠不相关，有点像是一个成功者，其生涯里一切原本用来证明其成功原因的事件，都只是一堆误打误撞的蠢事。所谓的指导性理念，原来只是个档案夹，只能归类而无法建立任何关系。整体和部分既没有对立也没有关联，却有相同的形貌。它们预先应许的和谐嘲讽着资产阶级的伟大艺术作品辛苦得到的和谐。在德国，即使是最轻松的民主式影片，也笼罩着独裁的死寂。

　　整个世界都得经历文化工业的过滤。电影观众走出电影院，觉得在街上的经验像是在接续刚离开的银幕的知觉，因为电影就是要完全复制日常的知觉世界，于是那种似曾相识的感觉便成为电影制作的准绳。制作的技术越是天衣无缝地复制经验的对象，就越容易让人误以为外在世界只是在银幕看到的世界丝丝入扣的延展。自从有声电影异军突起，机械性的复制对于该目的帮助非常大。随着技术的潮流，生活和有声电影照理说就再也没有区别了。比起幻觉剧场（Illusionstheater）[1]，电影更不让观众有想象和思考的空

---

[1]　"幻觉剧场"是19世纪末发展起来的一种戏剧理念，主张使用非常写实的布景和戏剧手法，追求以假乱真的效果，实现戏剧与现实混同的幻觉。——译者注

间，既让他们在电影情节里流连忘返，又可以心荡神驰而不致错失情节的线索，由此让任其摆布的观众把它直接等同于现实世界。现在文化消费者的想象力和自发性的萎缩，并不需要简化为心理机制的因素。产品本身（其中最具代表性的就是有声电影）的客观性质就足以瘫痪那些能力。由于产品的性质，观众需要思维敏捷、观察入微，而且如数家珍，才能够充分理解它们；但是如果观众不想错失浮光掠影的情节，就不容他们有思考的活动。并不是所有细节都需要如此的全神贯注，但是它会压抑想象力。如果人们非常陶醉于电影的世界（姿态、形象和文字），以至于无法增补任何可以构成那个世界的东西，那么他们就不一定要因为演出时的特殊机械效果而呆若木鸡。在他们欣赏过的其他电影和文化产品里，都会很熟悉那种专注投入的要求，所以会自然而然地全神贯注。于是工业社会的暴力一劳永逸地灌输到人类心里。文化工业的产品正是在人们心不在焉的时候照样可以专心消费的东西。但是任何产品都是庞大的经济机制的一个模型，都会从一开始就让人屏息以待，无论在工作还是和工作很类似的休闲里。随便什么有声电影或广播，都可以看到某些东西，它们单独地看或许没有什么意义，但是整个来看，可以说是一种社会效果。文化工业的每种个别表现都难免会以人类的整体形象去复制他们。而所有的机构，从制片到妇女团体，都得提防单纯的心灵复制扩大到整个心灵。

艺术史家和文化评论者抱怨欧洲的风格创造力的衰竭，但令人吃惊的是，那样的抱怨其实是无的放矢。把所有东西（即使是没有想象过的）都习惯性地翻译为机械性复制的图式，已经逾越了每个真正风格的严谨性和有效范围（倡言教养者以风格的概念把资本主义以前的社会美化为有机的整体）。帕莱斯特里那[1]的风格在排除即兴而未加分解的不和谐音时，也不会像爵士乐的编曲者那么纯粹主义式地（puristisch）排除任何不符合"行话"（jargon）的乐句。如果他以爵士乐风格演奏莫扎特，那么他不仅要改编那些太困难且严肃的部分，而且得把曲子的和声中不同于现在习惯的部分都改掉。中世纪的建筑业主在审查教堂玫瑰窗和雕塑的主题时，也不会像在排版厂的神父那样满脸狐疑地检查巴尔扎克（Balzac）或雨果的故事情节，然后才核发印刷许可证。修士会（Kapitel）在依照神爱的品位排列地狱亡魂的各种苦相和刑罚时，也不会像电影制作人那样小心翼翼地决定大卡司的电影里男主角被拷问或是女主角裙摆扬起的场景。被查禁或准许的作品的外显或内隐的、通俗或秘义的范畴无远弗届，以至于它不仅界定准许的范围，而且控制该范围。再琐碎的细节都得根据那范畴去修正。正如其死敌，也就是前卫艺术，文化工业经由查禁，以语法和词汇很实证地确定了它自己的语言。他们总是不由自主地追求新效果，却又紧抱着旧有的范畴，求新变成了附带的法则，只会让个别效果努力所要摆脱的传统力量倍增。一切现象都被牢牢盖上戳记，只要没有预先套一点"行话"，或是乍看来无法获得准许，那些现象就不可能显现。而无论是生产者还是复制者，真正的明星是那些能够轻松写意地说出行话来的人，好像那些行话是他们真正的语言，只是很久没讲而已。那是在专业里对于"自然"的理想。完善的技术越是降低产品和日常生活的紧张关系，那个理想就越发傲慢自大。被戏称为"自然"的日常生活的吊诡，在文化工业的所有说法里到处都可以听到，有些

---

[1] 帕莱斯特里那（Palestrina，1524—1594），文艺复兴时期的意大利作曲家，宗教复调音乐的代表人物。——译者注

还很露骨。当一个爵士乐手在演奏一段严肃的音乐（例如贝多芬的小步舞曲）时，他会不由自主地切分节拍，以纡尊降贵的微笑开始打拍子。如此的"自然"，随着特别的媒体处处可见但又夸张的要求，而变得更加复杂，于是构成一种新的风格（Stil），也就是"一种非文化（Nicht-Kultur）的体系，如果所谓'符合某种风格的粗鄙'是有意义的，我们可以承认它有某种'风格的统一性'"。[1]

　　这种风格化的普遍约束力已经不只是官方的规定和禁令而已。现在的流行歌曲，没有遵守32小节的曲式或者九度音的音域，人们也不以为意，反而比较在意那些最隐蔽的旋律或和声细节是否逾越了"习惯用法"（Idiom）[2]。奥逊·威尔斯（Orson Welles）[3]再怎么抵触行家的惯例都没关系，因为那些冲突被认为是可预期的戏谑举动，只会更加热切地强化体系的有效性。演员和导演必须把以技术为条件的习惯用法当作"自然"去制作，甚至国家也利用那样的习惯用法，其调性的细致不亚于前卫艺术作品的细腻构思，而不同于流行歌曲，前卫艺术是服侍真理的。一丝不苟地履行文化工业所有领域里关于"自然性"（Natürlcihkeit）的习惯用法的要求，如此奇怪的能力也变成专业技术的标准了。就像逻辑实证论（der logische Positivismus）一样，他们要说什么以及怎么说，都必须经得起日常语言的验证。制片人都是专家。习惯用

---

[1] 尼采：《不合时宜的沉思》（*Unzeitmaesse Betrachtungen*），见于《尼采全集》，1917年版，第1卷，第187页。

[2] 习惯用法（Idiom）也指艺术里的风格和派别。——译者注

[3] 奥逊·威尔斯（1915—1985），集演员、导演、编剧、制片人等多种角色于一身的电影天才，代表作为《公民凯恩》《历劫佳人》《上海小姐》等，对于电影的艺术、技术、文化内涵等都有创新性的推动。——译者注

法需要有惊人的生产力让它去吸收和剥削。它很恶毒地让文化保守主义关于真正的风格和做作的风格的区别变得不合时宜。如果某种风格自外部被烙印在形象的阻抗冲动上，那就可以称为"做作的"。但是在文化工业里，材料乃至于一切元素都源自"行话"那样的机制，艺术家和赞助者以及审查者关于完全不可信的谎言所完成的交易，与其说是在证明美学内部的紧张关系，不如说是利益的分歧。专家们的声望是最后一点实际的自主性的庇护所，但它与教会或制造文化产品的企业集团的经营政策有冲突。但是那些材料就其本质而言，在代理人的冲突以前就被具象化了。在扎努克以圣女伯尔纳德（heilige Bernadette）的故事拍摄电影以前，为圣徒作传的作家就认为她是所有相关企业的最佳广告。[1]情感的冲动最后就变成这个样子。于是，文化工业的风格不用再去克服那些没有阻抗的材料，而这同时也是对风格的否定。普遍者和特殊者的和解、对象的规则和个别要求的和解（唯有如此，风格才能找到表现的形象）都化为虚无，因为再也没有两极的紧张关系。相接的两极过渡为暧昧不清的同一性，特殊者可以取代普遍者，反之亦然。

然而，对于风格的这种讽刺却足以说明以前真正的风格。所谓"真正的风格"的概念，在文化工业里便显现为权力在美学里的同义语。把风格视为美感的规律性，那是浪漫主义的怀旧幻想。无论是在基督教的中世纪还是文艺复兴时期，在他们所谓风格的统一

---

[1] 达里尔·扎努克（Darryl Zanuck，1902—1979），好莱坞著名导演、编剧、制片人，代表作为《埃及艳后》《最长的一天》等。圣女伯尔纳德（1844—1879），童年时是法国南部的牧羊女，20岁之后一直在修道院内照顾病人、管理学校。1943年，扎努克在20世纪福克斯电影公司担任高管时主导拍摄了电影《圣女之歌》（The Song of Bernadette）。——译者注

里所表现的是社会威权的各种结构，而不是被统治者隐藏着共性的模糊经验。伟大的艺术家绝不会在作品里完美无瑕地体现出风格，他们在作品里采用风格，是要坚决反对混乱的痛苦呻吟，也就是把风格视为否定性的真理。在作品的风格里，表现得到了力量，如果没有那个力量，存有者也会默默无闻地烟消云散。在诸如莫扎特音乐的所谓古典艺术里，蕴含着客观的倾向，也就是想要抛弃他们所体现的风格。及至勋伯格[1]和毕加索（Picasso），伟大的艺术家们已经不再信任风格，在决定性的环节上，他们更重视的是事物本身的逻辑。表现主义者和达达主义者极端地主张风格本身的虚假，但是在低吟歌手（Crooners）的演唱技术里，在电影明星熟练的风采里，甚至在关于农夫的简陋农舍的经典摄影作品里，风格都大获全胜。在每个艺术作品里，风格都是个承诺。被表现者经由风格而被吸收到普遍性的主宰形式里，也就是音乐、绘画和言辞的语汇里，因而试图和真正的普遍性概念和解。艺术作品应许要把它们的形象塑造成社会传承的形式，由此去实践真理，那样的承诺既是必要的，却也很伪善。作品预言要通过它们的美学产物去实现承诺，因而把既存者的现实形式视为绝对的东西。就此而言，艺术的要求始终也是一种意识形态。与传统的冲突沉淀于风格里，而唯有在那冲突里，艺术才找到表现痛苦的方法。艺术作品当中借以超越现实的那个环节，其实并没有被风格取代；但是它并不在于完成的和谐，也不在于形式和内容、内在和外在、个体与社会的有问题的统一，而存在于蕴含着差异的每个特质，存在于对同一性的渴求的必然挫折里。在那样的挫折里，伟大的艺术作品的风格总是否定它自

---

[1] 阿诺德·勋伯格（Arnold Schönberg，1874—1951），奥地利音乐家、音乐教育家，开创了第二维也纳乐派，对20世纪的音乐有深远影响。——译者注

己，而劣等的作品不想遭受挫折，因此总是依赖和其他作品的类似性，也就是同一性的代替品。文化工业终于把模仿视为绝对的东西。文化工业和风格也没差到哪里去，因而泄漏了风格的秘密，也就是对于社会阶级俯首称臣。自从人们把那些产物汇集且中性化为"文化"，现在美感的粗鄙已经构成对于精神产物的威胁。只要谈到文化，就总会和文化有所抵触。所谓"文化"的总称实际上就包含了图式化、范畴化和分类，由此文化进入了管理的领域。唯有工业化的、彻底的归纳，才完全符合文化的概念。文化把各种精神产物都归属于同一个目的，也就是占据人类的感官，它们晚上离开工厂大门，早上打卡上班时被送达，都带有那个日以继夜的工作流程的痕迹，因此该文化很讽刺地实现了"统合文化"（die einheitliche Kultur）的概念，而强调个人价值的哲学家却以那个概念去反对个性的被抹杀（Vermassung）。

* * *

因此，最顽强不屈的风格——文化工业，成了自由主义的目标，而自由主义却被批评为欠缺风格。文化工业的范畴和内容都源自自由主义的层次，无论是被驯化的自然主义，还是轻歌剧（Operette）和歌舞剧（Revue）。不仅如此，现在的文化联合企业是个经济区域，在那里，随着对应的企业类型，那原本要解体的交易层次暂时存续下来。只要人们不执着于自己的利益，而能够顺应它们，就可以游刃有余。抗拒的人们，唯有让自己适应才能够生存下去。一旦他们被贴上偏离文化工业的标签，他们和文化工业的关系就会像土地改革者和资本主义的关系。现实主义取向的异议成为那些要贩卖新观念者的注册商标。在现在社会的舆论里，指控的声音是不会被听见的，即使它们被听到，听觉敏锐者也可以察觉到那些异议者准备和解的某些重要暗示。合唱团和指挥之间的鸿沟越是深不可测，指挥就越发有空间以有计划的特立独行去宣示其优越性。据此，文化工业也残存着让有才华者不受拘束的自由主义倾向。为有才干者敞开文化工业的大门，始终是处处管制的市场的一个功能，在市场景气时，艺术的市场自由无异于愚者的挨饿自由。文化工业体系会发轫于自由主义的工业国家，不是没有理由的，正如它特有的那些趾高气扬的媒体，尤其是电影、广播、爵士乐和杂志。而它的进步当然也源自资本的普遍法则。高蒙（Gaumont）和百代（Pathé）电影公司、乌尔斯坦因（Ullstein）和休根堡（Hugenberg）报业集团[1]跟随国际潮流，其实是塞翁失马焉知非福；第二次世界大战后欧洲对美国的经济依赖以及通货膨胀都是其推手。人们认为，文化工业的野蛮行径是"文化滞后"（cultural lag）的结果，是美国对于科技现状的畏缩迟疑造成的，但那其实毫无道理。法西斯主义崛起以前的欧洲对于文化垄断的倾向也很犹豫。但是也多亏了如此的犹豫不前，精神保有了一丝独立性，其诠释者也仍然有一点穷困的存在空间。在德国，民主控制下的生活的困塞产生了很吊诡的影响。有很多地方幸免于在西方国家如脱缰野马般的市场机制的染指。德国的教育体

---

[1] 高蒙电影公司创建于1895年，至今仍是法国重要的电影制片和发行公司；百代电影公司是1896年成立的法国电影公司，在好莱坞崛起之前是全球电影业的龙头；乌尔斯坦因报业集团从1899年开始在德国经营报业，巅峰时期拥有5种日报、10种周刊、10种月刊，由于报业集团的主人乌尔斯坦因家族是犹太人，最终该集团被纳粹政府没收；休根堡报业集团在20世纪前半叶是德国最著名的垄断报业集团，拥有3家日报、9种周刊、6种商业杂志，在希特勒执政后被纳粹党人把持，成为纳粹的宣传工具。——译者注

制，包括大学、符合艺术标准的戏剧院、大型管弦乐团和博物馆，皆得到保护。政府、国家和地方城镇，自专制政权那里承袭如此的体制，而他们与19世纪的国王和诸侯一样，也给予那些体制一点相对于市场支配关系的独立性。它使得后来的艺术更勇于对抗供给和需求的法则，并且把它的抗争抬升到实际的保护范围以外。在市场上，对于那些不能被剥削或交易的艺术性质的赞赏被转化为购买力；如此一来，正直的图书和音乐出版者便可以资助那些大概只有行家才会青睐的作者。直到艺术家们不断被威胁，被迫以鉴赏家的身份屈就于商业活动，他们才不得不就范。以前，如康德和休谟，会在信末自称"最忠实的仆人"，但正是他们颠覆了王权和教会的基础。现在，人们直呼政府首长的名字，却像艺术的冲动那样臣服于无知的长官的判断。托克维尔（Tocqueville）在一百年前的分析，已经完全得到证实。在私有的文化垄断的专制下，"身体任其自由，心灵却受奴役。主子不再说：'你得照我一样想，不然你就得死。'他只是说：'你可以自由思想，与我想得不同，保有你的生命财产和一切所有物，可是从今起，你在你自己的人中却是一个外人了。'"[1]不愿随波逐流者，则被讥为经济无能者，让人联想到那些怪人的精神失能状态。他们被排除于主流以外，很容易就被判为无能者。虽然现在的供需机制已经在物质生产里被瓦解，但是该机制在上层结构里仍旧是统治者的控制手段。消费者是那些劳工、雇员、农夫和小市民。资本主义的产物紧紧禁锢他们的身体和灵魂，让他们俯首帖耳地服从任何指令。正如被统治者总是比统治者自己更加谨守统治者所颁布的训谕，现在被欺骗的群众也比那些

[1] 托克维尔：《论美国的民主》（De la démocratie en Amérique），1864年版，第2卷，第151页。

成功者更加热衷于成功的神话。他们也有他们的宏愿。他们坚持那些奴役着他们的意识形态。平民百姓对于所受的暴虐的"危险的爱"（die böse Liebe），更胜于统治当局的诡诈。那种危险的爱比海斯办公室（Hays Office）[1]的严格主义更加可怕，正如在某些伟大的时代里，权力更大的当局、恐怖统治的法庭，也不得不出来镇压他们。百姓要的是米基·鲁尼（Mickey Rooney）而不是悲剧性的葛丽泰·嘉宝（Greta Garbo），他们要唐老鸭而不是贝蒂娃娃（Betty Boop）[2]。工业向自己操纵得到的投票结果俯首称臣。公司与过气的明星所签的合约因为无利可图而造成意外的成本（faux frais），对于整个体系而言，这是合理的支出。体系认可对于废弃物的需求，而开始了完全的和谐。鉴赏力和专业被贬抑为自视甚高的傲慢，相反地，文化将其特权很民主地分配给所有人。由于意识形态的停战、顾客的墨守成规，与他们所支持的制造商的寡廉鲜耻一样，文化工业都习以为常了。他们都很满足于旧瓶新装的不断复制。

他们和以前一样因循守旧。与后期的自由主义相比，大众文化时期的新事物就是排斥新事物。其机制只是原地打转。尽管它早已经定义了消费是什么，却把任何未经试用的东西视为风险而加以

---

[1] 美国在20世纪20年代成立了"美国电影制片人暨发行人协会"，该协会颁布了《电影制片法典》，负责审查电影内容，保证影片内容的健康和纯洁。威尔·海斯（Will Hays，1879—1954）被任命为该协会总裁，因而该协会也被戏称为"海斯办公室"。——译者注

[2] 米基·鲁尼（1920—2014），美国影视男演员，主要出演生活气息浓厚的喜剧片；葛丽泰·嘉宝（1905—1990），瑞典籍女演员，出演较多悲情角色，代表作有《安娜·卡列尼娜》《茶花女》《瑞典女王》等；贝蒂娃娃是1930年诞生的卡通明星，是性感女郎的形象，与迪士尼动画的风格截然不同。——译者注

排斥。电影片商不相信任何不是根据畅销书改编的电影剧本。这就是为什么人们总是在谈论"点子"、"新颖"和"惊讶"，谈论那既似曾相识却不曾出现的东西。对他们而言，节奏和动能是最重要的。一切不能维持老样子，必须不断地转动。因为唯有机械性的生产和复制的节奏大获全胜，才能够保证一切都不会改变，才不会出现不合时宜的东西。要在检验合格的文化库存清单里推陈出新是异想天开的事。被冰冻的艺术类型，例如速写、短篇小说、社会问题电影、流行歌曲，都是被强迫成为规范的后期自由主义的平庸口味。强势的文化经纪人像管理者一般，和任何现成交易来的或出身学院的人合作无间，他们早已经承认且合理化那种客观的精神。就好像有个无所不在的当局在检视材料，并且核发文化产物的标准型录，简要列出准予发行的各批产品。理念被镌刻在文化的天国里，而柏拉图已经被规定了数量，是的，其数目不增不减。

娱乐性以及文化工业的所有元素，在有文化工业以前就已经存在了。现在它们俯拾皆是，并且完全现代化。文化工业总是自夸可以把之前很笨拙的艺术转到消费层次，并提升为原则，这样可以褪去娱乐里讨厌的素朴性，改善商品的样式。文化工业越是无远弗届，就越加无情地让每个局外人破产或同流合污，它自己却更加精致高尚，其结果即是贝多芬和巴黎赌城音乐厅（Casino de Paris）合体。它的胜利有双重意义：被它视为外面的真理而消灭的，可以在内部任意复制为谎言。作为消遣娱乐的"轻"艺术本身并不是颓废的形式。指摘它背叛了纯粹表现的理想的人们，其实是对于社会存有幻想。资产阶级艺术的纯粹性，被实体化为与物质实践对立的自由王国，自始即是以排除下层阶级为条件购得的，而艺术摆脱那些虚伪的普遍性目的，以此忠于其职责，也就是真正的

普遍性目的。有些人用生存的困窘和压力嘲弄严肃性，有些人明明
有闲暇，却仍然喜欢营营碌碌，他们是被严肃艺术拒绝的。轻艺术
有自主性艺术作为影子陪伴。轻艺术是自主性艺术觉得有愧于社会
的地方。自主性艺术因为其社会前提而错失某些真理，给了轻艺术
一种实质正当性的假象。它们的分裂本身就是真理：它至少表现了
由两个领域共同组成的文化的否定性。无论是轻艺术将严肃艺术合
并还是反之，至少都能够让对立和解。那正是文化工业尝试做的。
对于社会而言，马戏团、蜡像馆和妓院的荒诞怪异和勋伯格或卡
尔·克劳斯（Karl Kraus）[1]并没什么两样。于是，爵士乐大师本
尼·古德曼（Benny Goodman）[2]不得不和布达佩斯弦乐四重奏
团（Budapester Streichquartett）一起登台，比业余的竖笛演奏
者更加卖弄节奏，而布达佩斯弦乐四重奏的演出则犹如盖伊·隆巴
尔多（Guy Lombardo）[3]一般浓腻而单调。粗鲁没教养、愚昧或
未加雕琢，那都不重要。文化工业灌注自身的完美，渴望控制且驯
化业余者，由此雕琢以前的劣质品，虽然它自己不断出现粗糙的纰
漏，而如果没有那些纰漏，我们就无法想象那高尚的水平是什么。
然而不同以往者在于文化、艺术和娱乐无法和解的各种元素，尽管
它们臣服于目的，而共有一个虚伪的性质：文化工业的全体性。该
全体性在于不断的重复。它所特有的创新充其量只是大众产品的改

---

[1] 卡尔·克劳斯（1874—1936），20世纪早期最著名的奥地利作家之一，以尖刻大
　　胆、毫不妥协的文风而闻名，对德语文学有相当大的影响。——译者注

[2] 本尼·古德曼（1909—1986），美国爵士音乐家、单簧管演奏家，在美国多家交响
　　乐团担任过独奏家，被称为"摇摆乐之王"。1938年时和布达佩斯弦乐四重奏团一
　　起录制了莫扎特的单簧管五重奏。——译者注

[3] 盖伊·隆巴尔多（1902—1977），加拿大籍爵士乐团指挥、小提琴演奏家。他的乐
　　团和作品在商业上很成功，但被一些专业人士评价为"无聊"。——译者注

善，而该事实和体系本身不无关联。无数消费者的兴趣当然有理由紧盯着科技，而不是那呆板重复的、空洞的、快要报废的内容。相较于由短暂的内容担保的陈旧乏味的意识形态，科技导致的无所不在的刻板印象，更有力地证明了观众所崇拜的社会力量。

然而，文化工业终究是娱乐事业。它对于消费者的控制以娱乐为媒介；最终会瓦解它的，不是赤裸裸的独裁，而是娱乐原理所蕴含的、对于一切比自身更丰富的事物的憎恨。文化工业的所有趋势因为社会历程而具体化为群众的性情癖好，市场在产业里的幸存者就更加助长那些趋势。需求尚未被单纯的服从取代。电影工业在第一次世界大战前大规模改组，其扩张的物质条件，其实是有意识地配合票房反映出来的大众需求，而在电影的拓荒时期，观众需求几乎不被认为是必须考虑的东西。现在电影工业的大鳄尤其作如是想，他们总以多少有些另类的卖座电影为例去印证，而谨慎地忽略其反例，亦即真理。生意就是他们的意识形态。文化工业的力量在于与被创造出来的需求的统一，而不在于与它的直接对立，更不用说全能与无力的对立了，就此而论，他们是对的。在后期的资本主义之下，娱乐是工作的延伸。那些想要逃避机械化工作流程的人总会找一点娱乐，好让他们能够重新去应对工作。但是机械化也宰制着闲暇者及其愉悦，彻底决定娱乐商品的生产装配，使得他们只能体验到工作流程的余像。假托的内容只是渐淡的前景；唯一留下印象的，是标准作业的自动化程序。唯有在闲暇时也配合工厂和办公室里的工作流程，才能够逃避它。此即所有娱乐的不治痼疾。自从娱乐可以不劳而获，并且完全依循着早已磨损的联想轨迹，娱乐就僵化为无聊。观众不可以有自己的思想。产品预先规定了一切的反应，但并不是经由其实际的关联性（那是经不起思考的），而是经由各种符号。任何默认心智能力的逻辑关系都被谨慎地规避掉。各种剧情发展都尽可能延续先前的情况，而不是来自整体的理念。任何情节都无法阻挡编剧刻意从单一场景榨取最大的效果。只要无意义性是可以接受的，无论多么薄弱，它都能够给一个意义关联性，因而连整个架构都岌岌可危。根据既有架构所设置的角色和主题的剧情，经常被任意删掉。相反地，下一个桥段取决于编剧对于某个情境想到了什么最有效果的点子。挖空心思的无聊插曲把电影剧情搞得支离破碎。对于诸如卓别林和马克斯兄弟（Marx Brothers）[1]的通俗艺术、闹剧和丑角表演而言，单纯的滑稽原本是合理的一部分，但在比较粗俗的艺术类型里，产品容易流于无聊的胡闹。尽管葛丽亚·嘉逊（Greer Garson）和贝蒂·戴维斯（Bette Davis）[2]的电影仍旧看得到基于社会心理学的个别案例去推论出连贯情节的要求，但是在搞怪歌曲（novelty song）的歌词、推理电影和动画片里面，那种趋势已经完全消失了。思想本身就像漫画或恐怖片里的人物一样被屠杀或肢解。搞怪歌曲总是以嘲弄意义取胜，它们既是精神分析的先驱也是其后继者，把意义简化为单调的性爱符号。在推理片和冒险片里，现在的观众再也没有机会参与查明真相的历程。即使是在不以嘲弄为乐的电影里，也必须凑合着加上若干不甚相关的惊悚情节。

特效电影曾经是与理性主义作对的幻想的代言者。它们让那些

---

[1] 马克斯兄弟共有4人，是美国早期电影业中最成功的喜剧团体之一，出演的角色基本都是疯傻式的人物。——译者注

[2] 葛丽亚·嘉逊（1904—1996），英国籍女演员，1939年后进入好莱坞影视圈，代表作有《万世师表》《傲慢与偏见》《忠勇之家》《居里夫人》等；贝蒂·戴维斯（1908—1989），美国著名女演员，代表作有《魂断蓝桥》《彗星美人》等。——译者注

借助科技而让人瞠目结舌的野兽或怪物得到正义，它们在被大卸八块以后还能够复活。现在，那些电影只是见证科技理性如何战胜真理。几年前，它们还会有完整一致的情节，经由抽丝剥茧的追查，在最后几分钟才真相大白。它们的程序很像以前的闹剧（slapstick comedy）手法。但是现在时间顺序有了转移。在特效电影的序幕里就会宣告情节主题，这样才能够借题发挥，进而大肆破坏：随着观众欢乐地起哄，主角像破烂一样被抛来抛去。有计划的娱乐效果的"量"，摇身一变成为有计划的残酷野蛮的"质"。电影工业自己推选出来的审查委员，成为电影工业的共犯，负责审查那延伸为猎捕的残暴行为的时间长度。看到拥抱的情景应该有的愉悦，被诙谐打断了，直到大屠杀的那一天，快感仍在延续。特效电影在感官的习惯以外加上了新的节奏，因而提醒所有人一个古老的教训：不断的摩擦消耗，瓦解一切个体的阻抗，是在这个社会里生存的条件。动画片里的唐老鸭以及现实世界里的不幸者都被痛殴一顿，好让观众习惯他们自己受到的鞭笞。

在角色身上体验到的暴力快感则会转变为对于观众的暴力，娱乐变成非常费力的事。专家设想出来的一切刺激，都不会被疲倦的眼睛忽略，面对表演者的诡诈，人们任何时候都不可以被证明是笨蛋，每个人都得跟上且模仿在影片里卖弄的小聪明。于是，文化工业是否如它们自称的具有休闲消遣的功能，就变得很有问题了。如果大部分的广播电台和电影院都歇业，消费者大概不会觉得有什么损失。反正他们到电影院去再也不会觉得身处梦境，而一旦那些设施的使用不再是生存所需，他们就不会觉得非有它们不可。因此，把它们关闭也不会是什么反动的"砸坏机器"[1]。蒙受损失的反正不是电影迷，而是那些凡事吃亏的弱势者。对于家庭主妇而言，尽管电影让她更加融入社会，但是电影院的黑暗也为她们提供了一个庇护所，放松地在里头坐一两个钟头，就像以前她们周末待在家里眺望窗外风景一样。在有空调的电影院里，都市里的失业者也可以找到一个冬暖夏凉的地方。除此以外，根据现有的标准来看，自我膨胀的娱乐业并没有让人类的生活更有尊严。所谓"开拓"既有科技的一切可能性，也是充分利用经济体系的生产力让审美的大众去消费，而当谈到消除饥饿的时候，该体系却是拒绝充分利用生产力的。

文化工业不断以许诺来欺骗它的消费者。由情节和化妆开出去的娱乐支票被无限延期。构成整个演出的许诺，幸灾乐祸地告诉我们事实根本不是那么一回事，顾客只看菜单就当吃饱了。观众被光鲜亮丽的名字和偶像激起了渴望，但端上来的是在歌颂他们亟欲摆脱的残酷现实。当然，艺术作品不会是性爱博览会。但是它们把禁欲表现为否定性的东西，因而撤销了对于欲望的贬抑，并且拯救了作为媒介而被放弃的东西。此即美感升华的秘密：以缺憾去表现愿望的实现。而文化工业没有升华作用，它只会潜抑。文化工业不断地展示欲望的对象，汗衫底下的胸部、体育明星裸露的上半身，只是在撩拨未被升华的原始情欲，那原始情欲早就因为禁欲的习惯而被扭曲为受虐狂。任何性爱情境的影射和撩拨都会明白告知说现实世界绝对不至于如此。海斯办公室只是证实了文化工业终究得上

---

[1] 工业革命初期，工人们认为自己的贫困是机器造成的，于是发起了"砸坏机器"的运动。——译者注

演的仪式：坦塔罗斯（Tantalus）的仪式[1]。艺术作品既禁欲又淫荡无耻，而文化工业则既色情却又一本正经。文化工业把爱情简化为浪漫（romance）。而一旦被简化了，一切就肆无忌惮，即使是放荡无行，也都变成奇货可居的专业，被贴上"勇敢大胆"（daring）的商标。大量生产的色情产品自动执行它的潜抑。由于人们崇拜的电影明星无所不在，因而自始即是他自身的复制品。现在，每个男高音听起来都像是卡鲁索[2]的唱片，而得克萨斯州女孩的自然面容就和好莱坞的模特儿一模一样。美的机械性复制（反动的文化狂热分子对于个性化有计划的推崇使得它更加无法避免），让那与美的实践息息相关的无意识的偶像崇拜不再有任何空间。幽默——对于一切剥削的幸灾乐祸，完全征服了美。因为没有什么可笑的，才会有笑声。在恐惧结束的一瞬间，总会伴随着笑声，无论是妥协的还是尴尬的笑声。那意味着一种解脱，无论是摆脱身体的危险还是逻辑的困窘。妥协的笑是对于挣脱权力宰制的回响，恶意的笑则是向那些让人恐惧的东西投降，由此克服恐惧。它是对于无法挣脱的权力的回响。玩笑是一种药浴，而娱乐工业不断开出如此的处方药。它让笑变成诈骗欢乐的工具。欢乐的片刻和笑声是不兼容的，只有轻歌剧以及其后的电影才会在哄堂大笑中表现性爱。然

---

[1] 在希腊神话中，坦塔罗斯是宙斯之子，他盗取诸神餐桌上的仙丹和蜜酒去招待凡间的朋友，并杀死自己的儿子给诸神做菜。诸神惩罚他在地底深渊受饥渴之苦，河水和果树近在眼前，但只要他一靠近，那些东西就会消失。——译者注

[2] 恩里科·卡鲁索（Enrico Caruso，1873—1921），意大利著名男高音歌唱家。除了歌剧，他还在20世纪初演唱过当时的流行歌曲。——译者注

而波德莱尔和荷尔德林[1]都没有幽默。在虚假的社会里，笑是会侵袭欢乐的病症，并且把欢乐卷入社会的卑鄙的全体性里。取笑某事终究是一种嘲笑，而柏格森[2]所谓足以突破桎梏的生命力，其实是粗鄙行为的闯入，是一种自我主张，在社交场合里炫耀自己不为礼教所束缚。讪笑者是对于人性的东施效颦。他们是沉醉于肆无忌惮的快乐的单子，随时准备牺牲别人，并且有大多数人为其奥援。他们所营造的和谐其实是对于凝聚力的讽刺。嘲笑之所以可憎，在于它惟妙惟肖地模仿最美好的事物，也就是和解。然而"真正的快乐却是很严肃的事"（res severa verum gaudium）。修道院的意识形态认为，苦行不会放弃可能得到的幸福，性行为才会导致这个结果，但是把一生寄托在短暂片刻的情侣们的严肃态度，否定了该主张。文化工业以愉快的舍弃取代了在狂欢和苦行里都会有的痛苦。其最高法则是，顾客绝对不能得到他们想要的，而且他们必须在被剥削中感到心满意足。文明所要求的永远的舍弃，在文化工业的每一次演出里，屡试不爽地施加且展现于受害者身上。他们既被给予也被剥夺了某些东西。激情的性行为也是如此。正因为它不被许可，所以一切东西都绕着交媾打转。在电影里，没有让不伦关系里的犯罪者受到制裁，绝对是一大禁忌，比让百万富翁未来的女婿加入劳工运动更加严重。不像自由主义时期的文化，工业文化和民族主义文化容许对于资本主义的不满，但是不容许废除阉割的威吓。

---

[1] 夏尔·皮埃尔·波德莱尔（Charles Pierre Baudelaire，1821—1867），法国诗人，象征派诗歌先驱，现代派诗歌的奠基者；弗里德里希·荷尔德林（Friedrich Hölderlin，1770—1843），德国诗人，古典浪漫派先驱。——译者注

[2] 亨利·柏格森（Henri Bergson，1859—1941），法国哲学家、作家，凭借《创造进化论》获得诺贝尔文学奖，另著有《形而上学论》《论意识的即时性》等。——译者注

阉割的威吓即构成其本质。伦理对于着制服者的要求放宽了，先是在为他们生产的欢乐电影里，接着在现实世界里，但是那样的威吓持续存在。现在具决定性的不再是清教主义（尽管它仍然残存于某些妇女团体里），而是体系里蕴含着的必要性，亦即绝对不可以让任何消费者脱离掌握，任何时候都不可以让他们察觉到抵抗的可能性。根据该原则，尽管文化工业必须对个体表现得有能力实现他们的一切需求，但是那些需求得预设个体在需求里只能体验到自己是个永恒的消费者，是文化工业的客体。它不只要说服他们认为它的欺诈行为是在满足他们，它更要他们明白，无论它给他们什么东西，他们都得心满意足。文化工业的所有部门都设法应许他们逃离现实世界，但是那更像是美国漫画里的情节：父亲自己在黑暗中扶梯子，去解救被诱拐的少女。文化工业把现实世界呈现得如天国一般。逃亡和私奔一样，自始即注定要回到原点。娱乐事业只是劝说那些意图在其中忘记自己的人认命而已。

　　完全不受约束的娱乐事业，应该不是艺术的对立面，而是有共同点的两端。马克·吐温式的荒谬（文化工业时而会和它眉目传情），或许意味着一种艺术的调整措施。艺术越是严肃地执意与现实存在对立，就越像它的对立者（现实存在）那样严肃：它越是努力以自身的形式法则去发展，就得花越多的力气去让人理解它，然而它原本就是要否定那个负担的。在某些时事讽刺影片（Revuefilme）里，尤其是滑稽故事和漫画里，可以一窥该否定的可能性。当然，否定是不可能被实现的。完全沉醉于缤纷的联想和欢乐的嬉闹的纯粹娱乐，被流行的娱乐给删除了：它被一个意义融贯的代用品给瓦解了，文化工业执意以该意义去支持各种产品，却又偷偷滥用那些产品，以作为介绍明星登场的台词。传记和其他寓言故事把嬉闹的碎片缝缀成低能的情节。叮当作响的，不是小丑的铃铛帽子，而是资本主义理性的钥匙串，它甚至在电影里操纵对于成功的欲望。在时事讽刺影片里的每一个吻，都必须有助于前程似锦的拳击手或歌星的事业。所谓的诈骗，并不是说文化工业为娱乐服务，而是说文化工业的商业头脑执着于自我整肃的文化的意识形态口号，因而滥用趣味。伦理和品味视放荡不羁的娱乐为"幼稚"（"幼稚"的评语和"主知主义"一样差）而封杀它，甚至限制它的技术潜力。文化工业确实是堕落了，但它不是万恶之源，而是高尚欢乐的主教堂。它的各个层级，从海明威（Hemingway）到路德维希（Emil Ludwig）[1]，从《忠勇之家》（*Mrs. Miniver*）到《独行侠》（*Lone Ranger*），从托斯卡尼尼[2]到隆巴尔多，艺术和科学所套用的精神都沾染了虚伪。在文化工业犹如马戏团一般的种种形象里，在骑师、杂耍和小丑固执而不知所谓的技术里，在"身体艺术相对于精神艺术的辩护和合理化"里[3]，仍然可窥见一点美好。但是不带任何感情的艺术技巧（它代表着人性与社会机制的对立）的各个避难所，被有计划的理性很无情地挖掘出来，那样的理性要求一切都必须根据意义和效果去证明自己。它让无意义性自艺术作品的底层完全消失，正如意义在其上层也烟消雾散。

现在文化和娱乐的融合不只是肇因于文化的堕落，也在于娱乐

---

[1] 埃米尔·路德维希（1881—1948），德国著名传记作家。——译者注

[2] 阿尔图罗·托斯卡尼尼（Arturo Toscanini，1867—1957），意大利音乐家、指挥家，曾任米兰拉斯卡拉歌剧院、纽约大都会歌剧院、纽约爱乐乐团指挥。——译者注

[3] 弗兰克·魏德金（Frank Wedekind）：《魏德金全集》（*Gesammelte Werke*），第9卷，第426页。

不得不如此的高度精神化。人们只能经由复制品，经由电影的摄影或广播的录音才能经验到娱乐，该事实即可为证。在自由主义扩张的时期，娱乐的存在是由对于未来牢不可破的信仰支撑的：一切将会一如往昔甚至更好。而现在该信仰则更加精神化，它变得如此模糊，以至于看不到任何现实的目的，而只有在现实事物背后投射出来的黄金背景。该信仰由意义的各种语调组成，不同于现实生活，那些语调在戏里头被用于英雄人物、工程师、能干的女孩，或者是装酷的冷漠、休闲运动，乃至于汽车和香烟。虽然娱乐不是直接为企业打广告，却是在宣传整个系统。娱乐本身变成一种理想，用一种比私营企业的广告词更陈词滥调的方式不断重复剥削群众和各种更高的价值，由此驱散那些价值并取而代之。内在世界、以主体为限制的真理形式，总是比它自己所想象的更加受制于外在的统治者。文化工业把它装扮成厚颜无耻的谎言。现在它变成只能在宗教畅销书、心理片和女性连续剧里出现的高谈阔论，变成很尴尬的调味料，其作用只是让群众在现实生活里更能够控制其情绪。就此而论，娱乐只是在洗涤情绪，犹如亚里士多德所谓悲剧的作用，或如现在的莫提默·阿德勒[1]所谓电影的作用。文化工业不只彰显了风格的真理，也彰显了涤清作用（Katharsis）的真理。

* * *

文化工业的立场越是坚定，对于消费者需求的处理就越加草率随便，它可以生产、操纵和训练其需求，甚至可以撤除整个娱乐：它完全掌控了文化的进程。但是该趋势是内在于娱乐本身的原

---

[1]莫提默·阿德勒（Mortimer Adler，1902—2001），学者、作家、教育家，《大英百科全书》编委之一，代表作为《如何阅读一本书》。——译者注

则里的，亦即资产阶级启蒙的原理。如果说工业大量创造了娱乐需求，以其题材推销作品，以所描绘的美食推销石版画，或者反过来以布丁的造型推销布丁粉，那么在娱乐里早就可以看到商业的促销、推销语言和市场小贩的叫卖声。商业和娱乐的原始亲缘关系就显现在娱乐本身的意义里：娱乐是社会的正式辩护。娱乐意味着同意。娱乐要成为可能，就必须和全体社会历程隔离，装疯卖傻，并且自始即很荒谬地放弃任何作品都不可避免的主张，即使那是很空洞的主张：在限制里反映全体。娱乐总是意味着不必再伤脑筋，忘记痛苦，即使它正在上演。究其极，它是无力的。娱乐其实是一种逃遁，却不是如它所谓的逃离恶劣的现实世界，而是逃避任何想要抵抗现实世界的念头。娱乐所承诺的是摆脱作为一种否定的思考。厚颜无耻的委婉问题"人们想要什么"针对的"人们"其实正是亟欲戒断自身主动思考能力的人。即便群众对娱乐工业颇有怨言，也可以看到娱乐工业如何有计划地把群众灌输得毫无抵抗力。然而现在它越来越难以驾驭群众了。愚民化的进程绝对不能落后于知识和时间的进步。在统计学的年代里，群众都太聪明了，而不会把自己认同于银幕上的百万富翁，而他们也太迟钝了，因而不会偏离大数法则。意识形态就藏身于概率的计算里。幸运不会临到每个人的，而只会临到中奖者，或是被有权当局指定的人（娱乐工业经常表现出不断发掘天才明星的样子）。被星探发掘且在片场里被捧红的明星，总是新兴独立的资产阶级的理想类型。刚出道的女演员理应饰演女雇员，当然她得穿着飘拂的晚礼服，这点就和现实世界的女雇员有所不同。那不仅是对女性观众说她有可能出现在银幕上，也更让她们确定自己和电影演员的距离。只有一个人会中奖，只有一个人会雀屏中选，即使在数学上每个人的机会都相同，但是机会都一样渺茫，因此可以略而不计，只能祝福别人，尽管那个人有可能是自己，却从来都不是。文化工业固然继续引诱人们幼稚地认同它，却同时否定了它。每个人都没什么好输的。以前，电影观众在看到别人的婚礼时会想到自己的婚礼。现在，银幕上的幸福佳偶固然和每个观众一样，都是同一个种属的个例，但是在所谓的相同里，却确立了无法跨越的人性元素的区别。完全的相似性是绝对的差异。种属的同一性禁止个例的同一性。文化工业很讽刺地体现了人类的种属本质。每个人的存有都可以被其他人取代：每个人都是可以取代的，只是一个样本而已。作为一个个体，他是绝对的可替代者、纯粹的虚无，而一旦时间剥夺了他们的相同性时，他们马上就会察觉到了。如此一来，流行宗教的内在结构就有所改变（不然就得极力维护）。"经由坎坷的路通往星辰"（per aspera ad astra），那样的路原本预设着困塞和艰难，然而现在却渐渐由奖品取而代之。在例行决定哪一首歌要成为主打歌、哪个临时演员要成为女主角时的盲目性元素，则受到意识形态的赞扬。电影纷纷强调偶然性。那意识形态为各个角色（除了恶棍）赋予本质上的相似性，甚至排除任何不适合的脸型，例如向嘉宝那样的脸型，看起来就不像会有人跟她打招呼说"小姐你好"，因而让观众开始觉得生活可以轻松一点。他们被保证说，他们不需要换一个长相，不必勉强去做自己做不到的事也可以成功。但是他们也被暗示说，他们再怎么努力也没有用，因为资产阶级的幸运和他们的工作可预计的结果再也没有任何关系。他们明白那个暗示。基本上，每个人都承认偶然性（他们有时候会有好运气）是计划的另一面。正因为社会倾全力朝着理性发展，仿佛每个人都可以当工程师或经理，社会究竟要训练谁或信任谁掌握这些功能，就变成完全非理性的事了。偶然和计划变成同一的，因为人类的相似性，使得个体的幸与不幸完全失去经济意义。偶然本身也被纳入计划；这不是说偶然会影响到哪一个人，而是人们相信偶然的宰制。对于计划者而言，偶然是一个不在场证明，给人们一个印象，以为由生活蜕变而成的交易和手段的网络仍然留有自然而直接的人际关系的空间。在文化工业的各种媒体里，平庸个案的随意挑选正象征着这种自由。某家杂志为幸运获胜者提供一次不怎么豪华的旅游，其中特别包括一个女速记打字员，她可能是因为和某个地方政要的关系而获胜，而在关于该旅游的翔实报道里正好反映出每个人的无力感。群众似乎只是一堆材料，主事者可以把其中一个人捧上天，然后把他扔掉：去他的权利和辛劳！工业对于人类的兴趣只在于把他们当作顾客和雇员，而把整个人性（正如其个别的元素一般），都用这一句露骨的话来表达。意识形态取决于当时哪一个面向比较重要，然后再去强调计划或偶然、技术或生活、文明或自然。作为雇员，人们会被提醒理性组织的存在，而被要求以常识去适应它。作为顾客，他们对于个人的事件，无论是在银幕或在报纸上，都享有选择的自由以及不受约束的诱惑。但无论如何，他们都是客体。

文化工业必须承诺的东西越少，它对生命可以提出的有意义的解释越少，它所散播的意识形态必然就越空洞。即使是社会的和谐和慈善的抽象理想，在一切都是广告的年代里，都显然太具体了。人们尤其习惯把抽象物（Abstracta）认定为广告。完全以真理为依据的语言，只会让人很不耐烦地要看看它真正要谋求的商业目的是什么。任何不是作为手段的话语都是无意义的，而其他的话语则都是虚构的故事，是不真实的。价值判断不是被当作广告，就是被当作废话。由此向含混的无约束性趋近的意识形态，却没有变得更透明或更薄弱一些。它的含混性，亦即近乎科学主义拒绝认定一切未经验证的东西，成为统治的工具。意识形态变成对于既定状态强力且有计划的宣告。文化工业倾向于作为政令倡导，并由此成为对于既存事实的无法反驳的预言。文化工业忠实重复那暗昧不明的现象（由于现象的不透明性，阻碍了一切洞见，并且把无所不在且密不透风的现象视为理想），而由此在显然的错误报告的暗礁以及公开的真理之间恢恢乎游刃有余。意识形态分裂成执拗存在的写真摄影以及关于该存在的意义的赤裸谎言，那谎言并没有明白说出来，而只是暗示性地灌输给人们。讽刺般地重复那现实的东西，就足以证明它的神性了。这种光学式的证明固然不怎么有说服力，却非常动人心魄。现在如果还有谁怀疑单调无聊的威力的话，那人肯定是个笨蛋。文化工业扫除了一切对它以及它无意间复制出来的世界的批评。人们只能选择附和它或是隐遁深山：那些反对电影和广播而紧抱着永恒的美以及业余剧场的斗篷之徒，早在大众文化追寻其政治立场之前就已经表态了。对于老旧的愿望的梦、父亲的典型、无条件的情感或意识形态，大众文化早已千锤百炼，足以视情况需要而嘲讽它们或是淋漓尽致地表现它们。新的意识形态把世界本身当作对象。它自我满足于以尽可能精确的描绘把悲惨的生活提升到事实的高度，由此充分利用对于事实的崇拜。经由如此的转译，生活本身变成了意义和正义的替代品。照相机所复制的一切都是美的。人们幻想自己或许是那个赢得环游世界大奖的雇员，尽管如此的希望落空，却可以借由关于那些旅游景点让人失望的精确摄影而得到补偿。他们提供的不是意大利，而是关于它的存在的证据。电影可以把巴黎拍成一片荒芜，好让年轻美国女孩止息她的渴望，因而毅然决然回到在家乡可能认识的聪明美国男孩的怀抱。生活毕竟会继续下去，而体系即使在最后的阶段里仍然会继续复制那些构成该体系的人的生活，而不是直接把他们打发掉，因此该体系在账面上仍然被视为有意义和贡献的东西。生活的继续，体系的不断复制，就被用来证明体系的盲目持存以及不变性。能够重复的，就是健康的，无论在自然的循环还是工业里都是如此。杂志里的婴儿永远欢笑开怀，爵士乐点唱机永远砰砰作响。尽管表演技术在进步，尽管有一切的规则和专业分工，尽管大家熙来攘往、席不暇暖，文化工业喂食人们的面包却总是陈词滥调的石头。它以循环为食，靠理所当然的惊奇过活，惊奇于母亲总是会生小孩，轮子总是转个不停。由此更加坚定了各种状态的不变性。在卓别林讽刺希特勒的电影终了[1]，穗浪起伏的麦田否认了反法西斯主义的自由主张。那麦田就像德国少女的一缕缕金发，她们在夏日微风里的野营生活被"宇宙电影公司"（Ufa）[2]以摄影机捕捉下来。社会的统治机制把自然理解为社会的对立物，因而把自然吸收到不可救药的社会里，并且把它贱价出售。画面向我们展示树木的蓊郁、天空的湛蓝、云朵的飘移，其实就已经把它们变成工厂烟囱和加油站的密码。反之，轮子和机器零件总是璀璨耀眼，却被贬为如绿树和云朵般的灵魂的载体。如此，自然和科技都被动员去防霉除菌，也就是伪造的自由主义社会的回忆景象，仿佛以前的人们总是在潮湿的丝绒房间里闲晃，而不像现在的人们习惯徜徉在无垠的旷野；仿佛以前的人们总是得忍受老旧的奔驰车款经常的抛锚，而不像现在的人们无论要去哪里，总是如火箭一般立即到达。大型集团战胜企业的创始者，然后企业创始者被文化工业歌颂为永垂不朽。他们要对抗的是已经被

---

[1] 指电影《大独裁者》（*The Great Dictator*）。——译者注

[2] 两次世界大战期间德国最大的电影公司，后被希特勒当作宣传工具使用。——译者注

打败的敌人，也就是思考的主体。在德国的《逐日者汉斯》（*Hans Sonnenstößer*）[1]里厌恶市侩的汉斯的复活，以及《与父亲生活》（*Life with Father*）[2]里父亲的顽固，两者的意义并无二致。

* * *

　　但是有一点是那个空洞的意识形态不开玩笑的：每个人都必须得到供给。"没有人应该挨饿受冻；谁不服从这点就到集中营去。"纳粹德国的这一则笑话或许可以如文化工业的大门的规箴一样熠熠生辉。文化工业既天真又狡猾地预设了最近的社会特有的状态：它很清楚到哪里去找它的支持者。每个人都被保证拥有形式的自由。没有人必须在职务上为他心里所想的事情负责。于是每个人都发现自己很早就被纳入一个由教会、社团和其他关系组成的体系里，那些团体都是社会控制的最敏感的工具。不想被毁掉的人，就得小心不要在那些工具的天平上显得斤两不够，否则他会在生活里落后，最后则一蹶不振。在每种生涯里，尤其是自由业，专业知识里经常包括符合职业伦理的心态，因而让人误以为只要有专业知识就够了。社会只会或多或少地复制其忠实成员的生活，这其实是这个社会的非理性计划。生活标准的层级完全对应于阶级以及个体与体系的内在关联性。无论是在漫画还是在现实世界里，经理人和小

[1]《逐日者汉斯》是一部1931年的广播剧，讲述了诗人汉斯因为爱情的困境而逃遁到梦的世界里，经历过一系列奇特的事件后，汉斯发现现实世界也有美好的地方。——译者注

[2]《与父亲生活》是美国作家克劳伦斯·戴伊（Clarence Day）根据自己经历创作的作品，发表于1936年，后被改编成百老汇戏剧和影视作品。书中的父亲是一个狂热而粗野的华尔街经纪人，要求他的家人必须遵守他的严厉规矩，因而闹出很多笑话。——译者注

职员[如大梧（Dagwood）[1]]都是可以信任的。但是如果有人挨饿受冻，尤其是他曾经前途无量，那么他就会被做记号。他是个局外人（Outsider），撇开某些重罪不谈，成为局外人是最严重的罪行。在电影里，他充其量只是个怪胎，是被恶意取笑的对象；他经常扮演反派角色，早在他登场的时候，早在任何情节发展以前就是坏人了，如此才不会让人误以为社会背弃了好人。事实上，现在已经实现了一种更高层次的福利国家。人们为了保住自己的职位，必须维持商业的活络，而由于科技的快速提升，原则上在国内作为生产者的群众早已经过剩了。根据意识形态的假象，劳工原本是真正的供给者，却必须仰食于作为被供给者的企业主。因此个人的职位变得很不安定。在自由主义里，穷人被视为懒惰的，现在则自动成为嫌犯。那些在外头没有被照顾到的人，就该到集中营里头去，不然就到最低贱的工作场所和贫民窟的地狱去。但是文化工业反映了对于被管理者的正面和负面的照顾，那是在勤奋工作者的直接凝聚力。没有人会被忘记，到处都是邻居、社工人员、吉莱斯皮医生（Dr. Gillespie）[2]，以及心地善良的空想哲学家，他们善意地面对面介入，使得社会持存的不幸变成了可以疗愈的个案，除非因为案主个人的堕落而受阻。每个工厂为了增加产能，在管理上都会照顾其员工，在社会控制下带给他们最后一点个人的感动，因为它在表面上让生产中的人际关系变得亲密直接且私人化。早在如此的照顾从工厂扩充到整个社会以前，这种心灵的雪中送炭就已经在文

---

[1] 大梧是漫画作品《白朗黛》（*Blondie*）的男主角，他原是亿万富翁的儿子，但因为和白朗黛相爱而被逐出家门，成为一个普通的打工仔。——译者注

[2] 1942年美国电影《呼叫吉莱斯皮医生》（*Calling Dr. Gillespie*）的主角，他是一位热心而且专业的精神医生。——译者注

工业的视听领域里留下和解的影子。然而那些救主和大善人（他们的知识成就总是被剧作家嘲弄为出于同情的行为，硬要从里头找到什么虚构的个人动机），他们被当作民族领袖的替身，最后却下令废除任何同情的行为，消灭最后一个瘫痪病人，以预防怜悯心的传染。

强调仁慈的心，是社会承认它所制造的苦难的方式：大家都知道自己再也无法在体系里自力救济，而意识形态则难辞其咎。文化工业不以临时的战友情谊去掩饰苦难，反而以其企业的骄傲勇于正视苦难，并且以不屈的态度去承认它。怡然自得的情操合理化了世界，这个世界显然很需要它。生活就是这样艰难，但是正因为如此，它才显得如此美妙而健康。即使是面对悲剧，谎言也毫不畏缩。正如社会并不去消除其成员的苦难，而只是记录和规划它，大众文化也是如此处理悲剧的。于是它顽固地抄袭艺术。艺术提供了悲剧的实体，而那是大众文化需要却做不到的，如果它要坚持忠于精确复制现象的原则的话。悲剧被纳入计算，成为反映世界的一环，对世界而言是一个恩赐。它让人们不至于被指责说他们既掩盖真相，却又很讽刺且惋惜地利用真相。它让被严密审查的单调快乐变得有趣，并且让趣味性方便使用。对于曾经见识过文化黄金时代的人们而言，悲剧提供了荒废已久的深刻性的替代品；对于那些电影院常客，它则提供某些文化的余绪，以满足他们的虚荣。它安慰所有人说，坚强且真实的人类命运现在仍然是可能的，而毫无保留地描绘它则是不可避免的事。密不透风的存在（现在的意识形态无非其复制品），越是被彻底灌注必然的苦难，就越加显得伟大、庄严而雄浑有力。悲剧呈现了命运的面向。它被贬损为威胁要毁灭任何不肯合作的人，尽管它的吊诡意义曾经是指对于神秘力量的威胁的绝望抵抗。悲剧的命运过渡为正义的惩罚，而那正是资产阶级美学所渴望的转变。大众文化的道德是旧日童话的廉价版道德。在第一流的产品里，反派角色大抵是歇斯底里症的女性患者，她以看似精确的临床表现，试图毁掉更忠于现实世界的对手的幸福，而她自己却不怎么戏剧性地死去。当然，只有顶尖的作品才会有如此科学性的情节，等而下之者就没有这种阵仗了。它们不必用到社会心理学，就可以折断悲剧的牙齿。正如任何正派的匈牙利和维也纳轻歌剧在第二幕总会以悲剧为终场，而剩下的第三幕只是在澄清误会，文化工业照例也会给予悲剧一个永久职位。一个药方的明显存在，就足以消除悲剧是否仍然不受管束的顾虑。一个家庭主妇把戏剧的公式描述为"惹了麻烦再解决它"，可以涵摄整个大众文化，从很弱智的女性电视连续剧到顶尖的作品都是如此。即使那原本立意良好的最糟糕的结局，也都承认既存秩序而收买了悲剧，无论是行为不检的情妇为了短暂的欢愉而赔了性命，还是电影里的悲伤结局反而更加彰显现实生活的稳定。悲剧电影真的变成了道德教养所。因为生存在体系的压力下而郁郁寡欢的群众，以无法抑制的行为模式去表现文明，因而处处透显出顽固和难以驾驭，他们应该看看残酷的生活以及那些人的典范行为，由此让自己循规蹈矩。文化自始即以管束叛逆和野蛮的本能为己任。工业化的文化则更加推波助澜。它很熟悉哪些条件可以让人们熬过残酷的生活。觉得受够了这一切的个体，应该利用它作为一种动力，让他沉溺于那原本让他厌烦的集体力量。那些在日常生活拖垮电影观众的长久绝望处境，不知怎的，经由复制而变成一种承诺，告诉人们说，他们可以继续活下去。人们只需要察觉到自己的虚无，承认自己的失败，就已经是其中的一分子。社会是由绝望者组成的，因而是各种考验的牺牲者。

在法西斯主义以前的少数德国重要小说里，例如《柏林，亚历山大广场》（*Berlin Alexanderplatz*）[1]和《小人物，怎么办？》（*Kleiner Mann-was nun*？）[2]，以及平庸的电影和爵士乐里，那种倾向赤裸裸地呈现了出来。基本上，它们都是人的自我嘲讽。成为经济主体、企业家或地主的可能性已经完全被排除。甚至是食品杂货店、独立的企业（资产阶级家庭及其家长的职位都是以经营和继承该企业为基础）也都沦于绝望。所有人都成为雇员，而在雇员的文明里，父亲原本就很有疑问的尊严也荡然无存了。个人对于考验的态度，无论是商业、职业还是政党，无论是被录取以前还是以后，无论是领袖在群众前面的姿态，还是情人在被求婚者前面的姿态，都具有很特别的受虐狂的性质。所有人都被迫接受某种态度，以此一再证明他们符合社会的道德要求，这让我们想起男孩在部落里的成年礼，在祭司的鞭笞之下，他们微笑着转圈圈。后期资本主义里的生活是一场持续的成年礼。每个人都必须证明自己毫无保留地认同那个鞭打着他们的权威。它就存在于爵士乐的切分音原理里，既嘲笑跌跌撞撞的节拍，又把它提升为规范。收音机里低吟歌手如阉宦般的歌声，风流寡妇的情夫穿着晚礼服跳到游泳池里，他们都是任体系摆布的范例。每个人都可以像全能的社会一样，每个人都可以很快乐，只要他们俯首帖耳，放弃自己的快乐主张。社会在他们的弱点里重新认识了自己的优点，也分给他们其中一些优

---

[1] 德国表现主义作家阿尔弗雷德·德布林（Alfred Döblin，1878—1957）发表于1927年的小说。小说讲述了搬运工误伤人命入狱4年，出狱后本打算规规矩矩做人，却接连经历各种罪恶活动，整个人落入浑浑噩噩的癫狂状态。——译者注

[2] 德国现实主义作家汉斯·法拉达（Hans Fallada，1893—1947）发表于1933年的小说。主要讲述了失业的小职员夫妻追求幸福却不断受到不公对待和侮辱的故事。——译者注

点。正因为他们任凭摆布，他们才够资格当个可信赖的新兵。于是悲剧就被废除了。以前，个体与社会的对立是悲剧的实体。悲剧赞美"情感在面对强敌、崇高的横逆、让人恐惧的难题时的勇气和自由"[1]。而今，悲剧被溶解到社会和个体的错误同一性的虚无里，那个同一性的恐怖在悲剧的空洞假象里仍然经常可见。但是，那统合一切的奇迹，管理者接纳那些强忍其固执而任凭摆布的慈善行为，其中都意味着法西斯主义。那种法西斯主义总在人道主义里惊鸿一瞥，正如作家德布林让他的主角毕勃科普夫（Biberkopf）找到藏身处，以及某些电影里偶尔的温馨片段。那逃亡或藏身的能力，忍受自身沉沦的能力，取代了悲剧，深植于新的世代里。他们什么都能做，因为工作流程让他们和任何人都扯不上关系。这让我们想到那些没有被战争打败而解甲归田的士兵，以及那些最后加入帮派或准军事组织的临时工，他们总是有着很可悲的柔韧性。悲剧的冰消瓦解证实了个体的放逐。

＊　＊　＊

个体在文化工业里成为梦幻泡影，不只是因为生产方式的标准化。个体唯有无条件地认同普遍性，他们才能够被容许存在。从爵士乐里标准的即兴演奏，到标新立异的电影人物，他们都得刘海覆额，才能让人们认识他们，其中充斥着虚假的个性化（Pseudoindividualität）。所谓个性化的特质，无非说共性可以大肆嘲讽偶然性不过如此。倔强的拘谨沉默，或是个人在表演时华丽登场，就像弹簧锁那样几乎没有差异地连续生产出来。自我

---

[1] 尼采：《偶像的黄昏》（*Goetzendaemmerung*），见于《尼采全集》，第8卷，第136页。

的独特性是受社会制约的专卖品，却被伪装为自然的东西。那种独特性被简化为小胡子、法国腔、风尘女子低沉的声音、刘别谦风格（Lubitsch touch）[1]：正如身份证上面大同小异的指纹，所有个人，从电影明星到嫌犯，他们的生命和脸孔都因为普遍性的力量而变形为指纹。要捕捉悲剧且去除其毒害，就得以虚假的个性化为前提：只有当个体什么也不是，而只是共性的各种趋势的交会点，才能够顺利地回归到共性那里。于是大众文化揭露了自资产阶级时期以来的个人形式所显示的虚构性格，而只有当它为共性和特殊性如此无聊的和谐而自鸣得意时，它才犯了错误。个性化原理自始即充满了矛盾。以前，个性化根本就不曾实现。阶级形式的自我保存把每个人都限制在种属的层次。资产阶级的每个性格，尽管有所偏离，却也正因为如此的偏离，都表现了同一个东西：充满竞争的社会的残酷无情。那支撑着社会的个体，背负了社会的耻辱；尽管他们看起来很自由，但其实只是经济和社会工具的产物。权力要寻求臣属者的支持时，总是诉诸当时最盛行的权力关系。同时，资产阶级社会也助长了个体的发展。而科技也把人类从小孩变成大人，虽然那并非其操纵者所愿。然而，个性化每一次的进展总会牺牲它假借其名义出现的个性化，其结果也只是各自决意竞逐其目的。人民的生活分裂为生意和私生活，他们的亲密关系分裂为抑郁的婚姻共同体以及单身的苦涩慰藉，并且和自己以及他人格格不入。那样的人几乎就是既狂热又愤愤不平的纳粹分子，或者是现在的都会居民，在他们的想象里，友谊只是"社交接触"，而无法触及内心世界。唯有如此，文化工业才能够如此成功地操弄个性化，且自始不

---

[1] 刘别谦（Ernst Lubitsch，1892—1947），德国籍演员、导演、编剧，在好莱坞拍摄了很多风格明快的城市喜剧，其电影风格被称为"刘别谦风格"。——译者注

断复制社会的分裂性。在电影主角和路人甲以杂志封面为样本而一成不变的脸孔上面，假象正渐渐溶解掉，反正也没有人相信它，而个性化的努力终于被更加令人窒息的模仿给取代，对此的内心快慰也促使他们疯狂爱慕明星模特儿。如果我们期待那充满矛盾而分裂的人格不会持续多少个世代，体系里的心理分裂性格最终一定会打破它自己，人们也终究会受不了偷梁换柱地以刻板印象取代个体，那么我们的希望难免要落空。自莎士比亚的《哈姆雷特》以来，人格的统一性始终被视为空想。现在集合而成的相面术（Physiognomie）也忘记曾经有人类生命那一回事了。几个世纪以来，社会就只是在为维克多·迈彻（Victor Mature）[1]和米基·鲁尼铺路。他们终于实现了被他们毁灭的个性化。

平庸者的英雄化是把廉价品偶像化的一部分。对于默默无闻的商品而言，最高片酬的明星本身就像广告一样。他们从众多的广告模特儿当中脱颖而出，不是没有道理的。而流行品味的典范都是源自广告以及商品化的美感。苏格拉底所谓"美即是有用的"终于很讽刺地实现了。电影把文化企业集团当作一个整体来宣传，在广播里也个别地推销产品（那是文化商品存在的目的）。50个铜板就可以看一部耗资数百万的电影，花10个铜板就可以嚼一片口香糖，而那片口香糖的生产要用到世界所有的财富，当然它的销售也会让有钱人更有钱。尽管不在现场，但是经由公民表决，人们可以审核军队的资产，也可以禁止卖淫。世界最好的管弦乐团（并没有那样的乐团）可以免费传送到家里。这一切都很嘲讽地模仿那流奶与蜜之地，正如民族共同体（Volksgemeinschaft）很拙

---

[1] 维克多·迈彻（1913—1999），美国男演员，饰演的基本都是正派角色。——译者注

劣地模仿人类共同体一样。每个人都被服侍着。一个乡下人参观柏林大都会剧院以后，说他很惊讶有钱真的能使鬼推磨，而文化工业早已深谙此道，并且做成了产品。每个产品不仅总是伴随着凯旋般地吹嘘它是如何成为可能的，尤有甚者，产品本身就是歌功颂德。所谓"表演"（show），就是秀出他拥有什么，能做什么。表演到现在仍然是一个集市，不过被文化给严重传染了。被集市叫卖的摊贩吸引的人们，在摊子里头大笑以压抑他们的失望，因为他们无论如何早就预期会这样，同样地，电影院的观众对于放映设施也颇能谅解。但是由精品大量复制的廉价品以及它们的补充品，形成无所不包的骗局，改变了艺术的商品性质。那性质不是什么新玩意儿：现在它有意地承认自己的商品性质，而艺术也宣誓放弃其自主性，趾高气扬地跻身消费性商品之列，显现出新颖的魅力。艺术自始即唯有作为资产阶级的艺术，才可能拥有独立的领域。虽说艺术是对于那充斥于市场的社会目的性的否定，但是即使是艺术的自由，本质上也受限于商品经济的预设。纯粹的艺术作品遵循着自己的法则，因而否定了社会的商品性质，但是它们本身始终也是商品：直到18世纪，赞助者一直保护艺术家们不受市场影响，于是艺术家们反而臣服于赞助者以及他们的目的。现代伟大作品的无目的性则仰赖于市场的匿名性。市场要求有太多的中介者，使得艺术家或多或少可以豁免于某些不合理的要求，因为在整个资产阶级的历史里，艺术家们被容许拥有的自主性总是掺杂了虚假的元素，而终于发展为艺术的社会性整肃。病危的贝多芬把沃尔特·司各特（Walter Scott）[1]的一本小说扔

[1] 沃尔特·司各特（1771—1832），苏格兰历史小说家、诗人。——译者注

掉且大吼说："这家伙是为了钱写东西。"然而他在处置晚期的四重奏作品时（它在市场惨遭滑铁卢），却活脱像个经验老到而固执的生意人，对于资产阶级艺术里市场和自主性的"对立统一"而言，那是最佳写照。那些沉迷于意识形态的人，正是隐藏矛盾的人，而不是像贝多芬那样把矛盾消化为对于自己的产品的意识：他即兴作出随想回旋曲《丢失一分钱的愤怒》（*Die Wut um den verlorenen Groschen*），并且从女管家催讨月薪的行为演绎出形而上学的"非如此不可"（Es Muß Sein）[1]，尝试挑起世界的重担，以此在审美的层次上扬弃世界的束缚。德国观念论的美学原理，"无目的的合目的性"（Zweckmäßgikeit ohne Zweck），反转了资产阶级艺术在社会层次上所服从的结构——市场所宣告的"为了各种目的的无目的性"（Zwecklosigkeit für Zwecke）。而在娱乐和消遣的要求下，目的终于把无目的性消耗殆尽。但是由于艺术的市场化要求无所不在，文化商品的内在经济结构也即将转移。人们在对立的社会里期望于艺术的实用性，其实本身就足以证明无用性的存在，它只是因为艺术完全屈服于实用性而被废黜。由于艺术作品汲汲于迎合需求，而骗走了人们摆脱实用性原则的机会，尽管它原本就应该那么做。我们所谓在承袭文化资产时的"使用价值"，已经被"交易价值"给取代，临场性和信息取代了欣赏的愉悦，沽名钓誉取代了鉴赏能力。消费者变成了娱乐工业的意识形态，他们完全无法逃脱它的各种体制。每个人都一定会看《忠勇之家》，正如每个人也都会订阅《生活》和《时代》杂志。所有事情都只会着眼于是否对其他事物有用，无论这个"其他事物"有多

---

[1]　"非如此不可"是贝多芬晚期弦乐四重奏（No.16，Op.135）最后一个乐章的标题。——译者注

么模糊。一切事物唯有可以交易才有价值，而不是因为自身而有价值。在消费者看来，艺术的使用价值和存在只是一种盲目崇拜，而如此的盲目崇拜，亦即艺术的社会评价（它被混淆为艺术作品的等级），变成它唯一的使用价值，是消费者唯一享受到的性质。于是艺术的商品性质因为完全实现反而倾塌瓦解。艺术变成一个商品种属，被修整改造成工业产品，可以出售和交易，但是艺术这种商品，其存在的目的是既要出售却又不准备出售，一旦生意不只是它的目的，甚至成为它唯一的原理，那么它就会变成伪善的非卖品。托斯卡尼尼通过广播的演出，在某个意义下是非卖品。人们可以免费聆听，而交响曲的每个音符都被附上崇高的广告，告诉人们该交响曲不会被广告中断："本演奏会为您公益播放。"只要联合汽车和肥皂工厂能够获利（广播电台靠他们的赞助维持营运），制造收音机的电子工业的销售增加，就已经间接达到欺骗的目的。作为大众文化的改革派后起之秀，广播一直给出某些结论，而电影的伪市场（Pseudomarkt）目前仍然拒绝那样的结论。商业广播电台的技术让它不受自由主义的偏离的影响，而电影工业在其领域里仍然容许那样的偏离。电台是私人企业，自身即代表有主权的整本，就此而论，它相对于其他个别的集团是有些优势的。切斯菲尔德（Chesterfield）只是德国国内的香烟，而广播却是它的传声筒。在文化产品完全同化到商品领域时，广播却不想把它的文化产品当作商品去供应。在美国，广播并不对大众收费，于是它赢得了无私、超党派、权威的虚伪地位，其实和法西斯主义正好是一丘之貉。在法西斯主义的国家里，广播成了领袖无所不在的嘴巴；在街上的扩音器里，他的声音就像是塞壬女妖预言恐慌的鬼哭狼嚎，当然现代的竞选宣传也不遑多让。纳粹党自己也知道，广播成了他们的主张的化妆师，正如报纸之于宗教改革。宗教社会学所发明的领袖的形而上学似的个人魅力（Charisma），原来只是无所不在的广播演说而已，是对于圣灵的全在（Allgegenwart）的东施效颦。他的演说抵达每个地方，这个巨人般的事实取代了演说的内容，就像托斯卡尼尼的广播演出的慈善行为取代了广播的内容，也就是交响曲。听众无法把握演说的真正脉络，反正领袖的演说也都是谎话。把某人的话语当作绝对命令，犹如假诫命一般，是广播的内在倾向。推荐也变成了命令。相同的商品，换个品牌就来再次推销。播音员在《茶花女》（*La Traviata*）和《黎恩济》（*Rienzi*）的序曲之间以圆润的声音播报有科学基础的泻药广告，实在荒唐可笑，令人难以置信。总有一天，那看似有选择机会的产品的"大独裁者"，也就是特定的广告，可能会变成领袖公开的命令。在法西斯主义甚嚣尘上的社会里，他们都同意应该提供哪些社会产品以满足人民的生活所需，但是要他们推荐使用某种肥皂粉，则显得不合时宜。领袖只会以更现代而开门见山的方式，直接命令进行大屠杀，或是供应劣质品。

现在艺术作品和政治口号一样，经过文化工业的包装，降价推销给不情愿的大众，那些作品就像公园一样，每个人都可以享用。但是它们真正的商品性质的瓦解并不意味着它们在自由社会的生活里被扬弃了，而是说保护文化资产免于贬值的最后一道屏障也倒塌了。以清仓拍卖的方式废除受教育的特权，并没有带领人们抵达他们以前无法进入的地方，反而是在既存的社会条件下助长了教育的堕落，到处充斥着粗鄙而漠不相关的东西。在19世纪、20世纪之交，若是有人花钱去看戏或听音乐会，那些表演至少会值回票价，赢得他的尊敬。希望得到某些回馈的市民，或许也会想和作品建立某种关系。关于瓦格纳的音乐剧（Musikdrama）所谓的入门书以及《浮士德》的评注就可以证明这点。它们首先转向作品的传记，以及影响现代艺术作品的其他惯例。即使在艺术市场方兴未艾的时候，交易价值也没有把使用价值当作附属品拖着走，而是把它当作自己的预设去发展；从社会的角度去看，这对艺术作品有好处。只要艺术一直是昂贵的，就会给市民带来某些限制。但是那已经是过去的事了。现在既没有什么限制，也不必花钱，艺术和消费者的零距离却助长了彼此的疏离，他们打着志得意满的物性（Dinglichkeit）的标语彼此模仿。在文化工业里，尊敬和批评一样销声匿迹：批评被机械专业给取代，而尊敬则让位给健忘的明星崇拜。对于消费者而言，不再有任何昂贵的东西。但是他们隐约知道，东西的价格越低，就越不像是礼物。人们把传统文化视为意识形态，而把工业文化视为骗局，这双重的不信任彼此掺杂着。堕落的艺术作品被当作附加物，媒体把它比喻为废物，而被消费者在心里厌弃。他们应该很高兴自己看了这么多，听了这么多。的确，他们可以拥有一切。电影院里的抽奖游戏和杂耍、听短曲猜歌名的竞赛、免费报刊、某些广播节目赠予听众的奖品和礼物，都不只是附带项目，而是文化产品本身的延续。交响曲变成收听广播的奖赏，而如果科技有自己的意志的话，电影早就会效法广播传送到公寓里去。它会趋向"商业广告体系"。电视暗示着一条发展道路，很容易就可以把华纳兄弟公司推向小剧场和文化保守派的立场。但是在消费者的行为里早就反映出奖品的本质。由于文化被表现为一种对个人和社会无疑都有益处的红利，因此文化的熏陶就变成纯属侥幸的事。人们争先恐后，生怕错过了什么，尽管不清楚那是什么东西，但是唯有不放过它，才有机会。然而法西斯主义却伺机把那些受文化工业训练的接收礼物者整编为它的正规党众。

* * *

文化是一种吊诡的商品。它完全受制于交易法则，以至于不再被交易；它盲目地同化于使用，因而再也无法被使用。于是它和广告融合在了一起。广告越是显得毫无意义地被垄断，文化就越无所不能。它的动机都是经济考虑。大家都很清楚，没有整个文化工业也可以活得下去，它让消费者们太厌腻而反感了。而文化工业无法靠自己去扭转局势。广告则是它的救命仙丹。但是文化工业的产品不断把文化商品的乐趣简化为对公众的单纯承诺，于是最后因为它的贫乏无趣而和广告趋于一致。在竞争的社会里，广告负责社会性的服务，引导市场里的购买者，让选择简单一些，帮助更有效率却寂寂无名的供货商把他们的商品提供给正确的人。广告不仅不会耗费劳动时间，反而可以节省它。现在既然没有所谓的利伯维尔场[1]了，系统的宰制就躲在广告里头。它努力巩固消费者和企业集团的关系。唯有那些能够持续支付广告代理商（尤其是广播）离谱费用的人，唯有那些经由银行或企业资本的决定而身处其中或被笼络进去的人，才能够以卖家的身份进入假市场。广告的支出最后还是会流回企业集团的口袋里，却可以省下打压那些讨厌的局外人的麻烦工作；广告确保权威人士都是他们的同伙，就像是在极权国家里以经济会议去控制企业的开设和持续经营。现在的广告是一种否定性的原理，是一个障碍设施：任何没有它的通行标记的东西，在经济

---

[1] 19世纪黑奴贸易盛行时，西方殖民者在非洲加蓬河口北岸建立了一座城市，取名利伯维尔（Libreville），意为"自由"，其中的市场即被称为"利伯维尔场"，后来引申为"自由市场"的意思。——译者注

上都是不正当的。要让人们认识选择有限的商品种类，并不一定需要无所不在的广告。它只会间接帮助销售。某一家公司撤掉一则流行的广告，那意味着它丧失了声望，实则意味着抵触了首领对他的党羽制定的教条。在战时，已经停止供应的商品却继续打广告，那只是要宣示工业的力量而已。在战争时代，媒体对于意识形态的资助，比重复宣传产品名称更重要。每个产品在系统的压力下都得利用广告技术，于是广告技术大举入侵文化工业的惯用语和"风格"。它铺天盖地的胜利也使得它在关键的地方不再那么显著：大企业的宏伟建筑，聚光灯下的石板广告，只是在大楼塔顶很简洁地闪耀着公司的缩写字母，都称不上广告，也不需要怎么自吹自擂。相反地，19世纪留下来的房子，其建筑仍然很丢脸地看得出以居住为目的的实用性消费品性质，而现在的建筑却从一楼到顶楼都覆满了海报和标语，风景也只是广告牌和符号的背景。广告完全变成了艺术，诚如戈培尔（Goebbels）[1]有先见之明地把它们画上等号："为艺术而艺术"（l'art pour l'art），为广告而广告也变成了社会力量的单纯展现。在美国权威杂志《生活》和《财富》里，走马观花浏览的话，广告图片和文字几乎与社论的部分没什么分别。所谓的社论无非是关于明星的生活习惯和美容保养煽情且免费的图文报道（此举还可以为他们赢得更多的影迷），而广告页则以非常专业且生动的摄影和报道为基础，甚至表现出原本应该是社论要追求的信息理想。每一部电影都是下一部的预告片，相同的男女主角在相同的异国情调的太阳下再次相遇：迟到者也搞不清楚那是预告片还是已经开演了。文化工业的蒙太奇性质、其产品的合成和

---

[1] 戈培尔（1897—1945），纳粹德国宣传部部长，以激情的反犹主义演讲而闻名，战败后自杀身亡。——译者注

管控的生产方式，让摄影棚变得像工厂一样，低俗的传记编辑、虚
假的纪实文学、流行歌曲，也都在刻意模仿广告：任何个别情节都
可以删除、替换，甚至抽离其意义脉络，因而也可以献身于作品以
外的其他目的。电影效果、特技，孤立而可以重复的个别演出，自
始即和以广告为目的的商品展示共谋。现在每个电影女明星的特写
都变成了她的名字的广告，每一首流行歌曲也变成歌曲旋律的插播
广告。广告和文化工业无论在技术还是经济层面都融合在一起了。
在广告和艺术里，到处都看到相同的东西，同一个文化产品的机械
性重复已经变成它的宣传口号的重复。基于效果的需求，技术变成
心理技术，以操控人类行为的程序。它们也同样强调显著而熟悉、
简单而引人注意、老生常谈却简单明了的规范；在广告和艺术里，
一切都要用来征服心不在焉或抗拒的消费者。

　　消费者通过自己所说的话语，也助长了文化的广告性质。语
言越是被溶解到沟通里，话语就越容易从实质的意义载体变成缺乏
性质的符号，话语越是单纯而透明地传达它们的意思，就会同时变
得越不透明。语言破除神话，作为整个启蒙历程的元素，却往回摆
荡到巫术里去了。在以前，话语和内容彼此有别且不可替换地结合
在一起。概念就像悲伤、历史（甚至生活）一样，都在话语里被认
识到，话语突显且保存它们，话语的形态既建构又反映它们。而两
者的断然决裂，把语词本身解释为纯属偶然，把语词和对象的指派
关系解释为任意的，因而排除了语词和事物的迷信混淆。在既定
的语音序列里，如果逾越了相关关系（Korrelation）[1]而暗示着
被意指的事件，就会被斥为语焉不详或是"语词的形而上学"。如

---

[1] 相关关系指两个语音序列之间的系统关系。——译者注

此一来，只有指称作用（bezeichnen）而无法意谓（bedeuten）任何事物的语词，便完全固着于对象，以至于僵化为惯用语。而语言和对象同样都受到影响。纯粹化了的语词不仅无法让人体验到对象，甚至把对象显露为抽象的环节，而一切其他的东西，基于严酷的明确性要求而被迫放弃的语词用法，也逐渐在现实里凋萎。足球的左边锋（Linksaußen）、黑衫军（Schwarzhemd）[1]、希特勒青年团（Hitlerjunge），以及诸如此类的语词，都不再是当时所指称的意思。如果语词在理性化以前所解禁的不只是渴望，还包括谎言，那么在理性化以后，它所禁锢的与其说是谎言，不如说是渴望。数据（Daten）本身的盲目和模糊（实证论把世界简化为数据）过渡到自限于记录数据的语言本身。于是符号本身变得难以捉摸，它们得到一种冲力，一种附着和排斥的力量，使它们类似于它们的对立物，也就是咒语。它们的作用又回到某种巫术习俗，无论是在摄影棚里根据统计的经验编造女主角的名字，或是以禁忌的语词（如"官僚"或"知识分子"）去转移福利政策的焦点，还是以国家之名掩饰卑鄙的行为。在以前，巫术总是和名字有关，而现在的名字却经历了一次化学变化。名字蜕变为任意的、可操弄的符号，它们的作用是可以计算的，但正因为如此，它们就像古代的名字一样武断专横。古老而被废弃了的名字，被套用到广告的品牌（电影明星的姓氏也变成名字），或是被集体标准化，因而一时蔚为流行。相反地，资产阶级的姓氏听起来很过时，它们并没有变成商品的品牌，却因为突显了他们的出身而使他们个性化。这让某些美国人很不自在。为了掩盖个人彼此之间很不舒

---

[1] 意大利在1919年成立的准军事组织，最开始时以对政府不满的退伍军人为主，后来成为墨索里尼的政治工具。——译者注

服的距离，他们称自己为鲍勃（Bob）或哈利（Harry），就像球队里随时可以被替换的队员。这种大学生的习惯称呼把人类的关系简化为运动员之间的兄弟关系，让他们回避真正的兄弟关系。在语意学中，语义是语词的唯一功能，它以记号的形式完全实现了。语言模式通过自上而下流通的便捷性，更加增强了它的记号性质。如果说民歌被称为上层阶级沉淀下来的文化资产，无论是否适当，它们的元素也必须经过漫长的经验中介历程才能成为现在流行的形态。相反地，流行歌曲的传播却是一下子就发生的。美语里所谓会传染的"风尚"（fad）——被高度集中的经济力量点燃，即指称该现象，它早在极权的广告主管为各自的文化主轴定调以前就存在了。如果德国法西斯主义者有一天通过扩音器散布"难以忍受"（untragbar）这个词，翌日整个民族就都会说"难以忍受"。而循着相同的模式，受到德国闪电战（Blitzkrieg）攻击的国家，也会把它当作他们的术语。某个名称到处重复，立刻就会让人熟悉它，如在利伯维尔场的年代里，朗朗上口的商品名称会增加它的销售。被指定的语词盲目而快速地散播重复，把广告和极权主义的口号结合了起来。让语词变成说话者的语词的经验层次被掏空了，而在不假思索的使用当中，语言渐渐变得冷酷，那种冷酷只有在现在的广告牌或报纸广告栏上面才看得到。无数人使用语词和习惯用语，不是根本不清楚其意义，就是只根据行为主义式的功能去使用，就像商标一样，它的语言意义越是模糊不清，就越加强迫性地附着于商品。负责公共宣传的教育部长很无知地谈论"动力"（dynamische Kräfte），流行歌曲不停地唱着"幻想曲"（rêverie）和"狂想曲"（rhapsody），把它们的流行附着在无法理解的东西的魔术上面，仿佛是对于更高的生命的敬畏。其

他诸如"回忆"（memory）的陈词滥调，人们虽然还有点懂它的
意思，却已经和真正的经验脱节。它们像飞地（Enklaven）一般
闯进日常语言里。在弗雷奇[1]和希特勒的德国广播里，可以听出来
播报员装模作样的标准德语腔，他们用数百万人的家乡腔调说"各
位听众再见"、"这里是希特勒青年团空中广播"甚至"领袖"。
在这些用语里，沉淀的经验和语言最后的关系被切断了，那个关系
在19世纪的方言里还有一些和解的作用。而在借着柔软身段当上
纳粹时期的主编（Schriftleiter）手里，德语已经僵化成外国语。
我们可以看到每个字被法西斯主义的"民族共同体"恶整到什么程
度。当然，这种语言已经渐渐变得无所不在而且极权专制。人们在
语词里再也听不到它们所遭受到的暴力。广播播报员不再需要装腔
作势地讲话；是啊，如果他的腔调不同于他的听众，那么他根本不
可能当上播报员。但是正因为如此，听众和观众的语言和姿势的调
性（至今没有任何实验方法可以探讨），比从前更加严重地被文化
工业渗透。现在，文化工业承袭了拓荒者和企业家的民主的遗产，
他们对于文明的脱轨的感受并不很细致。每个人都可以自由跳舞自
娱，正如自从宗教失去对于历史的影响以后，每个人都可以自由加
入无数教派之一。但是意识形态的选择自由（它总是反映出经济的
束缚）到处都被证明其实是选择"一成不变"的自由。少女基于义
务出去约会，在电话里和亲密场合里的声调，在谈话时的遣词用
字，根据大众化的深层心理学范畴去分类的内心生活，都证明我们
试图把自己变成能够成功的工具，在本能深处正好符合文化工业表
现出来的模式。人类最亲密的反应已经完全被物化，以至于关于他

---

[1] 汉斯·弗雷奇（Hans Flesch, 1896—1945），德国广播史上的传奇制作人，曾进
　　行过多种形式奇特的广播实验。——译者注

们的特质的观念变成极端的抽象性：对他们而言，人格无非意味着闪亮洁白的牙齿，以及可以免于狐臭和各种情绪的自由。这是文化工业里的广告的胜利，消费者不由自主地模仿那些被他们识破了的文化商品。

反犹主义的元素：
启蒙的各种限制

Elemente des Antisemitismus :
Grenzen der Aufklärung

一

　　现在的反犹主义对某些人而言是攸关人类命运的问题，而对另一些人而言则只是一个借口。对于法西斯主义者而言，犹太人不是一个少数民族，而是敌对的种族，是否定性的原理本身；如果要世界幸福，就必须消灭他们。与此极端对立的命题，则是主张说，犹太人摆脱了国家和种族的特征，是一个仅仅由信仰和宗教构成的团体，犹太人的特质和东正教的犹太人有关，而且仅仅指尚未被同化的犹太人。两者的学说既真且伪。

　　第一个说法之所以为真，是在于法西斯主义让它为真。犹太人无论在理论还是实践上，都是一个很容易招惹毁灭意志的团体。那样的毁灭意志是出了错的社会秩序自己产生的。他们被绝对的恶贴上绝对的恶的标签。因此，他们的确是被拣选的民族。尽管人们不再为了经济而需要统治权，犹太人仍然被定义为统治的绝对客体，只是为了被统治而存在。劳工当然是统治的主要目标，因此不会被指着脸那么说；黑人必须待在他们所属的地方；但是犹太人必须从地球上被清除掉；而在所有国家可能的法西斯主义者心里，都可以听到把犹太人当作害虫予以消灭的回声。当种族主义者在世界面前树立犹太人的形象时，就表现出他们自己的本质。他们所渴求的是绝对的占有、剥削、无限制的权力，无论任何代价。犹太人背负着种族主义者的罪，被嘲笑为统治者，被种族主义者钉在十字架上，不断重复着种族主义者也无法相信其力量的献祭。

而另一个自由主义的命题为真，在于它只是个理念。它包含一个社会的想象，在其中，愤怒不再自我复制或寻求发泄的性质。但是自由主义的命题假设着人类的统一在原则上已经实现，因此被用来为现状辩解。试图以少数族群政策和民主策略去转移迫在眉睫的威胁，就像仅存的自由主义资产阶级的防卫策略一样模棱两可。他们的软弱招致了仇视软弱者的敌人。犹太人的存在和现象以不充分的适应力去和既存的普遍性妥协。他们一成不变地坚持自己的生活秩序，让他们和流行的生活秩序处于一种不确定的关系中。他们期待那种生活秩序能够照顾他们，却不必臣服于它。他们和统治者的民族的关系掺杂了贪婪和恐惧。但是每当他们放弃与统治者的差异时，看到的却是发迹的犹太人冷漠而愤世嫉俗的性格，而这种性格正是现在社会强迫人们接受的犹太人特征。启蒙和权力之间辩证性的交织纠结，暴行和解放的进程的双重关系，犹太人在伟大的启蒙者和民主的群众运动那里已经有深刻的领悟，也在被同化者的本质里突显出来。顺服的犹太人以启蒙的自我克制去压抑记忆里寄人篱下的痛苦烙痕，那就像第二次割礼一般痛苦。如此的自我克制让他们走出自己剥蚀倾圮的小区，毫无保留地迎向现代的资产阶级，而他们都会遭到单纯的压迫，并且重新组织为完全排他的种族。种族不是像民族主义者所说的直接而自然的特殊体。相反地，它是被简化为自然的东西，简化为单纯的暴力、褊狭的排他主义，而那样的排他主义在现状里却是普遍的现象。现在所谓的种族是被并到野蛮的集体里的资产阶级个体的骄矜自大。自由派的犹太人所信仰的社会和谐，最后变成了纳粹的民族共同体。他们认为是反犹主义扭曲了秩序，但是其实如果秩序不扭曲人性，就不可能存在。对犹太人的迫害和所有其他的迫害一样，都和这种秩序密不可分。其本质就是现在昭然若揭的暴力，尽管它在以前隐藏得很好。

二

反犹主义作为一种群众运动，总是像它的发起者抨击社会民主党时所说的：一竿子打翻一船人。没有命令权力的人，没有比老百姓好到哪里去。从德国的公务员到哈莱姆区的黑人，贪婪的钻营者心里都知道，他们终究会一无所获，只能看到别人同样一无所有而幸灾乐祸。犹太人属性的雅利安化反正只对上层有好处，它给第三帝国的群众带来的福祉，还没有哥萨克骑兵在犹太人小区洗劫到的微薄战利品来得多。真正的好处应该是那似懂非懂的意识形态。证明种族主义的药方无益于经济，并不会削弱它的吸引力，反而会增强它，这个事实指出了其真正的本质：它对人类并没有帮助，反而刺激了人类的毁灭冲动。种族主义者真正的获利，是由集体批准他们的愤怒。他们在其他方面越是徒劳无功，就越会拒绝认清事实，而执着于他们的运动。批评反犹主义并无裨益，对于它似乎没什么影响。对于老百姓而言，它其实是个奢侈品。

反犹主义对于统治者的好处则非常明显。它被用来转移焦点，当作卑劣的贪污工具和恐怖主义式的杀鸡儆猴。体面的人掩护它，而声名狼藉的人则去执行它。然而，在反犹主义里突显出来的精神形态，无论是社会的精神还是个人的精神，以及反犹主义极力要摆脱的原始社会和历史的纠结，却始终很模糊。如果知识无法解释深植文明里的苦难，那么个人也无法通过知识去平息它，尽管他和受难者都很乐意那么做。形形色色的理性的、经济的、政治的解释和反驳，尽管它们的说明都没有错，却仍然无法给人们慰藉，因为和统治结合的理性就隐藏在那苦难里。无论是盲目的侵害还是盲目的防卫，迫害者和受害者都在同一个悲惨的循环里。当被炫惑且被剥夺主体性的人们被当作主体而释放的时候，就会引发反犹主义的行为模式。对于当事人而言，他们的行为是致命却没有意义的反应，而行为主义者只能指认它，却无法解释为什么。反犹主义是一个反复演练的结构，是的，它是一个文明的仪式，而对犹太人的大屠杀则是真实的活人祭祀。他们证明了那些曾经可能羁绊他们的东西的软弱无力：反省、意义以及真理。在杀人的幼稚消遣里，彰显了人们习以为常的单调生活。

有人把反犹主义解释为某种出气筒，而反犹主义的盲目和无目的性则让这种解释多少有点道理。愤怒发泄在惹人注目而又手无寸铁的人身上，而受害者则根据排列顺序不停地轮替——吉卜赛人、犹太人、基督新教徒、天主教徒，他们都可以成为凶手，也都有一样盲目的杀人欲望，只要他们觉得自己有权力制定规范。世界上并没有真正的反犹主义者，当然也没有天生的反犹主义者。以要求犹太人的血的呼声为第二天性的成年人，和引起流血事件的年轻人一样不知道理由何在。而知道内幕的高层的教唆者，他们既不憎恨犹太人，也不爱他们的群众。而在经济或性爱方面始终得不到回报的群众，却怀着无止境的仇恨；他们不能忍受仇恨的缓和，因为他们不知道满足为何物。因此，那鼓舞着有组织的强盗杀人的，其实是一种动态的观念论。他们四处劫掠，并且为此编造了冠冕堂皇的意识形态，佯称要拯救家庭、祖国和人类。但是他们终究是被欺骗者，而他们也早就隐约感觉到了，他们原本要用来合理化其劫掠行为的卑鄙动机，便完全销声匿迹了，而合理化的企图也就事与愿违。黑暗的本能自始即比理性更对他们的胃口，于是完全控制了他们。理性的小岛被淹没了，而殊死抵抗者则成了唯一捍卫真理的人，他们在地球每个角落担当重建者的角色。所有活着的东西，都成了他们所讨厌的义务的材料，而那样的义务也更加肆无忌惮。行为变成了目的本身，正好掩饰了自己的无目的性。反犹主义一开始总是喊着要绝对实现任务，而且反犹主义和极权主义自始就是一丘之貉。盲目笼罩了一切，因为它什么也不懂。

　　自由派准许犹太人拥有财产，但是不给他们行使指挥权。所谓人权的意义只是在于，即使没有给予权力，也能够承诺幸福。因为被欺骗的群众隐约察觉到，尽管这个承诺是普遍性的，但是只要有阶级存在，就始终是个谎言，于是义愤填膺；他们觉得被嘲弄了。他们必须不断压抑对于那种幸福的想法，即使只是可能性或理想。那个想法越是近在眼前，他们就越是极力否认它。每当它在万念俱灰里似乎要实现的时候，就会被重复压抑，而那压抑正是他们自己的渴望。无论那重复压抑的动机是什么，无论它多么不幸，亚哈随鲁王（Ahasver）[1]和迷娘（Mignon）[2]、让人想起应许之

---

[1]《旧约·以斯帖记》中记载的一位波斯国王。——译者注

[2] 19世纪法国剧作家昂布鲁瓦·托马斯（Ambroise Thomas，1811—1896）的歌剧作品《迷娘》的女主角。该故事取材于歌德的《威廉·麦斯特的学习时代》，大致的情节是：迷娘从小被吉卜赛人拐走，在吉卜赛杂耍剧团跳舞时备受欺凌，后被一位路过的老艺人解救。——译者注

地的异国情调、让人想起性爱的美、因为杂交的联想而让人反感的野兽，都一再让文明社会生起毁灭的欲望，而他们也始终无法完全实现痛苦的文明历程。饱受折磨的自然向那些不由自主地想要控制它的人挑衅地映现出"没有权力的幸福"的假象。"没有权力的幸福"的想法叫人难以忍受，因为那种幸福根本不是幸福。人们怀疑贪婪的犹太银行家资助布尔什维克党其中必定有什么阴谋，那其实是与生俱来的无力感的象征，而所谓好的生活也成了幸福的象征。其中更掺杂了知识分子的形象，他们似乎总是在思考别人不敢想的东西，而不必挥汗辛勤劳动。银行家和知识分子、金钱和灵魂、各种循环指数，都是那些被权力给残害的人所否认的一厢情愿的形象，而权力则以这些形象让自己永垂不朽。

三

在现在的社会里，原始的宗教情操、新兴教派以及各种革命的余绪，都在市场上叫卖，法西斯主义的领袖则在密室里出卖国家和民族，而被收音机哄骗的群众则帮忙算钱。即使是揭发社会真相的言论，也只是为了加入某个政治活动而已。在现在的社会，政治不只是一个生意，甚至生意就是整个政治。这个社会对于犹太人落伍的叫卖嘴脸感到愤怒，把他们称为享乐主义者，说他们锱铢必较，说他们会屈服于那些把生意奉为圭臬的狂热者。

资产阶级的反犹主义者则有特殊的经济理由：在产品里掩饰其宰制。如果说，在以前的时代里，统治者采用直接的高压统治，好让他们不只是役使臣民而已，还要宣布赋役是必须服从的屈辱，那么在重商主义里，绝对的专制就蜕变为那些最大的工厂老板。产品也可以登上大雅之堂。最后，就像资产阶级一样，老板们也脱掉他们五颜六色的长袍，换上平民的衣服。他们说劳动并不可耻，如此他们才能更理性地剥削别人。他们把自己列为生产者，其实仍然像以前一样，只是个掠夺者。工厂老板也像巨商富贾或银行家一样投机牟利。他们会计算、采购、买入、卖出。他们在市场上和那些将本求利的商贾竞争。然而他们掠夺的场所不只是在市场，也在市场的源头：作为整个阶级的代表，他们要负责让劳动成果不虞匮乏。劳工必须尽可能地大量生产。就像真实世界里的夏洛克（Shylock）[1]，他们坚持其契约。就因为拥有机器和原料，他们役使别人生产。他们自称是制造者，但是他们和大家都心知肚明。资本家们的生产工作，无论他们把获利解释为企业经营的报酬（就像自由主义者所说的），还是现在集团总裁的薪水，都是一种意识形态，企图隐藏劳动契约的本质以及经济体系的掠夺性质。

此即为什么人们要指着犹太人大喊："拦住那个小偷！"犹太人其实是替罪羊，那并不是个别的战术或阴谋，而是要把整个阶级的经济罪恶都归咎于他们。工厂老板在工厂里监控他的债务人，也就是劳工，并且在给钱以前先核查他们的绩效。直到他们发现用那些钱可以买什么东西的时候，他们才会明白到底发生了什么事：规模最小的企业老板拥有的服务和货物，也都多过以前的统治者；而劳工则得到所谓的最低薪资。他们已经从市场里体验到他们可以分配到的东西少得可怜，但是这还不够，业务员继续推销他们负担不起的商品。只有在工资和物价的相对关系里才能看出劳工被剥夺了什么。他们领了工资，就必须接受合理报酬的原理，商人可以对他

---

[1]《威尼斯商人》中放高利贷的犹太商人。——译者注

们出示其和工厂老板签发的汇票。商人是整个体系的执行官，把对别人的非议都揽在身上。所谓流通领域要为剥削负责，其实是社会的必然假象。

犹太人并不是唯一盘踞流通领域的民族，但是他们沉陷得太久了，以至于无法在其结构里反映对于该领域的仇恨。不像他们的雅利安族同伙，犹太人总是无法占据剩余价值的源头。他们历经艰难，直到后来才获准拥有生产工具。当然，在欧洲历史甚至德意志帝国里，受过洗礼的犹太人在政治和工业方面都很有成就。但是他们必须以加倍的奉献、勤奋不懈和固执的克己自制，才能够证明他们的成就。他们必须以行动默认那些对于其他犹太人的判决，才能够让自己被接受，此即施洗的意义。犹太先贤们的所有伟大事迹，都不足以让欧洲民族接纳犹太人。人们不让犹太人落地生根，却又因此骂他们是没有根的民族。他们一直是被庇护的犹太人，臣属于国王、诸侯或专制国家。犹太先祖曾经在经济上领先那些落伍的民众。由于统治者可以利用犹太人当作中间人，于是保护他们免于群众的攻击，而那也是群众必须为进步负担的代价。犹太人是进步的拓荒者。自从他们以商人的身份帮助罗马文明传播到欧洲基督教世界，坚持着先祖的宗教的他们就一直是城市的、资产阶级的和产业的情况的代言人。他们把资本主义的生活形式带到每个国家，也招致在那种生活底下受苦的人们对他们的憎恨。为了经济的进步（现在则是他们没落的原因），犹太人自始就是那些被资本主义剥夺社会地位的工匠和农夫的眼中钉。犹太人排他的、特殊神宠论的特性，如今也让他们自食其果。那总是要当第一的人，现在被抛在了后头。有个美国娱乐集团的犹太总裁富可敌国，他的生活却非常低调。宽长袍曾经是古代资产阶级服装幽灵般的余绪，现在它却证明了穿着它的人们已经被抛到社会边缘。那些启蒙了的犹太人，正在被除他们上古的幽灵。以前那些鼓吹个人主义、抽象法律、人格概念的，现在被贬为某个物种。以前那些千辛万苦才拥有足以保障其人性尊严的公民权的人，现在一概被称为"犹太人"。即使是在19世纪，犹太人也必须托庇于当权者。由国家保护的普通法，是他们安全的保障，而"特别法"（Ausnahmegesetz）则是他们的梦魇。即使是在他们主张权利的时候，也始终是个客体，依存于别人的仁慈和善意。做生意不是他们的天职，而是他们的宿命。犹太人是工业的骑士们的一个梦，在梦里，他们不得不扮演生产者的角色。从犹太人的"行话"就可以听出来他们对于自己的蔑视：他们的反犹主义是自我憎恨，是寄生虫的良心不安。

四

民族主义式的反犹主义总想要略过宗教。他们宣称那是种族和国家的净化。他们注意到人类早已放弃关心永恒救恩的事。现在的一般信徒和以前的主教一样狡猾。指摘犹太人是顽固的不信神者，已经不足以煽动群众了，但是两千年来驱使人们迫害犹太人的宗教仇恨，始终很难化解。反犹主义亟欲否认他们的宗教传统，反而证明了宗教其实深植于他们心中，正如以前世俗的习性也曾经潜藏于宗教狂热里。启蒙和宰制的结盟，让意识无从认识宗教的真理，却保存了宗教的物化形式。以上两种情况最后都助长了法西斯主义：控制不住的欲望在种族主义的狂热里得到宣泄，而福音教派的热诚主义的徒子徒孙模仿瓦格纳的圣杯骑士，变成了种族团体（Blutsgemeinschaft）和精英卫队（Elitegarden）的共谋者。如此，作为一种制度的宗教，既直接和体系纠缠不清，也变调为大众文化和阅兵式的骄奢淫逸。领袖和群众自鸣得意的狂热信仰，无非是以前用来驯服绝望者的残酷信仰，只不过内容已经流失了，而仅存对于不同信仰者的仇恨。在德国的基督教徒当中，爱的宗教也只剩下反犹主义。

基督教不只是犹太教的退化而已。犹太教的神从唯一神论（henotheistisch）蜕变为普世宗教形态的过程里，并没有完全抛开自然恶魔的性质。源自原始泛灵论的怖栗，从自然过渡到"绝对自我"的概念，自我认为它是自然的创造者和统治者，而意欲完全征服自然。尽管如此的异化授予它难以言喻的权力和庄严，它心里却很明白，是它与一个最高神、超越者的关系，才让它成为普世的。作为精神的神，是和自然对立的原理；他不仅和神话里的诸神一样，主司自然的盲目循环，甚至可以让自然摆脱那循环。但是他的抽象性和漠然，让高深莫测者更加可怕，而不容异己的"我是自在永在者"的坚决主张，以其无所不在的权力超越了匿名的命运对其更盲目却也因而更歧义的审判。犹太教的神则是要求他应得的东西，并且跟不履行义务者算账。他把受造者困在罪过与功绩的罗网里。相反地，基督教强调恩宠的元素，尽管在犹太教里，在神与人的圣约里，在弥赛亚的应许里，也都包含了恩宠。该元素缓和了绝对者的可怕，因为受造者在神性里重新发现自己；神的使者有个人类的名字，并且以人类的方式死去。他的福音是：你们不要害怕；在信仰面前，律法会瓦解；爱是唯一的诫命，它大过所有的权威。

但是基督教既借着该元素夺去自然宗教的魔力，也以精神化的形式让偶像崇拜复辟。正如绝对者渐渐变成有限者，有限者也被绝对化了。基督，道成肉身的圣神，是被神化的巫师。人类在绝对真理中的自我反映，借着基督实现人性化的神，是"第一个虚假命题"（proton pseudos）[1]。基督教超越犹太教的代价即是宣称耶稣那个人是神。基督教的反思性元素，巫术的精神化，要为灾难负责。对于精神而言是自然的东西，却被说成一种精神性的存在。精神就存在于有限者的骄矜自负所蕴含的矛盾的开展里。对于先知而言，于心有愧只能是一个象征，巫术则是"体变"（Wandlung）。这使得基督教成为宗教，在某个意义下，甚至是唯一的宗教：与理性的东西的理性关系，一个特别的文化领域。正如亚洲伟大的宗教体系，基督教以前的犹太教是与民族生活以及集体的自我保存密不可分的信仰。异教的献祭仪式的转型，不只影响了信仰和心灵，也决定了劳动流程的形式。献祭作为劳动的结构，也变成理性的。禁忌蜕变为劳动程序的理性规则。战争与媾和、播种和收成、下厨和宰杀牲畜，都有种种禁忌的规定。尽管那些规定可能不是源自理性的考虑，但其合理性源自那些规定。原始民族努力摆脱直接性的恐惧，因而创造了仪式制度；在犹太教里，那些仪式则净化为家庭和国家生活的神圣节奏。祭司的职责是监视仪式是否遵守习俗。仪式在统治里的功能，则彰显在神权统治的习俗里；但是基督教始终要维持其属灵性质，尽管它不断竞逐权力。在意识形态里，它以最后的献祭，也就是人子的献祭，拒绝了自我保存，却也因此把被贬抑的存有者交付给俗世。摩西的律法被废除，而他们所拥有的一切同时被转让给恺撒和上帝。俗世的权威不是被承认就是被篡夺，而基督教则是领有执照的救赎事业。他们被嘱咐要通过遵主圣范而克服自我保存的冲动。于是，自我牺牲的爱褪去了纯

---

[1] 亚里士多德在《前分析篇》中说："错误的论证是从论证所包含的第一个虚假命题中产生的。"——译者注

真，不再是自然的爱，而被记入薪资所得。以救赎的知识为中介的
爱也必须是直接的爱，自然和超自然应该在爱里和解。这就是爱的
谎言：以欺骗性的肯定去诠释自我遗忘。

那样的诠释是欺骗性的，因为教会的存在有赖于人们相信遵守
其教义会得到拯救，但无论是天主教强调的做工还是新教的信心，
都无法保证一定会得到拯救。属灵的救赎应许的无约束性，基督教
信理里头的犹太教的负面元素，巫术以及其后的教会，都由此被相
对化，天真的信徒却视而不见，对他们而言，基督宗教、超自然主
义，变成了巫术仪式和一种自然宗教。信徒们忘记了他们的信仰，
如此才能够相信它。他们让自己相信，他们自己的知识和确定性就
像占星家或灵媒一样。那不一定比精神化的神学差到哪里去。意大
利的老太太，以虔诚而纯朴的心，为了战场上的孙子而向圣热内罗
（San Gennaro）奉献一根蜡烛。比起那些不拜偶像的教宗或大主
教，老太太为圣热内罗无力抵挡的各种武器献上祈祷，或许更接近
真理一点。然而对于纯朴的人们而言，宗教本身变成了宗教的替代
品。其实在基督教的早期，人们就隐约知道了，但是只有和教会唱
反调的怪异基督徒——从帕斯卡、莱辛、克尔凯郭尔到卡尔·巴特
（Karl Barth）——才以此作为他们的神学支点。在这种意识里，
他们不仅是激进的基督徒，更是宽容的基督徒。但是其他的基督
徒，压抑该意识而又于心有愧地自称为基督徒好保住饭碗的人们，
必须以那些拒绝牺牲理性的基督徒在俗世里的不幸，去证明他们的
永恒救赎。此即反犹主义的宗教起源。儿子的宗教仇视父亲的宗
教，只因为后者知道得比他们多。那是变得冷酷而以它作为救赎的
精神对于精神本身的敌意。让仇视犹太人的基督徒愤愤不平的，正
是那抵抗不公而不把它合理化的真理，它坚持那不应得的至福，以

对抗俗世以及他们应许的救赎仪式。反犹主义应该可以证实，信仰和历史的仪式其实是由那否定了它们的正当性的仪式所合理化的。

五

"我就是受不了你——别忘了。"齐格弗里德（Siegfried）对极力要讨好他的米梅（Mime）如是说[1]。所有反犹主义者都是类似的癖性使然。社会是否能够摆脱反犹主义，取决于那癖性的内容是否提升到概念的层次，并且察觉到自身的愚昧无知。但是他们的癖性执着于特殊概念。那迎合社会目的的普遍概念则被视为属于自然的，但是没有经由概念秩序的渠道疏导到实用目的的自然。页岩石柱被刮过时的刺耳声音，让人想起秽物和腐烂的强烈气味（haut goût），辛勤劳动者额头上的汗水，那些没有完全被了解的东西，或是抵触了几个世纪以来的进步所沉淀的禁令，都让人们觉得很刺鼻而不由自主地憎恶它们。

那撩拨该癖性的各种动机让人们想到它们的起源。它们重现了生物的原始时期的片刻：让人毛骨悚然、心惊胆战的危险讯号。在癖性里，个别的感官再度脱离主体的支配；它们自动地服从于生物性的基本刺激。在这些毛骨悚然的反应里，经验到自身的"自我"也无法完全驾驭它们。在某个片刻里，它们模拟了周遭不动的自然。但是正如运动者走向不动者，发展的生命走向单纯的自然，自

---

[1] 瓦格纳四联歌剧《尼伯龙根的指环》的第三部名为《齐格弗里德》。故事情节大致是：米梅把齐格弗里德抚养长大，并为他铸剑，利用他去斩杀大蛇，还想用毒酒害死齐格弗里德，但阴谋被识破，齐格弗里德杀死了米梅。——译者注

我也和自然疏离，因为诸如达芙妮（Daphne）[1]极力要模仿的不动的自然，只能接受最外在的空间关系。空间是绝对的疏离。当人性的东西变成自然的时候，也会对自然坚硬冷酷。以惊恐行动作为保护，其实是个拟态（Mimikry）的形式。人类的惊吓反应是原始的自我保存的机制：生命为了持续所付出的代价就是模仿死去的东西。

　　文明取代了对于他者的生物性模仿，取代了真正的拟态行为，首先是在巫术时期借着有组织的拟态操作，接着是在历史时期，通过理性的实践，也就是劳动。不受控制的拟态被唾弃了。手持烈火剑的天使，把人类逐出乐园，赶到技术进步的轨道上，而其自身也成了进步的象征。几千年来，统治者努力阻止其后代子孙和臣民回归到拟态的生活方式。从宗教方面禁止拜偶像，在社会方面排斥演员和吉卜赛人，一直到教育孩子们改掉幼稚的习惯，这些都是文明的条件。社会和个人的教育加强了人们在工作方面的客体化行为模式，并且让他们不再随着周遭的自然载浮载沉。是的，所有的转向，所有的投入，都有拟态的影子。自我在坚决抵制拟态时就已经被陶塑了。自我借由其形构完成了从反射性的拟态到受支配的反省的转变。"在概念里的认知"，也就是把差异归纳到同一性里，取代了对自然的身体拟态。但是那让同一性产生的情况，无论是拟态的直接同一性还是综合作用的间接同一性，无论是在生命的盲目行动里模仿事物，还是在科学的概念结构里比较那些被物化的元素，它始终是个惊吓的情况。社会把自然威胁当作恒常且有组织的冲动而延续它，那冲动在个体里一贯地作为自我保存而重现，作为对于

────────

[1]在希腊神话传说中，达芙妮为了逃避阿波罗的追求，被河神变成了一棵月桂树。——译者注

自然的社会宰制而反击自然。科学是一种重复，雕琢为被观察到的规律性，并且保存在刻板印象里。数学公式是有意识的递归操作，就像以前的巫术仪式一样；数学是拟态极致的升华活动。科技为了自我保存而对于死去的东西的调适，不再像巫术那样经由对于外在自然的身体模仿，而是通过各种心智历程的自动化，把它们转变成盲目的流程。科技的胜利使得人性的表现既可以控制又具有强迫性。对于自然的拟态只剩下对它的冷酷无情。在现代世界里，保护色和恐吓色变成了对于自然的盲目宰制，而它等同于有远见的目的性。

　　在资产阶级的生产方式里，在所有实践里不可抹杀的拟态天性已经被遗忘了。无情地禁止回归自然变成了一个灾难，如此彻底地拒绝回归，使得人们再也记不得他们曾经拒绝过。被文明迷惑的人们，唯有别人的某些姿势或行为模式——理性化的环境里被孤立而引以为耻的残余习惯，才会让他们经验到自己被视为禁忌的拟态性格。被视为异类而遭唾弃的，正是人们太熟悉的。[1]它潜伏在被文明压抑的、直接性的、容易传染的姿态里：抚触、依偎、安慰、劝告。现在，那些感动因为不合时宜而让人厌恶。人们在谄媚顾客、威胁债务人或躲避债权人时，那些姿态似乎把长久以来被物化的人际关系重新转译为个人的权力关系。感动总是让人尴尬，而单纯的兴奋就没有那么难为情。电影院、动用私刑的暴民、领袖的谈话……所有非人为操纵的表现看起来都像是扮鬼脸。然而无纪律的拟态却是以前的统治者烙在被统治者的生活上面的印记，经由童年无意识的模仿历程代代相传，从犹太拾荒者到银行家。如此的拟态

---

[1] 弗洛伊德：《怪怖者》（*Das Unheimliche*），见于《弗洛伊德全集》，第2卷，第254、259页等。

会让人愤怒，因为面对新的生产模式，它揭露了古老的恐惧，而人们为了在那些生产模式里求生存，必须忘记那恐惧。让文明人特别愤怒的，就在于行为里的强迫性元素、施虐者和受虐者的愤怒，不分青红皂白地重现在那些鬼脸里。要命的现实回答了无力的表象，而严肃则回答了游戏。

扮鬼脸就像游戏一样，因为它不是什么严肃的工作，反而喜欢描绘让人反感的东西。它似乎是要解开存在的枷锁，以逃避生命的严肃，因此它是虚妄的。但是所谓的表现，是一个巨大力量的痛苦回响，我们在哀伤里能听到那个力量。表现总是夸大的，无论它有多么真诚，因为就像每个艺术作品一样，我们在哀号里似乎可以听到整个世界。唯有实践才是相称的。唯有实践才可以止息痛苦，而不是拟态。但是实践的结果只是张漠然不动的脸孔，而到了这个年代的尾端，就成了专家、政客、神父、导演和流氓的娃娃脸了。法西斯主义的煽动者和地方官员的叫嚣隳突，则突显了这个社会情况的另一面。他们的呐喊就像做生意那样冷漠无情。他们甚至褫夺了自然的悲鸣，并且把它变成科技的元素。演说者的声嘶力竭，就像是德军空袭的警报器一样：让人不寒而栗的惊慌叫声不断被播放。受难者最初控诉暴力的哭喊，甚至是用来指涉受难者的字眼（如法国人、黑人、犹太人），都被他们刻意用来让原本应该奋起反击的被迫害者感到绝望。他们是伪造恐慌的拟态的照片。他们在里头复制了让他们提心吊胆的权力的贪得无厌。一切都必须被利用，一切都是属于他们的。光是异己者的存在就已经够让人恼火的了。每个异己者都"很碍眼"，因此得告诉他们要安分一点，承受那不受控制的恐惧。要让寻找庇护所的人永远找不到；那些诉说出每个人渴望的东西（和平、家乡和自由）的人，就像游牧民族和流浪汉一样，早就被剥夺了定居的权利。人们害怕什么东西，就会被施加其身。他们即使是死了，也不得安息。墓园的破坏不是反犹主义的脱轨行为，它就是反犹主义本身。被流放者不由自主地唤醒人们想要流放他们的冲动。暴力留在他们身上的烙印永不止息地点燃暴力。想要过着如草木般的生活的人们，必须被铲除掉。低等动物慌不择路的成群逃窜反应，被刑求者的痉挛表情，切实表现了受苦难的生命无法控制的东西：拟态的冲动。在动物的垂死挣扎里，在自由的另一个极端，自由就像物质被粉碎了的命运一般，势不可挡地照射进来。号称反犹主义的动机的癖性，便是要抵抗那自由。

　　政治的反犹主义所驾驭的心理力量，正是这个被理性化了的癖性。"领袖"及其党羽习以为常的所有借口，都可以让人们很崇拜地向拟态的诱惑让步，而不必公开抵触现实原则。人们可以很讨厌犹太人而又不断地模仿他们。没有哪个反犹主义者在血液里不曾想要模仿他们所谓的犹太人性格。而拟态的密码不外是：好辩的手势、以抑扬顿挫的语调不假思索地描绘某个事件或感觉、鼻子、相面术的"个性化原理"，犹如一种文字，把个人的特殊性格写在脸上。在嗅觉的模糊偏好里，残存着对于卑下的东西的古老渴望，亦即渴望与周遭的自然、土地和污泥直接统一。在所有感官里，嗅觉的行为，亦即被吸引却没有明确的对象，是最官能的冲动，渴望沉醉在他者里头并且成为一体。这就是为什么气味既是知觉也是知觉对象（两者在嗅觉行为里合而为一），比其他感官更加丰富。在观看时，我们仍然是我们自己，但是在嗅觉行为里，我们被溶解了。因此，文明认为气味是个羞耻的东西，是下层社会、弱势种族和低等动物的记号。对于文明人而言，只有在为了真正的或表面的实用目的而以合理化的方式搁置禁忌时，才会被准许沉醉在这种欲望里。当人们信誓旦旦要根除那欲望时，他们却可以沉湎于被蔑视的欲望。这就是玩笑或恶作剧的现象。它是对于真正成就的东施效颦。人们把拟态的作用戏称为被轻视的或妄自菲薄的东西。猛嗅着"坏"气味而想要除去它们的人们，不妨把嗅觉比拟为内心的欲望，也就是从气味本身得到非理性的快感。文明人无条件地认同于惩忿窒欲的机制而为被抑制的冲动消毒，由此予以放行。当它跨越门槛时，嘲笑就出现了。这就是反犹主义的反应方式的模式。当统治者解除禁令时，反犹主义者齐聚庆祝，只有在这个时刻，他们才成为一个团体，才构成一个物以类聚的社群，他们的怒吼才变成井然有序的笑声。指控和威胁越是残酷，愤怒就越强烈，嘲笑也就越尖酸刻薄。愤怒、嘲弄和被毒化了的模仿，其实是同一个东西。法西斯主义的口号、仪式性的教条以及整个整齐划一而非理性的工具的意图，即在于使模仿的行为成为可能。挖空心思想出来的符号适用于一切反革命行动，死者的头颅和假面具、野蛮的鼓声、话语和手势的单调重复，都在有组织地模仿巫术习俗，是对于拟态的拟态。"领袖"以其演技拙劣的表情以及歇斯底里的领袖气质"领舞"。他在表演里是个代理人，扮演其他人在现实里不被允许的角色。希特勒可以扮成小丑，墨索里尼唱歌就像乡下男高音一样荒腔走板，戈培尔伶牙俐齿，活脱像他力主屠杀的犹太商人，科夫林[1]像救主一样宣讲爱的教义，但他描绘十字架苦刑，只是让人们流更多的血。法西斯主义之所以是极权主义，也在于它千方百计要让被压抑的本性对于统治的反叛直接为统治所利用。

---

[1] 查尔斯·爱德华·科夫林（Charles Edward Coughlin，1891—1979），被称为"广播牧师"，在20世纪30年代，大约1/4的美国人收听他的每周广播。他在节目中鼓吹反犹主义，支持希特勒和墨索里尼的相关政策。——译者注

　　这个机制需要犹太人。他们刻意被提高的能见度，就像磁场一样影响到基督教文明里的嫡子。落地生根的基督徒从他们和犹太人的差异里看到他们共同的人性面，却因此在他们心里引发了对立和陌生的感觉。于是，那些禁忌的、悍然与劳动抵触的冲动，被转换成对应的癖性。作为自由主义意识形态下最后一个被欺骗的骗子，犹太人的经济地位却没有给予他们自己可靠的保护。他们由于早已习惯了那种心理感应的产生，也就不由自主地顺从这些作用。这种心理和被法西斯主义李代桃僵的反叛本性有共同的命运：既盲从又敏锐地利用了它们。无论那些会造成恶性传染的拟态特质是否真的属于作为个体的犹太人，还是只是被强加在他们身上，那都无关紧要。如果握有经济力量的人终于不再害怕聘任法西斯主义的辩护人，就会自动有所谓"民族共同体"建构起来和犹太人分庭抗礼。当统治者渐渐和本性疏离，却因而回到单纯的本性的时候，就会牺牲犹太人。他们会指控犹太人施行被禁止的巫术以及血腥的仪式。原住民潜藏的渴望回到拟态的献祭习俗，伪装为控诉，在他们的意识里借尸还魂。被文明终结掉的原始时代的残忍习俗，一旦作为一种理性的利益，经由投射到犹太人身上而被平反，就再也无法制止了。它可以在现实里大行其道，他们的恶行尤甚于被投射的罪行内容。民族主义幻想诉说犹太人的罪状，说他们杀婴、虐待、荼毒民族、进行国际犯罪，正好定义了反犹主义无法实现的梦想。一旦发展至此，光是"犹太人"一词，似乎就代表了血腥残酷的鬼脸，其形象就展开在纳粹党的旗帜上（结合了骷髅头和被碾过的十字架）；称某个人是"犹太人"，差不多就是无所不用其极地诋毁他，直到他符合该形象。

　　文明是社会对自然的征服，又把一切都转化为单纯的自然。

犹太人在一千多年来也参与其中，无论是启蒙运动还是犬儒主义。他们是现存最古老的父权制先祖、一神论的化身，他们把禁忌转化成文明的规箴，而当时其他民族还沉溺在巫术里头。基督徒始终徒劳无功的，犹太人似乎做到了：利用巫术自身的力量废黜了巫术，而巫术作为对神的敬拜却反噬了自己。他们与其说是摒弃了对于自然的顺服，不如说是把它扬弃为仪式的纯粹义务。如此，他们既保存了和解的记忆，又不至于经由象征让神话复辟。因此，对于进步的文明而言，他们既落伍而又太前卫，既类似而又大相径庭，既聪明又笨拙。他们作为最早的资产阶级，就那些起初被压抑的心理的冲动而言，他们并没有什么过错：无法抵抗低等本能的诱惑、对于动物和土地的冲动，以及偶像崇拜。他们因为创造了净食（Koscher）的概念，而被当作猪来迫害。反犹主义者自命为《旧约》的执行者：他们想办法让犹太人归于尘土，因为犹太人吃了知识之树的果子。

六

反犹主义以虚假的投射为基础。该投射是真正的拟态的对立面，和被压抑者关系甚深，投射或许就是一种病态性格，而病态性格就沉淀在投射里。如果说拟态是让自己肖似周遭环境，那么虚假的投射就是让环境肖似自己。对于拟态而言，外在世界是内在世界亦步亦趋的模型，好让陌生的变成熟悉的，然而投射却是把扰动的内在世界抛到外在世界去，把最亲密的朋友当作敌人。不被主体承认却仍然属于主体的一切冲动，都被归为客体，即预期的受害者。一般的偏执狂无法自由选择受害者，他们臣服于病态的法则。在法西斯主义里，该行动则被政治利用，病态的客体被定义为符合现实的东西，在一个把离经叛道变为精神病的世界里，幻觉的体系也变成了理性的标准。极权主义政权所利用的机制和文明一样古老。被人性压抑的性欲冲动，残存在个体和民族里，在想象里把周遭环境变成魔鬼的世界，借以自我保存和实现。盲目的杀人狂总会在受害者身上看到迫害者的影子，驱使他们拼命自我防卫；最有权势的有钱人觉得他最卑微的邻居是个无法忍受的威胁，尽管威胁并没有临到他身上。合理化既是一种诡计，也是不由自主的行为。当某个人被选择当作敌人时，就已经被认知为敌人了。病态是指主体无法在被投射的内容里区分属于自己的和外来的部分。

在某个意义下，所有认知都是一种投射。感官印象的投射是远古以来的动物性遗传本能、用来防卫和觅食的机制，以及战斗准备的延伸作用，是高等物种对于活动的反应，无论他高不高兴，也不管活动客体的意图为何。投射和其他已经成为反射动作的攻击与防卫作用一样，在人类心里自动操作。如是，他的客体世界其实是"藏于人心深处之一种技术，自然似难容吾人发现、窥测"的产物。[1]如果我们把康德的知识批判用在人类学上，那么物的体系，即普遍的宇宙秩序（科学只是关于它的抽象表现），就只是动物的求生工具的无意识产物，也就是自动性的投射。然而在人类社会里，随着个体的形成，感情生活和理性生活也被区分开来，个人也需要更严密地控制投射，他必须学会推敲和抑止它。由于他在现实利益的冲动下学会了区分外来的和自己的思想及感觉，于是产生了外在和内在、疏离的可能性和认同的可能性、自我意识和良知之间

---

[1] 康德：《纯粹理性批判》，见于《康德全集》，第3卷，第180—181页。

的区别。我们需要更仔细地反思，以了解受控制的投射以及它如何堕落为虚假的投射（那正是反犹主义的本质）。

　　知觉的生理学理论被自康德主义以来的哲学讥为幼稚的实在论以及循环论证，它认为知觉的世界由理性主导，反映着大脑从真实对象感受到的数据。根据这个观点，每个点状的指数或印象，皆由理性加以排序。格式塔心理学者或许坚持说，生理的实体不仅感受到点，也感受到结构，而叔本华和亥姆霍兹（Helmholtz）尽管知道该观点有循环论证的毛病（或正是因为如此），但相较于新心理学或新康德主义学派的正统推论，他们更加清楚主体和客体的交叉关系：知觉意象的确包含了概念和判断。在真实的对象和不容置疑的感觉数据之间、在内在和外在世界之间展开着一道深渊，那是主体必须冒险跨越的。为了如实映现事物，主体所反馈的必须多于它从对象得到的。主体以事物留在感官的线索重构外在世界：事物在其杂多的属性和状态里的统一性；主体学习不只为外在印象，也为逐渐与外在印象分化的内在印象赋予综合的统一性，据此建构自我。同一性的自我是恒常不变的投射的产物。在一个必须随着人类生理构造的能力完全发展而在历史里实现的历程里，这个自我于是发展为一个既具统一性又具离心性的功能。而即使它是个自动被客体化的主体，也只是根据它所认知的外在世界构成的。主体的内在深度只存在于外在知觉世界的精致和丰盈。当这个交叉关系被打破，自我就会僵化。如果它只是如实证主义所说的，记录数据而不曾有任何反馈，那么它就会坍缩成一个点；而如果它像观念论所说的，由自我的无底源泉构建起整个世界，那么它只会在单调的重复里原地打转。两者都放弃了精神。经由中介，没有意义的感觉数据让思想充分发挥，而思想也完全臣服于强烈的印象，唯有该中介，才能够克服那束缚着整个本性的孤独。和解的可能性并不会出现在不被思想困扰的确定性中，也不在知觉和对象在概念之前的统一性中，而是在于它们被反映出来的对立。区别在主体里发生，主体在自己的意识里拥有外在世界，却把它认知为他者。那个反映的行为，或即理性的生命，就此实现为一种有意识的投射。

　　反犹主义的病态并不在于投射行为本身，而在于投射行为里的反映（Reflexion）的中止。由于主体再也无法把它所接收到的东西反馈给客体，使得它自身不但没有更丰富，反而更贫乏了。它失去了两个方向的反映：它不再反映对象，因而不再反省自身，也失去了鉴别差异的能力。它没有听到良知的声音，而只听到众声喧哗；它没有回到自身去记录自己的权力欲，却把锡安长老会的计划[1]宣告世人。它既溢溢泛滥，却又干涸荒芜。它没有限制地把在它里头的东西授予外在世界；但是它所授予的，是完全无意义的东西：小题大做的手段、各种关系、阴谋诡计，以及没有思想的前瞻而在黑暗中摸索的实践。统治本身，即便是极权统治，原本也只是个手段，在肆无忌惮的投射里却变成自身的和他人的目的，甚至成了目的本身。在个人的疾病里，人类锐利的理性工具反噬人类自己，就像是原始的动物世界里盲目的武器，以及为了种族而不停用来对付其他自然物种的工具。正如人类自崛起以来对其他物种展示了演化史里规模最大且最可怕的灭绝行动，正如在人类当中，先进的民族和原始的民族、技术优越的民族和落后的民族的对立，罹病的个体也和其他个体对立，无论是夸大狂还是被迫害妄想狂。在两

────────

[1] 1903年沙俄出版过一本书，名为《锡安长老会纪要》，书中说，犹太人为了建立由本民族统治的新帝国，准备煽动阶级仇恨、挑起战争。研究者认为该书是反犹主义者伪造出来的。——译者注

者里，主体都在中心，世界只是它的幻觉的场所；它成了被投射其上的东西的无力或全能的范式。妄想症病患老是盲目抱怨地反抗，其实是缺乏反抗的结果，是自我遮蔽的主体在四周造成的空虚的结果。妄想症病患停不下来。在现实世界找不到支点的各种念头始终非常坚持，而成了一种固恋（fixen）。

　　妄想症病患认知外在世界的根据是其如何对应他的盲目目的，因此总是只能重复他被异化为抽象的躁狂症的自我。权力本身的赤裸结构，对于他人或是矛盾的自我而言都同样不可抗拒，它看到什么就抓住什么，不管那东西的特质，一概编织到它的神话网里。始终同一的东西的封闭性成了全能者的代理人，就像是蛇对最早的人类说"你们便如上帝"，又在妄想症病患身上兑现了其承诺。妄想症病患依照他的形象创造一切。他似乎不需要有生命的东西，却要求一切供他驱策。他的意志充塞一切，没有任何东西可以与他无关。他的体系绝无漏洞。作为占星家，他授予星座足以让盲从者堕落的力量，无论是在治疗前的阶段里的他人，还是治疗中的自我。作为哲学家，他把历史变成无法避免的灾难和衰亡的行刑者。作为完全疯狂或绝对理性的人，他以个别的恐怖行动或计划周详的种族屠杀策略消灭那些被标记的人。如是他得以成功。正如女性崇拜冷漠无情的妄想症男人，许多国家也向极权的法西斯主义下跪。崇拜者身上的妄想症因子同时响应了妄想症病患和恶魔，他们对于良知的恐惧则和他的肆无忌惮（他们还很感谢他）彼此唱和。他们跟随着那个偶然瞥见他们的人，但他不把他们当作主体，而在他基于各种目的的活动里操纵他们。那些女性和其他人一样，把占有若干权力地位当作他们的宗教，而把自己变成被社会贴上标签的坏东西。让他们想起自由的眼神，也必定是以一个过于天真的诱惑者的眼神。他们的世界是颠倒的。但是他们也知道，就像古代诸神回避他们的信徒的眼光一样，在帘幕后面住着死去了的东西。从那些没有妄想症的人信任的眼神里，他们想起了在他们心里死去的精神，因为他们在外头只看到他们自我保存的冰冷工具。这样的眼神交会唤醒他们心里的羞愧和愤怒。然而他们没有真的遇到疯子，虽然他可能曾经像"领袖"那样和他们四目相视。他只是让他们激动亢奋。他直视的凝望不像随意的眼神交会，并不能保护个性化。它会让人固恋。它要其他人躲在自己的人格的无窗户单子围墙里面，因而要求对方单方面的忠诚。它并没有唤醒良知，反而急于要求人们承担责任。凝眸审视和匆匆一瞥，催眠般的眼神和轻忽的眼神，其实是一样的，它们都抹灭了主体。因为这两种目光都缺少了反省，于是无反省性的人们受到了震撼。他们被背叛了：女性被抛弃，民族被烧成灰烬，而自欺欺人者仍在假装保有神力。正如神的威仪缺少了在现实世界里的创造力，神也像魔鬼一样，缺少了他所篡夺的原理的属性：永志不忘的爱，以及躲在自己里头的自由。神心怀恶意，被冲动驱使，而且缺点和优点一样多。如果说，神的大能是把受造者拉到自己身边，那么魔鬼的、虚构的大能，就是把一切都拉到他的无能里。这是他们的统治的秘密。自我不由自主地投射，这样的自我只能投射他自己的不幸，而由于他缺少反省，始终无法明白潜藏在不幸里的理由。于是，虚假的投射的产物，思想和实在界的刻板印象结构，便带来了灾难。对于沉沦于自己无意义的深渊里的自我而言，对象成了堕落的隐喻，里头蕴含着自己的毁灭。

　　关于病态投射的精神分析理论认为，其实质在于主体的禁忌冲动以社会性的方式转移到客体，在"超我"的压力下，自我把源自"本我"的强烈而可能反噬自己的攻击欲望当作恶意，投射到外在世界，并且把它当作对于外在世界的反弹而打发掉，无论是借助在幻想里对所谓的罪犯的认同，还是在现实里所谓的自卫。转换成攻击的禁忌多半是同性恋之类的行为。由于害怕被阉割，他把自己的感情比拟作一个小女孩而先把自己给去势，而仇父情结也被压抑为永久的憎恨。在妄想症里，憎恨转向去势情结，变成一种普遍的破坏狂。病患退化到无法区分爱与征服的古老状态。对于他而言，重要的是不计任何代价地得到身体的亲近、占有关系。他无法承认自己的欲望，于是化身为嫉妒者和迫害者去攻击别人，正如压抑的鸡奸者化身为猎人和赶兽人去追捕动物。其魅力来自过度迷恋或是一见倾心；那魅力可能是源自大人物，例如政治反动者或刺杀总统者，或是最可怜的人，例如大屠杀的受害者。固恋的对象和儿童时期的父亲形象一样，都是可取代的；固恋的任何对象总是切中其目的；关系妄想（Beziehungswahn）[1]会波及一切不相关的东西。病态的投射是自我的绝望行动，根据弗洛伊德的说法，自我对于内在刺激的抵抗力不如外在刺激。在郁积的同性恋攻击的压力下，心理机制忘记了它在种族发生史上的最新成就，也就是自我认知，而把那攻击体验为在世界里的敌人，才能应付那攻击。

然而，这个压力伴随着健康的认知过程，是认知过程里无反省力的、有暴力倾向的幼稚性元素。每当理性能量刻意专注于外在世界时，也就是追踪、确认和把握，使用那些从原始无法抵抗的动物习性精神化为宰制自然的科学方法的种种功能，主观过程很容易在结构化当中被忽略掉，而系统也被认定为事物本身。对象化的思维就像病态的思维一样，都包含着与事物无关的主观目的

---

[1] 关系妄想的患者坚信周边一切原本与他无关的实物都和自己有关。——译者注

的恣意，并且忘记了事物，而在思维里以暴力对待它，正如其后
在实践里的行为。文明人的绝对现实主义，其极致即为法西斯主
义，其实是妄想症的一个个例，它让自然寸草不生，最后则使得
民族本身灭绝。妄想症栖息于每个客体化的行动都必须跨越的不
确定性的深渊里。由于没有任何绝对有说服力的论证可以反驳实
质上错误的判断，那些判断潜藏其中的被扭曲的认知也就积重难
返。每个认知在无意识里都包含了概念的元素，正如每个判断暗地
里都包含了现象论（phänomenalistisch）的元素。因为想象力和
真理有关，对于认知被扭曲的人而言，真理就似乎是个幻想，而
对于真理的幻觉倒成了真理。他们不断地展示内在于真理的想象
性元素，由此靠它过活。基于民主精神，他坚持他的幻觉也拥有
平等的权利，因为其实就连真理也没有什么说服力。尽管人民或
许承认反犹主义是不对的，他们也会认为受害者是罪有应得的。于
是，希特勒以国际法里的主权原则（容许在其他国家里的任何暴力
行为）为名，主张拥有种族灭绝的生杀大权。就像每个妄想症患者
一样，他口是心非地把真理和诡辩混为一谈而自其中渔利。它们的
差别非常明确，这种混淆没有什么说服力。唯有事物已经被认知
为规定性的、某个种类的个例，知觉才是可能的。知觉是中介了的
直接性（vermittelte Unmittelbarkeit），是在感性的诱人力量里
的思维。主体性的东西被知觉盲目地错置到了虚假的客体既存性
（Selbstgegebenheit）里，唯有思维的自觉努力（根据莱布尼茨
和黑格尔的观念论的说法，也就是哲学），才能挣脱这个虚幻的东
西。在认知的过程里，思维看到了被知觉直接确定因而具有说服力
的概念元素，于是把那些元素循序渐进地放回到主体里，褪去它
们的直观力量。在这个过程里，任何早期阶段，包括科学的早期

阶段，在哲学面前就像知觉一样，是一个充满着不知名的理性元素的、异化了的现象；执着于该阶段而不去否定它，是知识的病症之一。幼稚地把一切给绝对化的主体，无论是否普遍有效，都是病态的，屈服于虚假的直接性的炫惑力量。

如此的炫惑却是每个判断的构成性元素，是必要的假象。每个判断，即使是否定的判断，都是一个保证。即便判断为了自我修正而刻意炫耀自身的孤立性和相对性，也必须声称它谨慎推敲斟酌的内容和主张不只是孤立和相对的。这就是判断的本性，而那个附加条款只是它的借口。真理不像或然率那样，它没有程度的区别。那超越个别判断并拯救其真理的否定性手段，唯有把自己视为真理而成了所谓的妄想症，才有可能实现。真正的错乱（Verrückte）就存在于不可挪移的东西（Unverrückbare）里头，在于思维对于否定的无可奈何。与固执的判断不同，在否定里确实存在着思维。妄想症式的过度坚持，一成不变的判断的"坏的无限性"（schlechte Unendlichkeit），其实源于思维无法始终如一。妄想症患者不仅无法以思维打破绝对性的主张，使其判断更加确定，反而沉醉于那使得判断失败的主张。思维不仅没有深入探讨事物，反而完全绝望地被特殊的判断所役使。判断的不可抗拒性就像它的完整无缺的实证性一样，而妄想症患者的软弱也和思维本身的软弱如出一辙。在健康的主体里能够打破直接性的力量的省思（Besinnung），从来不曾像它所扬弃的假象那样具有说服力。作为否定性的、反思性的、非直线性的活动，省思缺少那蕴含在实证性事物里头的粗暴性。如果说，妄想症患者的心理能量源自精神分析所揭露的那种原欲（libidinös）[1]动力，那么它的无懈可击则是奠基于和对象化行动不可分的歧义性；的确，对象化行动的幻觉力量原本是很有决定性的。我们可以用天择说的语言去解释，在人类感官系统的形成期，在存活着的个体里的投射机制的力量，最能深入那退化了的逻辑能力，或是最不受那不成熟的反省的约制。即使到了现在，真正成果丰硕的科学研究也需要有不折不扣的定义能力，或是使思想落在符合社会需求的地方的能力，或是界定一个可以穷究极微而没有人可以超越的领域的能力，同样地，妄想症患者也无法逾越由他们的心理宿命设定的旨趣情结。患者的洞察力会在由固恋的观念围起来的圈子里消耗殆尽，正如人类天赋在技术文明的魔咒里烟消云散一样。妄想症是认知的阴影。

心灵的虚假投射倾向已经到了灾难性的地步，以至于作为自我保存的孤立结构的投射，威胁着要宰制那可能逾越自我保存目的的东西：文化。虚假的投射是自由和教养（Bildung）的王国里的僭主；妄想症是见识浅薄者（Halbgebildete）[2]的症状。对于这种人而言，一切话语都成了幻觉的体系，也就是想要在心里占领他们的经验无法逾越的那个领域，硬要为那使他们变得无意义的世界赋予一个意义，同时又诬蔑那些他们不得其门而入的知识和经验，而原本是社会不让他们接触它们的，他们却怪罪它们。见识浅薄不同于未受教育（Unbildung），他们会把管窥之见当作真理，对于他们而言，内在和外在世界、个人际遇和社会法则、表象和本质之间的隔阂，已经到了不能忍受的地步。这种疾病的确包含了真理的元素，而不只是单纯接受占优势的理性所支持的既有事物。而见识

[1] 也译为"力比多"。——译者注
[2] 或译为"半教育者"。——译者注

浅薄者一成不变地以各自的方式紧抓着他们的恐惧，或是用来解释已经发生了的不幸，或是预言那时而伪装成重生的灾难。在那样的解释里，他们自己的欲望表现为客观的力量，而该解释也总是肤浅且无意义，正如孤立的事件本身，既幼稚又不怀好意。现在的蒙昧主义体系的作为，和中世纪正统宗教的魔鬼神话容许人们所做的没什么两样：他们恣意地给外在世界指派一个意义，而现在孤独的妄想症患者则是根据私密的、无法和任何人分享的因而看起来是疯狂的结构去完成它。而消解的方法却是可怕的秘密礼拜和万灵药方，它们伪装成科学，却又排斥思维：通神学（Theosophie）、命理学（Numerologie）、自然疗法（Naturheilkunde）、身体律动术（Eurhythmie）、斋戒（Abstinenzlertum）、瑜伽以及无数其他教派，它们既分庭抗礼又可以相互取代，各自拥有学院、阶级制度、术语，以及盲目崇拜的科学和宗教的官僚用语。有教养的人们始终认为它们是可疑的，因而不屑一顾。但是如今教育基于经济的理由而渐渐枯萎，大众的妄想症也面临着意想不到的状况。过去的信仰体系被人民视为封闭的妄想症形式，它的网眼其实更大。正因为那些体系的理性架构和规定性，它们至少在其上半部保留了教养和精神的空间，其概念正是它们自己的媒介。是的，在某个意义下，它们是在抵抗妄想症。弗洛伊德把精神疾病称作"各种非社会的形构"（asoziale Bildungen），在这里颇为贴切；"他们想要以私人的手段去完成那在社会里以集体努力才能做得到的事"[1]。信仰体系坚持保护个体免于患病的集体性里的某种性质。疾病被社会化了：在共同的出神的陶醉里（的确，他们是个团体），盲目变

---

[1] 弗洛伊德：《图腾与禁忌》，见于《弗洛伊德全集》，第1卷，第91页。

成一种关系，妄想症的机制也可以被控制，却又没有失去怖畏的力量。或许这是宗教对于种族的自我保存的重大贡献之一。妄想症的意识形式亟欲建立同盟、派系和帮派。成员们害怕独自去相信他们的精神错乱。他们把它投射出去，举目所见，尽是各种阴谋和变节。既得利益的团体总是对于他人采取妄想症的态度，就此而论，伟大的帝国，有组织的人类整体，没有比猎人头的野蛮人好到哪里去。那些被迫与人类隔绝的人，和那些因为渴望人群而自我隔离的人，他们都知道：那些团体在迫害他们的时候，其病态的凝聚力会增强。然而，正常的成员在融入了集体的妄想症以后，却会放下他们自己的妄想症，狂热地执着于客体化的、集体化的、被认定的幻想形式。他们因为"空虚恐惧"（horror vacui）而献身于他们的同盟，那个"空虚恐惧"让他们团结在一起，给予他们势不可挡的力量。

　　教养也因为资产阶级的资产而普及开来。它把妄想症挤到了社会和心理的黑暗角落。但是精神的启蒙并没有真正让人类解放，而教养自己也生了病。社会的脚步越是跟不上有教养的意识，意识本身就越容易屈服于一个物化的历程。文化完全变成商品，像信息一般普及，却没有渗透到习得者心里。思考上气不接下气，只知道要去了解孤立的事实。他们把思想的关联性视为累赘而弃置一旁。思想里的发展性元素，其中所有发生性的（Genetisch）和内包性的（Intensiv）元素都被遗忘了，并且被降格为直接存在的东西，也就是外延性的（Extensiv）元素。现在的生活状况没有给予自我多少思考推论的空间。思想被拆解成知识，因而丧失其功能，只是忙着应付个别劳动市场的要求，提高个性的商品价值。于是那用以对治妄想症的精神的自我省思就瓦解了。最后，在后期资本主义的种种限制下，见识浅薄也变成了所谓的客观精神。在一个极权统治时期，气量褊狭的政治掮客以及整个幻觉系统因而得以复位，成为最后的手段（ultima ratio），并且强加在大多数早已屈服于大政治和文化工业的被统治者身上。清醒的意识很容易就可以看出政权的荒谬，政权需要病态的意识才能生存下去。只有迫害狂才会喜欢迫害（统治必然会过渡成迫害），因为他们可以迫害别人。

在法西斯主义里，资产阶级文明为妇女和孩子辛苦培养的责任感，被要求个人始终服从规则的主张给遮蔽了，而良知也被谋杀了。不同于陀思妥耶夫斯基（Dostojewskij）和"德国的内在性"（deutsche Innerlichkeit）信徒所想象的，良知只存在于自我对于外在事物的奉献，在于把别人真正关心的事当作自己的事的能力。这个能力也就是反省的能力，是感知和想象力的相互渗透。因为大企业消灭经济独立的主体，吞并独立厂商，再把劳工转变成工会的客体，势不可挡地侵蚀着道德决定的经济基础，反省当然也就萎缩了。灵魂是唯一让罪恶感可以自我揭露的地方，现在也溶解掉了。良知失去了对象，因为个体对自己的责任感以及他们拥有的东西，直接被他们对组织的贡献给取代了（即使仍然是以古老的道德的名义）。各种内在冲动的矛盾再也无法得到裁决，而那原本是良知主体的工作。社会诫命的内化使得诫命本身更具有约束力和公开化，也让它自社会解放出来，甚至和社会对抗，但是现在个人是准确而直接地认同于刻板的价值尺度。德国的模范女性拥有一切妇女的德行，正如德国真正的男人拥有一切男性的德行一般，而他们的反面，就是那些盲从的、有害社会的类型。尽管权力体系有明显的劣迹恶行，却也正因为如此，它变得极为强大，使得充满无力感的个人只能盲目服从以乞求好运。

　　在这个权力之下，绝望的自我保存要决定把它对于恐惧的罪恶感投射到哪里，就只能凭着由党派操纵的偶然性了。犹太人注定是这个被操控的偶然性的对象。他们曾经占有经济优势的流通领域正在缩小当中。以前，自由主义的企业形式还容许分散的财富拥有政治影响力。现在，刚被解放的财富拥有者反而受制于那些和国家机器结合并且超越所有竞争者的资本强权。不管犹太人真正的性格是什么，他们作为被打败者的形象里总是有着极权统治者恨之入骨的性格：没有权力却很快乐，不必劳动却有报酬，没有界石却有家乡，没有神话却有宗教。统治者禁止这些性格，因为被统治者暗地里很渴望它们。唯有让被统治者把他们渴望的东西变成厌恶的对象，统治者才能够生存下去。于是他们病态地投射到毁灭行动中，因为仇恨也会导向和对象的合而为一。仇恨是和解的否定面向。和解是犹太教的最高概念，而其整个意义即在于等待；妄想症反应形式即源自无法等待。反犹主义者以自己的权力实现其否定的绝对性，把世界变成地狱，而在他们眼里，世界一直是个地狱。整个颠覆取决于被统治者在面对绝对的疯狂时是否能够控制自己，并且阻止疯狂的蔓延。唯有思想从统治里解放出来，并废除暴力，才能够让至今始终不真实的理念成为现实，也就是认识到犹太人也是人。这会是远离让犹太人和其他人都疯狂的反犹主义社会而走向人性的一大步。这一步也会和法西斯主义的谎言对立，因而履行了该谎言：犹太人的问题其实是个历史的转折点。精神的疾病在因反省而不动摇的自我主张的肥沃土壤上蔓生，而克服了该疾病以后，人类就不再是普世的敌对种族（Gegenrasse），而会是一个物种，它既是自然却又不只是自然，因为它意识到了自身的形象。个人和社会从统治里的解放，是虚假的投射的反向运动，而知道要在各自心里平息那虚假的投射的犹太人，或许再也不用去模仿那毫无意义地临到他们以及所有被迫害者（无论是动物还是人类）的灾祸。

七

但是再也没有任何反犹主义者了。最后的反犹主义者，是那些想要发表反自由派意见的自由派。贵族和军官阶层对于犹太人刻意保持古老保守主义式的距离，到了19世纪末就显得太保守反动了。阿尔瓦特[1]和"棍子孔策"（Knüppelkunze）[2]的做法反而比较跟得上时代。他们的信徒和跟随"领袖"的群众没什么不同，但是他们的支持则是来自整个国家里的滋事者和不满分子。当人们大声说出反犹主义的念头时，他们觉得自己既是资产阶级也是反叛者。民族主义式的咒骂仍然只是对于公民自由的曲解而已。反犹主义的啤酒屋政客泄漏了德国自由主义的谎言，他们靠那谎言过活，最后却也终结了它。即使他们以自己的平庸作为殴打犹太人的借口（其中已经暗藏着集体谋杀的动机），他们也仍然有足够的经济远见，在第三帝国的风险和一个有敌意的宽容的好处之间暂且权衡得失。在主体的选择里，反犹主义仍然是个很有竞争力的动机。而抉择也总是和它有关。他们在提到"民族"的主题时，就已经挟带了沙文主义的语汇。反犹主义的判断自始即见证了刻板印象的思考，现在则只剩下这个思考还存在。人们还是可以投票，不过是在不同的极

---

[1] 赫尔曼·阿尔瓦特（Hermann Ahlwardt, 1846—1914），曾任德国国会议员，反犹主义鼓吹者。——译者注

[2] 理查德·孔策（Richard Kunze, 1872—1945），曾任德国社会党主席，反犹主义者，"棍子孔策"是他的绰号。——译者注

权主义当中做选择。对于法西斯主义的政党候选人名册以及好斗的
大型企业的口号清单的单纯接受，几乎取代了反犹主义的心理学。
在群众性政党的选票上面，政党机器强迫选民接受他们不曾听过的
政党候选人的名字，而且只能以全体（en bloc）的形式投票，同
样地，某些核心的意识形态也被编入少数的名单里。人们必须选择
其中一项，在统计的怪兽面前，他们的立场和投票其实都徒劳无
功。反犹主义几乎不再是独立的冲动，而是整个平台上的一块木
板：任何给予法西斯主义可乘之机的人，都会赞成犹太人的问题应
该连同工会的瓜分以及对布尔什维克主义的肃清一起处理。反犹主
义的信念再怎么伪装，都早已过渡为某个立场的无主体性的代言人
预先被制约的反射作用。当大众接受一个包含了反犹太人的政见的
政党候选人名单时，他们其实就是在听从若干社会机制，而个人
对于犹太人的经验完全不重要。其实，反犹主义在"净空犹太人"
（judenrein）领域内的出现频率不比在好莱坞低。口号取代了经
验，认真的接受取代了经验里的想象活动。每个阶层的成员都被指
定了他们的定额的指导方针，违者将会急速灭亡。正如他们必须了
解最新的飞机知识，他们也必须被教导要效忠于指定的权力机关。

　　在大量生产的世界里，刻板印象取代了理性范畴作用的图式。
判断的基础不再是真实的综合作用，而是盲目的归类。如果说，
在早期的历史阶段里，判断是由简单的区分构成的，其危害显而易
见，但也促进了当时的交易和司法。判断经历了权衡得失的阶段，
保护判断的主体，让它不被粗暴地等同于谓词。后期的工业社会则
堕落到了"没有判断的判断行为"。在法西斯主义国家，刑事诉
讼里的加速审判取代了冗长的司法程序，而人民也都知道要因事
制宜。他们都学会了不要去反省，而只以现成的思考模式或术语

（termini technici）去看待事物，在语言崩坏的时候，它们提供了野战口粮。认知者不再出现在认知的过程当中。他不再拥有认知的"主动的被动性"（tätige Passivität），在其中，习惯性预定的"既有图式"会以适当的方式塑造范畴性元素，而反之亦然，以便正确认识对象。在各种社会科学领域，正如个人的经验世界，盲目的直观和空洞的概念呆板而没有经过中介地被凑在一起。在"三百个基本单词"的时代里，判断以及分辨真伪的能力都消失了。在某些分工领域里，或是高度专业化的形式里，思考并不是专业必备的工具，因此被怀疑只是过时的奢侈品，只是"纸上谈兵的思考"（armchair thinking）。人总该有一点产出吧。劳力工作越是因为技术的发展而显得多余，就越是急于被设定为劳心工作的模范，却不准它有任何往下推论的意图。这就是让反犹主义获益匪浅的弱智化（Verdummung）的秘密。如果说即使是在逻辑里，概念也只是作为外在的东西和特殊事物相对，那么任何代表着社会里的差异的东西，也会惴惴不安。每个人都被贴上游戏标签：不是朋友就是敌人。对于主体的忽视，使得管理方便许多。少数族群被划地而居，被贴上犹太人标签的个人则被赶到毒气室里。

逻辑学对于个体的漠不关心，是从经济过程里推论得到的，因为个体会变成生产的绊脚石。科技发展和人性发展的时间落差，即社会学家们所谓的"文化滞后"，也开始销声匿迹。经济理性，这种人们所夸耀的"最小必要"原则，不停地在重塑经济的单位，无论是企业还是个人。每个时代里的前卫形式都会成为主导性的形式。百货公司并吞了旧式的专门商店。专门商店的成长超出重商主义的限度，它握有主动权、处分权和组织，就像以前的磨坊和打铁店一样，它变成了小型工厂和自由企业，复杂、费用巨大而且有风险。于是，更有效、集中管理的零售店形式便取而代之，乃至于百货公司。心理方面的小企业，也就是个体，他的命运也差不了多少。他是经济活动的一颗动力电池。当个体摆脱了以前的经济阶段的监督以后，便开始自食其力：如果他是无产阶级，便在劳动市场里受雇，并且不断适应新的技术条件；如果他是企业主，他便勤奋地实现经济人（homo oeconomicus）的理想型（Idealtyp）。精神分析则说，"内心小企业"是无意识和意识或者本我、自我和超我组成的复杂机制。自我在和超我（个体里的社会控制机制）对话时，把本能冲动限制在自我保存里。到处都有冲突，而作为一种本能冲动经济的额外开支的精神官能症也无法避免。然而，复杂的心理装置却容许主体有一定程度的自由交互作用，市场经济就存在于主体当中。但是在企业垄断和世界大战的年代里，社会历程通过无数单子的中介显得非常落后。本能冲动经济的主体在心理层面被征收掉了，而由社会更理性地操作本能冲动经济。个人再也不必在良知、自我保存和本能冲动的痛苦的内在辩证里去决定他该怎么做。对于一个受雇者而言，从工会到国家行政机关的整个层级会决定一切，在私人领域里，则是由大众文化的结构决定，它会把被制约的消费者的每个内在冲动据为己有。委员会和明星扮演自我和超我的角色，而大众的任何类似人格的东西都被剥夺了，比起以前本能和内心的审查机制的关系，大众更加顺利地根据各种口号和模型去塑造自己。在自由主义里，如果整个社会要适应科技的状况，那么一部分的人民必须个性化，但是现在，如果经济机器要能够运转，在领导群众时则不能有个性化的阻碍。整个社会由经济决定的取向，自始即支配着人类的身心状态，却使得个体自动适应存在环境的器官渐渐萎缩。自从思考变成分工的一部分，相关的专家和领导者们的计划便使规划自己幸福的个体们显得多余。对于现实世界俯首帖耳且汲汲营营的适应行为的"非理性"（Irrationalität），就个体而言，却比理性（Vernunft）还要理性得多。如果说，以前的人民把自我克制（Zwang）当作良知义务内摄（introjiziert）到自己和劳工身上，那么现在整个人类就既是潜抑作用（Repression）的主体也是客体。工业社会的进步原本应该可以拔除它所招致的贫穷化定律，但是现在证明这一切的概念——作为一个位格（Person）和理性的载体的人——崩溃了。客观而言，启蒙的辩证已经突变为疯狂。

那也是政治现实世界的一种疯狂。作为现代沟通的密集网络，世界变得如此的千篇一律，以至于敦巴顿橡树园（Dumbarton Oaks）和波斯的外交早餐会议必须被构思得有民族风味，但是只有千百万落在网络外面挨饿受冻的人民，才能体会真正的民族特色吧。尽管世界各地同时间都可以生产丰富的货物，而使原料和市场的抢夺显得不合时宜，但是人类还是被分割为少数几个拥兵自重的阵营。他们比以前无政府状态的商品生产的工厂更加残酷地彼此竞争，无所不用其极地要消灭对方。敌对的理由越是荒唐疯狂，彼此的阵营就越顽固。唯有对那些权力怪兽的完全认同深深烙印在被统治者的心里，如同第二本性一般，并且堵塞住意识的所有毛孔，群众才能保持绝对的冷漠，好让统治者施行各种奇迹。尽管群众表面上是自己做决定，其实基本上都是被决定的。不同阵营的政客所鼓吹的意识形态的不可妥协性，本身只是形形色色盲目的权力的意识形态。"名册思维"（Ticketdenken）是工业化及其广告的产物，它也延伸到国际关系上。人民选择法西斯主义的候选人，是因为他们对于西方国家的实验室的印象比较深。以群众的被动性为基础的权力结构的具体化，在群众面前表现为一个不可改变的现实，该具体化坚不可摧，使得任何的自发性以及对于真实事态的单纯想象，都必然成为月迷津渡的乌托邦以及邪僻乖谬的教派主义。假象是如此的密不透风，得有幻觉的性格，才能够看透它。相反地，投票给政党候选人，意味着为了那固化为现实的假象而调整自己，经由如此的调整，假象便不断地自我复制。不愿投票的人就会被视为脱党者而被放逐。自从哈姆雷特以来，对于现代人而言，犹豫始终是思维和人性的记号。他们虚度的时间既代表着个体和普遍者之间的鸿沟，也是他们的媒介，正如在经济里消费和生产的循环。现在，个人从统治者那里拿到预定的候选人名册，正如消费者从工厂的直营店得到他们的汽车。适应现实、服从权力，不再是主体和现实的辩证历程的结果，而是直接从工厂的输送带生产出来的。那是毁灭的历程，而不是扬弃（Aufhebung），是形式的历程，而不是被规定的否定（bestimmte Negation）。不受约束的生产巨兽之所以征服个人，不是因为它满足个人，而是因为它消灭了作为主体的个人。工业化完美的理性就存在于其中，而且和其疯狂完全叠合。集体和个人的极端不对称消除了紧张关系，但是全能和无能之间的清澈和谐本身就是个直接的矛盾，是和解的绝对对立面。

于是，个人的各种心理因子（始终是错误的社会在内心里的代理者）并没有和个人本身一起消失。然而，这些性格类型却在权力运作的坐标图里找到了它们准确的位置。它们的作用力和摩擦系数都被计算了进去。候选人名册本身就是个齿轮。心理机制里头一切强迫症的、不由自主的、非理性的东西，都被准确地嵌入齿轮。包含了反犹主义的反动派候选人名册正好符合破坏狂的、保守主义的症状。他们起初并不仇视犹太人，而是经由候选人名册找到对应的迫害对象，才培养出本能冲动的方向。以前有经验基础的"反犹主义的各种元素"因为失去经验支持（反映在"名册思维"里）而失效，现在却被候选人重新动员起来。由于这些元素已经瓦解了，让新的反犹主义者感到良心不安，并且因而对于邪恶贪得无厌。正因为现在仅凭着社会所提供的综合性结构，就可以生产出个体心理学本身及其内容，当代的反犹主义便显得虚无而捉摸不定。当犹太经纪人在经济上消失了以后，他们就完全成为魔鬼的形象；如此一来，胜利来得太容易了，反犹主义家庭里的父亲变成了旁观者，不必对无法阻挡的历史趋势负责，他只要扮演好党派职员或毒气工厂职员的角色就好了。极权国家的官员指派部分顽固守旧的人民去进行种族灭绝的勾当，他们只是执行早就失效的经济裁决而已。其他分工部门的人，可以漠不关心地看着读过报纸的人谈论昨天在灾难现场发生的种族清洗事件。那些受害者被屠杀的理由，早就被淡忘了。那些被判定为犹太人的人，必须经过仔细的诘问才能够查清楚，因为以前用来区分他们和异教徒的对立宗教，在后期工业社会的平等化的压力下，已经被改造而且接纳为文化遗产了。犹太群众和每个有敌意的青年团一样，都无法免于"名册思维"。于是，法西斯主义式的反犹主义，不得不先虚构出它自己的对象。妄想症不再以迫害者的个人病史去追捕它的猎物；妄想症既是社会的重要元素，在有此心理倾向的"同胞们"作为病人而于内在和外在都渴求着妄想症以前，它必须待在战争和经济景气循环的幻象背后。

由于反犹主义只是可以替换的候选人名册里的一个项目，该趋势让我们有不可辩驳的理由去期待它的终结。在犹太人被屠杀的年代里，领袖们原本可以轻易把反犹主义的木板从平台上换掉，正如他们的群众可以轻易地从一个完全理性的生产地点转移到另一个地点。无论如何，"名册思维"的趋势的发展基础，在于把一切特殊的能量都简化成一模一样而抽象的劳动形式，无论是在战场还是摄影棚里。然而，这些情况却无法过渡到比较人性的状态，因为无论是有利还是不利的条件，都面临着相同的处境。对于进步主义必然推论得到的政治权力结构而言，自由选择进步主义的候选人的权利似乎只是个表象，正如对于化学企业集团而言，仇视犹太人也只是个表面而已。当然，自由会向往心理上更人性的状态，但是不断扩大的经验流失最终会把进步主义候选人的支持者变成"差异性"（Differenz）的敌人。主张反犹主义的，不只是反犹主义的候选人，而且是由政党提名候选人的心态本身。从目的论的（Teleologisch）角度看，这种心态中固有的对于差异性的愤怒，类似于自然统治下占据支配地位者的怨恨（Ressentiment），它们随时准备攻击自然中的少数群体，但在社会领域，这种怨恨会首先指向少数族群。担负着社会责任的精英分子当然比其他少数族群更难以约束。在财产、所有权、控制和管理的暧昧关系里，他们巧妙地闪避理论的定义。在种族的意识形态和阶级的现实里，都只能揭露和多数族群的抽象差异。如果说，进步主义的候选人的行为比他们的主张更卑劣，那么法西斯主义候选人的主张则如此的空洞，只有绝望的受骗者才会把他们视为更好的替代者。他们可怕的地方就在于他们公然而固执地撒谎。尽管他们不容许有评量他们的真理，但是法西斯主义实在太荒谬了，以至于否定性的真理就近在咫尺，因此，法西斯主义只有让那些没有判断力的人完全放弃思考，才能让真理远离他们。曾经征服自己而成为强权的启蒙，本身就可以打破启蒙的各种限制。

札记和初稿

Aufzeichnungen und Entwürfe

驳博学多闻

"聪明的愚昧"是希特勒时期的教训之一。犹太人根据一堆内行人的理由而驳斥希特勒崛起的可能性，虽然那在当时已经是昭然若揭的事。我想起一段对话，一个德国经济学家，基于巴伐利亚邦酿酒商的利益，而证明德国不可能军国主义化。依照那些聪明人的说法，西方国家也应该不会有法西斯主义。聪明人总是要占野蛮人便宜，因为他们太笨了。以"我刚好对此很熟悉"开场的评论，总是见多识广而且深谋远虑的判断、以统计和经验为基础的预测，而错误的陈述也总是有凭有据的。

希特勒既反对知识分子也戕害人性，但是也有一种戕害人性的知识分子，他们的特征就是自恃博学多闻的优越感。

附录

由聪明变成愚昧，是一个历史趋势。张伯伦（Cnamberlain）说希特勒在巴德戈德斯贝格（Bad Godesberg）的命令是"不合理的”（unreasonable），他所谓的"合理"（das Vernünftige）指的是坚持舍与得的平衡。这样的合理是以交易为模型的。人们唯有经由某种市场的中介才能达到目的，因为强权唯有承认彼此让步的游戏规则才可谋取若干小小好处。只要强权不再遵守游戏规则，并且直接巧取豪夺，聪明就派不上用场。传统资产阶级的知识工具，也就是商议，已经瓦解了。个人也不再彼此交谈，他们也知道，这就是为什么他们把游戏当作严肃而有责任的制度，必须全力以赴，如此一来，尽管他们没有交谈，却不会觉得沉默。在重大场合里也没有两样。法西斯主义者不喜欢人家和他攀谈。当别人抢了他的话时，他会认为那是很不要脸的打岔。他根本不为理性所动，因为只有在别人对他让步时，他才会看理性一下。

"聪明的愚昧"的矛盾是必然的。因为资产阶级的合理性（Ratio）必须要求普遍性，但是它的发展又处处限制普遍性。正如人们在交易中各取所需，却又造成社会的不公，交易经济里的反省形式，即具有主导性的理性是公正的、普遍的，却又是特殊主义的（partikularistisch），是平等里的特权工具。法西斯主义则要它付出代价。法西斯主义公开主张特殊主义，并且揭露合理性的局限性——合理性错误地炫耀了其普遍性。它让聪明人一夕之间都成了笨蛋，因而宣判了理性自身的非理性。

但是法西斯主义也为了矛盾而疲于奔命。因为资产阶级的理性其实不只是特殊主义的，也是普遍的，而当法西斯主义否认理性的普遍性时，它就打败了法西斯主义。较之自由主义者，德国的掌权者比较聪明也比较笨。"迈向新秩序"的信徒，多半是被进步意识抛在后头的人，如破产者、教派主义者、笨蛋。只要他们的权力能够阻碍任何竞争，他们就可以免于犯错。但是在国家之间的竞争里，法西斯主义者不仅有能力犯错，他们的短视、顽固、对于各种经济能力的无知的性格，尤其是无视于否定性因素而无法把它纳入整体情势的评估，更主观地驱使他们去造成灾难，而且他们心里其实一直期待着它。

两个世界

在这个国家[1]里，经济命运和一个人的命运并没有什么差别。每个人都只不过是他的财产、收入、地位和前途而已。在人们的意识里，包括人们自己，经济角色的面具和面具底下的脸孔一模一样，包括最细的皱纹。每个人的价值刚好就是他所赚取的，而每个人所赚取的也刚好是他的价值。每个人都在他的经济生活的起起落落里认识到自己是谁。如果社会的唯物论批评反驳唯心论说，并不是意识决定存有，而是存有决定意识，而且关于社会的真理不在唯心论的想象里，而是在社会的经济里，那么当时流行的自我意识就应该已经抛弃了这种唯心论。人们以自我的市场价值去评断自我，并且以他们在资本主义经济里的处境去认识自己是谁。无论他们的命运再怎么悲惨，对他们而言，命运都不是外在的东西，他们承认命运的存在。中国人在道别时说：

> 君言不得意，归卧南山陲。
> 但去莫复问，白云无尽时。[2]

---

[1] 指美国。——译者注
[2] 原文为唐朝诗人王维《送别》的德语译文，与中文略有差异，在此还原为原诗。——译者注

美国人则说，我是个失败者——仅此而已。

理念蜕变为宰制

时下流行的趋势经常源自远古异国的历史，而距离则使我们看得更清楚。

多伊森[1]在《伊莎奥义书》（*Içâ-Upanishad*）的注释里指出[2]，在该作品里，印度思想超越了过去，正如在《马太福音》[3]里的耶稣超越了施洗者约翰，或如斯多葛学派超越了犬儒学派。当然，这个评论只是个历史偏见，因为施洗者约翰、犬儒学派的不妥协的观念，以及代表着前卫思想的《伊莎奥义书》开头的几段诗所要反驳的观点[4]，似乎比较像是亟欲和强权的口号、党派切割开来的左派分离主义潮流，而不是让欧洲哲学、基督教和现在的吠陀宗教开枝散叶的历史运动主流。正如多伊森所说的，《伊莎奥义书》是印度《奥义书》经集的首部，在所谓被它超越的那些经典前面。然而这部居首位的经典却背离了年轻人的激进主义，并与主流的现实世界的革命性对立。

---

[1] 保罗·多伊森（Paul Deussen，1845—1919），德国东方学者、梵语学者、哲学家。——译者注

[2] 保罗·多伊森：《吠陀中的六十篇奥义书》（*Sechzig Upanishad's des Veda*），1905年版，第524页。

[3] 《马太福音》，第2章，第17—19节。

[4] 参见《毗卢遮那奥义书》（*Brihadaranyaka-Upanishad*），3.5.1节和4.4.22节。另见多伊森：《吠陀中的六十篇奥义书》，第436—437、479—480页。

　　当吠檀多派（Vedantismus）[1]、斯多葛学派以及基督教开始参与社会现实，并且建构统一的理论体系时，它们就有了组织的能力，其中也以一个学说为媒介，即只要人们有正确的省思，世俗生活的行为就不会妨碍灵魂的救赎。的确，直到保罗时期，基督教才发展到这个阶段。和现实保持距离的理念，就这样过渡到了宗教。不妥协者被人们谴责，他们舍离了"对子女的欲望、对财富的欲望和对俗世的欲望，四处云游行乞。因为对子女的欲望就是对财富的欲望，对财富的欲望就是对俗世的欲望，而它们都是空虚的欲望"[2]。说这些话的人或许说出了文明支持者的真理，佪是他们并没有跟上社会生活的脚步，于是他们成了疯子。他们乜的确很像施洗者约翰。他"穿骆驼毛的衣服，腰束皮带，吃的是蝗虫、野蜜"[3]。黑格尔说："犬儒派没有什么哲学的教养，也没有使他们的学说成为一个系统，一门科学；后来才由斯多葛把他们的学说提高为一个哲学学科。"[4]黑格尔把犬儒派信徒称为"恬不知耻的肮脏乞丐"[5]。

　　历史记载的不妥协者不乏有组织的追随者，否则他们的名字不会留到现在。他们至少提出了有体系的学说或是行为准则。即使是被《伊莎奥义书》批评的比较激进的奥义书，也都成了婆罗门的诗句和献祭词。[6]施洗者约翰或许没有创立宗教，但是的确创设

[1] 吠檀多派是依据奥义书研究而成立的学派，为古印度婆罗门教六派之一，是大多数现代印度教派的基础。——译者注

[2] 多伊森：《吠陀中的六十篇奥义书》，第436页。

[3] 《马可福音》，第1章，第6节。

[4] 黑格尔：《哲学史讲演录》，第2卷，见于《黑格尔全集》，第14卷，第159—160页。

[5] 同上书，第168页。

[6] 参见多伊森：《吠陀中的六十篇奥义书》，第373页。

了一个团体。[1]犬儒派创设了一个哲学学派，它的创设者安提西尼（Antisthenes）[2]甚至勾勒了一个国家理论的概要。[3]但是这些历史里的局外人的实践和理论体系既不严谨也没有中心主题，而有别于那些带有无政府主义味道的成功体系。对他们而言，观念和个人比管理和集体重要得多，因此他们招致众怒。作为统治阶级的柏拉图指责有人把哲学王和低下的牧人画等号，而把没有国界的松散人类组织比喻为猪猡国家，那时他心里想到的就是犬儒主义。[4]不妥协者或许愿意联合和合作，但是他们不善于建构一个把下层阶级隔离开来的坚固阶级组织。他们的理论既没有统一性也没有连贯性，他们的实践也缺乏冲击性，无论在理论或实践里，他们自身的存有都无法如实反映世界。

此即在哲学和宗教里的激进主义和顺从主义的形式差异，该差异不在于他们各自隔绝的内容，他们不曾因为苦行的理念不同而有差别。苦行者乔达摩的教派曾经征服了亚洲世界，他在世时即展现了卓越的组织能力。即使他不像改革者商羯罗[5]那样不让下层阶

———————

[1] 爱德华·迈耶尔（Eduard Meyer）：《基督教的起源》（*Ursprung und Anfänge des Chritentums*），1921年版，第1卷，第90页。

[2] 安提西尼（前445—前365），古希腊哲学家，苏格拉底的学生，犬儒学派创始人。——译者注

[3] 《第欧根尼·拉尔修》（*Diogenes Laertius*），第4卷，第15页。

[4] 参见《政治学》（*Politeia*），第372页；《政治学》（*Politikos*），第267—268页；另见爱德华·策勒（Eduard Zeller）：《古希腊哲学史》（*Die Philosophie der Griechen*），1922年版，第325—326页。

[5] 商羯罗（Adi Sankara，788—820），印度吠檀多派哲学家，吸收佛教和耆那教思想，把婆罗门教改革为印度教。——译者注

级听闻他的教法[1]，但是他会承认人类的财产制，并且以僧团中的"贵族子弟"自豪，在僧团里，贱民"即使存在，也只是稀有的例外"[2]。最初，他的弟子是以婆罗门为模范去区分次第的。[3]残废、病人、盗贼以及诸如此类者，都不准加入僧团。[4]僧侣在出家前，会被问是否"有癞、痈、白癞、干痟、癫狂？是不是人？是否具男人相？是不是奴隶？有没有负债？是不是王臣？"[5]而为了符合印度残酷的父权社会，原始佛教僧团在很不情愿的情况下允许女信徒出家。她们必须臣服于男人，其实一直就是弱势族群。[6]整个僧团都享受统治者的恩赐，并且完全配合印度的生活方式。

　　苦行僧和物质主义尽管彼此对立，却同样模棱两可。苦行僧拒绝和浊世同流合污，他们的压抑其实无异于物质对群众的役使，

----

[1] 参见多伊森：《吠檀多体系》（*Das System des Vedanta*），1906年版，第63—65页。

[2] 赫尔曼·奥登伯格（Hermann Oldenberg）：《佛陀》（*Buddha*），1914年版，第174—175页。

[3] 同上书，第386页。

[4] 同上书，第393—394页。

[5] 佛教戒律规定了诸多的出家条件，在其出家前会以"十三难十遮"诘问受戒者。"十遮"是：受戒人名字、和尚名字、年满二十、衣钵具不、父母听不、负债人、奴、官人、丈夫、五种病（癞、痈疽、白癞、干痟、癫狂）。"十三难"是：（一）边罪难，先受具足戒，后犯四重禁戒而舍戒，其后再来受者。（二）犯比丘尼，于白衣时犯净戒之比丘尼者。（三）贼心入道，为利养活命，或为盗法而出家。（四）破内外道，原为外道，来投佛法，受具竟，还复外道，再舍外道欲入内道者。（五）黄门，五种之不男。（六）杀父。（七）杀母。（八）杀阿罗汉。（九）破僧，破法轮身。然若为破羯磨僧，则非难。（十）出佛身血。以上五种［由（六）至（十）］为五逆罪人。（十一）非人难，八部之鬼神变化人形者。（十二）畜牲难，畜牲变为人者。（十三）二形难，兼具男女二根者。——译者注

[6] 赫尔曼·奥登伯格：《佛陀》，第184—186页，第424—426页。

正如苦行主义摇身一变，成为纪律的代理者，开始党同伐异、为虎作伥。物质主义式的接受现状，个人的自我主义，自始即有禁欲的倾向。高唱入云的狂热主义者对现状不屑一顾，而物质主义者则流浪到牛奶与蜜之地。在真正的物质主义里，苦行主义被扬弃了，而在真正的苦行主义里也扬弃了物质主义。那些古老宗教和学派的历史，就像现代的政党和革命的历史一样，告诉我们，存活的代价就是沆瀣一气，把理念变成权力宰制。

鬼神理论

弗洛伊德说，相信有鬼是因为活人对于死人的恶意，是想到了古老的死亡愿望。他的理论太褊狭了。对于死者的仇恨不只是妒忌，也是一种罪恶感。留在世上的人觉得被抛弃了，把他的痛苦归咎于死者，认为是死者造成的。在人们还认为死亡是存在的直接延续的阶段里，被死亡抛弃必然被视为一种背叛，即使到了启蒙时期，这个古老信仰仍然没有完全熄灭。意识不喜欢把死亡视为绝对的虚无，绝对的虚无是无法被思考的。而如果说生活的负担落回到留在世上的人，对他而言，死者的境遇似乎要好一些。在其亲属死后，人们用以重新组织其生活的方法——祭拜死者的繁复仪式，其实更像是把遗忘给合理化的世故做法，是鬼神信仰的现代翻版，该信仰以扬弃的形式变形为招魂术（Spiritismus）。唯有我们完全意识到死亡的恐惧，才能够和死者建立正确的关系——和他们合而为一，因为我们和他们一样，都是同样的境遇和绝望的受害者。

附录

　　和死者的不安关系（他们被遗忘、被防腐保存），是现在病态的经验的症候。我们几乎也可以说，作为个人整个历史的人生本身的概念，已经要失效了：个人的生命只能以它的对立面（死亡）去定义，但是在有意识的回忆和非自愿的记忆之间的一切协调性和连续性，也就是意义，如今都消失了。个人被简化为每个点状的当下的前后相续，没有留下任何痕迹，或者说：他们厌恶那痕迹，认为那是不合理的、多余的、陈旧的。正如每一本尚未出版的书都值得怀疑，正如偏离了历史学的学术活动的历史思考总是让当时的人们很紧张，人类的过去也让他们很愤怒。以前的他以及他所经验的东西，在面对现在的他或他所经验的东西时，尽皆被消灭掉，必要时连他也可以被利用。人们会善意地告诫外在移民，要他们忘记过去，因为那是无法转移的，他们必须抹去他们的古老历史，开始全新的生活。这种告诫是对于被当作妖怪的入侵者的语言暴力，而人们早就习惯对自己那么做了。

　　人们把历史压抑在自己和他人的心里，害怕它会提醒自己的存在的瓦解，而那个瓦解正是压抑历史的结果。所有感受都会面对的遭遇，亦即任何不具市场价值的感受都会被革出社会，对于悲伤的感觉尤其残酷，因为它甚至无助于在心理层面恢复劳动力。它成了文明的伤痕，一种反社会的感伤，透露出人类其实还无法完全和功利的国度结盟。于是，悲伤有别于其他感受，特别被丑化，被刻意当作社会性形式的行为，对于铁石心肠的人而言，给遗体整容就是这种形式的行为。死者家属在火葬场里把死者化成可携带的骨灰和累赘的财产，情绪失控是很不合时宜的事，而一个小女孩在骄傲地叙述她祖母的高级葬礼时会说"很可惜爸爸情绪失控了",只因为爸爸掉了几滴眼泪;小女孩很准确地表现了现在的世态炎凉。其实,死者的遭遇正是对于古代的犹太人而言最悲惨的诅咒:没有人会想起你。活着的人把他们的绝望发泄在死者身上,也就是因为他们再也无法想起自己。

无论如何

外在压力迫使人类克服他们的惰性,生产出物质和精神的作品。从德谟克利特到弗洛伊德的思想家们的说法都没有错。压力最终可以溯源到和外在自然的对抗,经由阶级而蔓延到社会内部,自每个人的孩提时期即影响他们,要他们对同伴冷酷无情。当人有求于强者时,身段会很柔软,而当弱者有求于他们时,他们就会变得很刻薄。这是自古以来社会里的人性的关键。

保守派推论说恐怖和文明是密不可分的,他们说得很有道理。如果不是因为外在的阻力的冲击而努力发展自己,人类怎么会发展出控制复杂刺激的能力?那驱策着他们的阻力,首先体现在父权里头,接着长出成千上万颗头来:老师、上司、顾客、竞争者、社会和国家权力的代表。他们的粗暴也刺激了个人的自发性行为。

这个残酷的情况在未来能够缓和一点,或是以治疗去取代千百年来用以驯服人类的血腥惩罚,但这种想法似乎只是一个梦。被伪装的本能冲动是很无力的;文化的演化是在刽子手的阴影下进行的;就此而言,从失乐园讲起的《创世记》和《圣彼得堡对话录》并无二致。劳动和娱乐也都在刽子手的阴影下进行着。反抗它即是大胆地和所有科学以及逻辑作对。我们不能既要消除恐怖又要维系文明。即使是恐怖的缓和，也意味着瓦解的开始。由此会产生各式各样的影响：从崇拜法西斯主义的野蛮行为，乃至于逃遁到各层地狱里。[1]尤有甚者，只要逻辑一抵触人性，就会被嗤之以鼻。

动物心理学

一只大狗站在公路旁边。如果它随意走到路上，会被车子撞死。它平静的神情显示它被照顾得很好，是一只不会咬人的家犬。但是中上层阶级的子弟，一样不会去害人，他们脸上会有平静的神情吗？他们得到的照顾不会比被撞死的狗来得差。

致伏尔泰

你的理性是片面的，它低语着片面的理性，你也误解了权力。你优雅地、涕泗纵横地、狂风暴雨般地到处宣说暴政的恶行，但是权力带来的好处，被你埋没了。没有权力所建立的安全性，就不会有那些好处。在权力的庇护之下，生命和爱在飞舞着，尽管权力是从有敌意的自然那里抢来了你的幸福。护教学（Apologetik）[2]灌输给我们的东西，既是对的也是错的。尽管权力有许多伟大的成就，却也只有权力才会行不公，因为只有被执行的判决才可能是不公的，而不是律师不被相信的答辩。只有当答辩旨在行高压统治，为统治者辩护，而非为弱势者发声，它才会和普遍的不公同流合

---

[1]在但丁《神曲》的《地狱》部分，地狱的第一层是异教徒所在之地。——译者注

[2]护教学在古希腊文化中指为自己的思想和行为辩护的学问，后衍也指基督徒把自己的信仰转达给别人的理念。——译者注

污。但是现在喃喃低语着片面的理性的权力，却有整个人类为它辩护。你指责权力的缺失，就是把人类当箭靶。在他们之后，或许会江河日下。谎言里也有真话。当法西斯主义的屠夫已经等在那里了，我们不应该煽动人民去对抗软弱无能的政府。但是和比较不那么残忍的权力结盟，并不能合理推论说我们就可以对恶行保持沉默。公开指责不公的行为（虽然它原本是用以保护他们远离魔鬼的）可能会坏了好事，但是如果人们把指责不公的责任推给魔鬼而让他从中渔利，相较之下，前者的危害就微不足道了。坏蛋诉说真理，戈培尔提醒我们到处都有肆无忌惮的私刑，这样的社会还要沉沦多久？理论的对象不是好的东西，而是不好的东西。理论预设生命以各自既定的形式去复制。自由是复制的元素，而压抑则是它的主题。当语言变成辩解时，它就已经堕落了；语言就本质而言既非中性也不实际。你能够不去歌颂善的一面，宣说爱是原动力而不是无尽的苦涩吗？真理只有一种表现方式：以思想唾弃不公。如果择善固执没有在否定性的全体里被扬弃，它就会变成它自己的对立面：暴力。利用话语，我可以与人密谋、宣传、暗示，这是话语纠缠不清的性质（正如它让现实世界里的行为陷于困境），也是谎言唯一懂得的性质。谎言暗示说，虽然我们和既存秩序对立，但是我们是为其他可以分庭抗礼的政府和统治者服务的。由于莫名的忧虑，谎言只能也只愿意看到和它自己一样的东西。任何进入其媒介（语言仅仅作为一种工具）的东西，都被同化为谎言，正如事物在黑暗里分不清楚彼此。可是，尽管所有话语最后都会被谎言所利用，但话语的质量不会在谎言里显露出来，而只会在与威权奋战的思想里闪闪发光。和那压迫生命的恐怖政治绝不妥协的义愤，是让幸存者心存感激的理由。向太阳祈祷是拜偶像的行为，我们唯有看到被太阳烤得干枯的树木，才会感觉到白昼的威严，它照耀世界却不使之枯萎。

分类

由科学基于抽象或公理而创造的普遍概念，既是描绘的材料，也是个体的名字。和普遍概念对立是无意义的事。但是共性的地位究竟有多么高，则莫衷一是。众多个体的共同点，或是在一个个体里不断重复的东西，并不一定比特殊性更持恒、永久或深刻。种属的等级并不等于重要性的等级。那正是埃利亚学派（Eleaten）[1]以及受其影响者的错误，其中又以柏拉图和亚里士多德为首。

世界是独一无二的。反复诉说那一再以相同形式出现的东西，比较像是没有用的、不由自主的连祷词，而不像是可以实践的诺言。分类只是知识的前提，不是知识本身，而知识也会反过来废除分类。

雪崩

现代社会不再有任何转折了。事情的转折总是朝好的方向去，但是在现在这个动荡不安的年代里，有火从天降下，临到那些迷失了的人身上。这个印象最初一般是俗称的社会学和攻治学带给我们的。以前，报纸头版对于快乐的妇女和儿童而言是很奇怪且粗俗的（报纸让他们想到在酒店里吹牛的酒客），直到头条新闻跨进他

---

[1] 埃利亚学派是古希腊的唯心主义哲学派别之一，以诡辩著称，主要的思想主张是认为世界的本源是抽象的存在，是永恒不变的，而外在世界是不真实的。——译者注

们的家门，变成真实的威胁。重整军备、国外大事、地中海紧张局势，直到第一次世界大战爆发，谁晓得还有多少危言耸听的话？还有通货膨胀以及让人头昏脑涨的数字。通货膨胀停止了，但是那并不意味出现了转机，而是更大的不幸：合理化和裁员。当希特勒的得票数持续升高，人们就知道那是一个雪崩的运动。的确，得票数说明了该现象。在前法西斯主义的投票日晚上，只要八分之一或十六分之一的选区的开票结果就可以预测整个大选的胜负了。如果有某个候选人在10个或20个选区获得压倒性的胜利，那么其他100个选区的结果也不会相悖。一种全体一致的心理已经形成了。世界的本质和用以分类世界的表象的统计法完全相符。

在德国，法西斯主义借着极端的仇外情结、反文化、集体主义的意识形态而大获全胜。现在，由于它蹂躏了整个世界，各国都必须起来反抗它，除此之外别无他法。但是当一切都过去，欧洲并不一定会散布任何自由的精神，欧洲国家可以和它们以前对抗的法西斯主义一样排外、反文化、假集体主义。而欧洲的失败也不一定会造成雪崩运动。自由主义哲学的基本原理是"兼容并蓄"（Sowohl-Als auch），但是现在似乎变成了"非此即彼"（Entweder-Oder），而他们已经选择了比较不好的那个。

因为沟通而造成的隔阂

沟通信息的媒体造成隔阂，已经不只是在知识领域才有的现象。广播的播音员虚假的语言在人们脑海里形成语言的印象，让人们无法彼此交谈；百事可乐的广告声音淹没各个大陆上空的声响；电影主角如幽灵般的形象成为青少年以及偷情者的性爱模范。进步让人们完全隔绝。以前，火车站或银行的狭小柜台里头的办事员可以和同事窃窃低语，分享他们贫乏的秘密；现代办公室的玻璃隔板，以及让许多员工坐在一起并且方便民众和经理去监视他们的大厅，则不再容许有私人谈话和浪漫故事。即使在政府机构，纳税人也不再因为公务员而浪费时间，公务员在集体里被隔离开来。但是，沟通的工具也会在身体方面隔离人们。火车被汽车取代。由于驾驶自己的车子，旅途中的邂逅只剩下和难缠的搭便车者的相遇。人们以橡胶轮胎旅行，彼此完全隔离。在小家庭的车子里会谈到的东西，也会在其他车子里被讨论——谈话不过都是日常事务。正如统计所得出的规则，每个有固定收入的家庭会把相同比例的钱花在住宅、电影、香烟上面，同样地，他们也会根据汽车的等级去组织谈话的主题。当他们在礼拜天或旅行时去餐厅见面，他们的餐点和住宿的价位，都和别人没什么两样。顾客们会觉得尽管他们渐渐被隔离，彼此之间却越来越相似。沟通隔绝人们，由此让他们彼此相仿。

论历史哲学的批判

不像某些人所说的，人类不是自然历史里的偶然事件，不是源于大脑器官肥大造成的意外且异常的构造。这种说法只对某些个人的理性有效，或是对短暂时期的少数国家有效，在那些国家里，个人在经济方面有一点活动空间。大脑器官或人类的智慧，完全足以构建地球历史上的一段正式时期。在该时期里，人类以及他们的机器、化学制品和组织力（它们为什么不能被视为人类的一部分？牙齿也是熊的一部分，而它们的功能都一样，"机器"甚至更好用）

适应了自然的最新样式（le dernier cri）。人类不只超越了自己的祖先，甚至彻底消灭了他们，这是任何现代物种（包括肉食爬虫类）所不能及的。

有鉴于此，想要像黑格尔那样，以诸如自由和正义之类的范畴去建构世界历史，似乎是异想天开。这些范畴其实是出自一些古怪的个人，相对于全体世界的生生不息，他们其实是很渺小的，除非他们能够创造社会条件，生产大量的机器和化学制品，以扩张他们的物种，征服其他物种。根据这个严肃的历史的意义，所有源自不同情况的理念、禁忌、宗教和政治信条，只在增益或减损人类在地球上或宇宙里的自然生存机会时，才会让人感兴趣。人民自以前封建主义和君主专制时代的不公解放出来，现在经由自由主义，也让机器摆脱了控制，正如妇女解放以后也训练组织起军队来了。精神以及一切在起源和实存上可谓善的东西，无可救药地陷于恐惧当中。医生为病童注射的血清，是攻击无抵抗能力的生物得来的。在情侣的甜言蜜语以及基督教的神圣符号里，我们可以听出对于羊羔肉的欲望，正如在那欲望里也可以嗅到对于图腾动物模棱两可的敬意。就连我们对于烹饪、教会和剧院的各式各样的理解，也是很精细的分工的结果，它们的存在牺牲了我们社会内外的自然。文化的历史功能就存在于这种组织形式反弹性的扩张之中。于是，一般老百姓总是觉得，摆脱了该功能的真正的思考，即形式纯粹的理性，总有点疯狂的性质。如果这种理性在人性里赢得决定性的胜利，那么人类的霸权地位就会受到威胁。而"偶然事件"的理论最后也会被证明是对的。人们用这个理论嘲讽地批评人类中心主义的历史哲学，但是该理论本身正是由于太过人类中心主义而站不住脚。理性扮演的是适应自然的工具，而不是镇静剂（正如有时候个人在使用以后的样子）。理性的狡诈就在于它把人类变成不断向外驰求的野兽，而不在于带来主体和客体的同一性。

如要对世界史做出哲学诠释，必须证明这一点：尽管有种种迂回和阻抗，对于自然有系统的宰制总是坚定地进行着，并且整合了所有人类内心的特性。经济、政权、文化的各种形式，也都必须是从这个观点推论出来的。只有在从量到质的突变的意义下，"超人"的思想才派得上用场。飞行员飞个几次就可以用杀虫剂清除陆上所有自由飞翔的动物，相较于穴居人，他可以说是超人，同样，未来可能会出现两栖超人，对他而言，现在的飞行员只是无害的麻雀。而在真正的自然史里是否会出现一个比人类略高一等的物种，则不无疑问。拟人神论主张说，自然历史并不是靠着"骰子幸运的一掷"创造出人类来的，这话其实有点道理。人类的毁坏力量看起来会变得非常大，当这个物种要消亡的时候，就会创造出一块"白板"（tabula rasa）。他们不是把自己撕碎，就是把地球上的动植物也一起扯下去，如果地球还够年轻的话，整个事情会在更低的层次上重新来过（印证了一句名言[1]）。

历史哲学认为人文理念是历史的推动力，也是历史的最终胜利，因此人文理念被褪去了内容里一切天真烂漫的东西。有人嘲讽说，当经济（或权力）不支持那些人文理念时，它们总是自取其辱，说这话的人是在针对所有弱者，而且他们也不由自主地认同他们原本要废除的压迫倾轧。在历史哲学里不断重复着基督教的故事：那其实一直任凭苦难摆布的善，被伪装成一种力量，仿佛可以决定历史的轨道并且终将获胜。善被神化为"世界精神"或内在法

---

[1] 参阅马克思《德意志意识形态》等著作。——译者注

则。但是不只历史和它唱反调，连那原本应该打破必然性和事件的逻辑历程的理念本身也被扭曲了。"偶然事件"的危险就此消除了。被误认为权力的无力，被这个扬举给再度否认，仿佛抹去一切记忆似的。尽管基督教、唯心论、唯物论自身包含了某个真理，却必须为那些以它们为名的无耻行径负责。它们作为权力的传声筒（即使是善意的权力），化身为各种有组织力的历史力量，在现实历史里扮演血腥的角色：组织的工具的角色。

因为历史是有统一性的理论的对应物，是可以被解释的东西，它不是善，甚至是可怕的东西，因此，思想其实是否定性的元素。人们希望未来的处境会更好（如果不是幻想的话），那不是因为他们确信未来是有保障的、可持续的、明确的，而是因为他们完全不理会普遍的苦难里根深蒂固的东西。生命的无穷耐心，以及对于表达和光明的柔弱且永不熄灭的冲动，似乎在自身里缓解且平息了创造性演化的暴力，它并不像某些历史哲学家所说的那样，预先规定某种行为是有益的，更不用说不抵抗的行为了。在该冲动里开始出现，并且反映在人类的回忆思考里的理性曙光，即使在最幸福的日子里，也必须面对它无法扬弃的矛盾：无法仅凭着理性就能避免灾难。

人性的纪念碑

人性在法国总是比在其他地方自在得多。但是法国人已经不再明白这一点了。他们的书里充斥着大家都知道的意识形态。好一点的生活则显得特立独行，如言谈举止、遣词用字、有艺术品味的餐

点、妓院、铁制的公厕。但是布鲁姆政府[1]已经向对于个人的尊重
宣战，就连保守派也没有尽力去保护它的纪念碑。

从一个犯罪理论的立场

　　……就像犯罪一样，监禁以前是资产阶级的事。在中世纪，
只有被废黜的贵族继承人才会被监禁。相反，罪犯则直接被处死以
儆效尤，让人民知道要尊重秩序和法律，因为唯有严刑峻法才能教
导暴虐者懂得去爱。经常性的监禁源于对劳力的需求不断提高，它
反映了资产阶级水深火热的生活方式。现代监狱一排排的牢房表现
了莱布尼茨所谓的"单子"。"单子们没有可以进出的窗户。偶性
无法脱离实体或到实体外面去游荡，没有像经院哲学所谓的可感知
的形式。无论是实体或偶性，都无法进入一个单子。"[2]单子之间
不可能有直接的影响，他们的生活都是由上帝（或典狱长）管理和
协调的。[3]绝对的孤独暴力式地回到自己的自我里（该自我原本存
在于对物质的控制以及单调的工作节奏中），如鬼魅般地勾勒出现
代人类的存在方式。极端的隔离和极度简化为始终相同的、无望的
虚无，其实是同一回事。监狱里的人是他未来可能在现实里扮演的
资产阶级类型的虚像。在外部世界里失败的人，在内心世界会以更
可怕的纯粹方式被打击。基于将罪犯隔离社会或是矫治他们的必要

---

[1] 1936年，安德烈·莱昂·布鲁姆（André Léon Blum，1872—1950）出任法国人
　　民阵线联合政府的总理，推动多项社会改革。法国被德国占领后，他被维希政府逮
　　捕，1945年才被释放。——译者注
[2] 莱布尼茨：《单子论》（La Monadologie），1840年版，第7节，第705页。
[3] 同上书，第51节，第709页。

性，监狱的生活被合理化，但是那并不是重点。监狱是被彻底思考过的劳动世界的写照，人们对于他们被迫扮演的角色的仇恨，使他们把该写照当作标志植入世界。弱者、低能者、凶残者，或多或少都受苦于生活秩序（而其他人则适应得很好，因而无动于衷）；生活秩序内化了的暴力不断施加在他们身上。这些罪犯的罪行至多只是自我防御，但其自我其实更软弱且不安定；而惯犯则是低能者。

囚犯都是病患。他们的弱点使他们陷于身心不断受创的处境。由于他们的体质和环境，他们大部分在犯下足以锒铛入狱的罪行前就已经病了。其他人的行为诱因和动机与正常人一样，只是罪犯的运气不好而已。只有少数人比大多数的自由人更邪恶残暴，他们的人格就像法西斯主义的世界统治者在位时那么邪恶残暴。一般的罪犯的罪行都是很固执的、和个人性格有关的、有直接损害的。可能的情况是：作为一个生命，和每个人都一样，即使是在最严重的罪行里，无论他扮演什么角色，都无法逃避那引诱他犯罪的身体体质和自出生以来即决定了的个人命运；而你和我，如果不是那因为成长环境的关系而得以洞察世事，我们的行为可能会和杀人犯一样。如今沦为阶下囚的他们也只是病人，而施加在他们身上的刑罚也是盲目的、异化的事件，像癌症或房子倒塌一样的不幸事件。从他们的神情、谨慎的步伐和深思熟虑当中，我们可以看到这一点。就像病人一样，他们只能谈他们的病情。

现在，高尚的行为和不法勾当的界限在客观上游移不定，心理学的各种解释自然也会互相融合。就像19世纪一样，只要犯人仍然是病患，监禁就意味着要让他们改过自新。作为一个个体而在环境里脱颖而出的力量、以妥协的形式和环境打交道以维护自己的权利的力量，在犯人身上都被消磨殆尽。他们代表了深植于人心的倾

向（而克服该倾向是所有演化的特征）：沉溺在环境里，不主动地
实现自我，随波逐流，在自然当中丧失自己。弗洛伊德说那是"死
亡的本能冲动"（Todestrieb），罗歇·凯卢瓦则称之为"模仿"
（le mimétisme）。[1]这类的沉溺充斥在一切和坚定不移的进步
抵触的东西里头，比如终究无法回避现代化的工作形式的罪行，以
及升华了的艺术作品。对于事物的屈服态度（没有它，艺术就不可
能存在）和罪犯紧握拳头的暴力其实相去不远。年轻女孩因为没有
能力说"不"而沦为妓女，罪犯的一生也是同样。罪犯之所以被否
定，就是因为他缺少否定的力量。他们战战兢兢、虚弱无力、稀里
糊涂，既想模仿冷酷无情的文明，同时又毁灭了文明。于是文明筑
起了监狱和感化院的坚固高墙，体现它铁石心肠般的理想。正如托
克维尔所说的，资产阶级的共和政体不同于君主专制，它不会对人
身施暴，而是直接冲击心灵，同样地，该体制的刑罚也是对心灵的
伤害。他们的犯人不再是被折磨至死，而是心灵死亡，偌大的监狱
里有许多这种不被看到、听到的例子。那些监狱和精神病院几乎没
什么两样。

　　法西斯主义同时吸收了这两种体制。整个生产过程里的指挥
权的集中化，重新把社会带回直接统治的阶段。随着权力以国内市
场作为迂回途径，各种精神中介也跟着消失了，其中包括法律。在
交易当中开展的思考，作为自我中心主义必须去谈判的结果，完全
被横征暴敛所驱使。德国企业主的纯粹本质展示出来，集体大屠杀
的法西斯主义就出现了，它和其他罪犯不同的地方只是在于权力而
已。迂回变得不必要。民法的功能在于管理在大型集团底下苟延残

---

[1] 参见凯卢瓦：《神话与人》（*Le Mythe et L'Homme*），1938年版，第125—127
　　页。

喘的企业之间的差异，它已经成了下层社会的仲裁法院，不再支持受害人的权益，而只是恐怖政治的工具。然而，以前负责界定财产的，却是现在正在消失的法律保护。作为私有财产制的极致的独占权，正在破坏私有财产的概念。关于国际条约和社会契约（法西斯主义在和各国强权交易时以秘密协议取代了它们），法西斯主义只在国内事务上承认大众的强制义务，而它的党羽却把强制义务恣意地施加在其他人身上。在极权国家里，刑罚和犯罪都被视为迷信的残余物而废除掉，他们赤裸裸地消灭反抗者，他们很清楚自己的政治目的，在犯罪者的统治下扩张到全欧洲。和集中营毗邻的监狱，让人觉得像是在缅怀美好的过去，就像旧式的官方公告（Intelligenzblatt），虽然并无多少真相，但和通俗杂志摆在一起时，其内容的功能（即使是谈到米开朗琪罗）也不只是广告，还包括商业报道、强权标记和宣传。以前囚犯和外界隔绝，现在则是每个个人都活生生地被隔离了。他们被驯服了的灵魂和他们的幸福，就像牢房一样空虚萧瑟，而他们的统治者早就不需要那些牢房了，因为整个国家的劳动力都是他的战利品。在社会现实面前，刑事判决黯然失色。

进步的代价

　　法国生理学家皮埃尔·弗卢朗（Pierre Flourens）[1]曾经不是很光采地打败维克多·雨果，获选为法兰西学院院士。他在最近被发现的通信里有一段奇怪的话：

---

[1] 皮埃尔·弗卢朗（1794—1867），法国神经生理学家，麻醉术的先驱，大脑生理学的创始人。——译者注

　　我还没有办法下定决心支持氯仿在一般外科手术上的应用。如您所知，我一直献身于该药物的大规模研究，而基于动物实验的结果，我也是第一个说明其特性的人。我的疑虑在于以下简单的事实：在氯仿或其他已知的麻醉方式下进行手术，都意味着欺骗。药物只对某些运动和协调中枢以及神经物质的残余能力有效果。在氯仿的影响下，神经物质丧失了记录印象的轨迹的重要功能，却完全没有丧失感觉能力。相反，我的观察指出，随着全身性的神经刺激的麻痹，疼痛的感觉比平常还要剧烈。群众的误解来自病人在手术完成后记不得整个事件。如果我们告诉病人真相，或许没有人会选择药物，然而由于我们的沉默，他们习惯了继续使用它。

　　但是即使它唯一且可疑的好处是在侵入性医疗的过程当中失去记忆，我觉得这个做法的普及仍然是非常危险的。随着我们医生在学校接受一般性训练的肤浅化，以及药物的无限制使用，医学会更大胆地进行更复杂且困难的外科侵入性治疗。我们不先做动物实验研究，而让不知情的病人成为实验对象。可以想见的是，由于特殊的体质而引起超乎所有已知这类感觉的疼痛刺激，会对病人造成永久的心理伤害，甚至在麻醉的状态下导致难以言喻的痛苦的死亡，而家属和世界永远不会知道那药物的特性。我们为进步付出的代价会不会太高了？

　　如果弗卢朗在信里所说的是对的，那么我们至少可以证明世界的神圣秩序曾走过黑暗崎岖的道路。动物被它的刽子手凌虐报复：

每次的手术都是一次活体解剖。我们或许也会怀疑说，我们对人类甚至所有生命的态度，其实无异于对待手术成功后的自己：对于痛苦的麻木。就认知而言，把我们和他人隔离开来的空间，与把我们和自己过去的伤痛隔离开来的时间，意思是一样的；它们都是无法跨越的障碍。但是对于自然的持续宰制，医学和医学以外的科技，它们的力量都得自这种盲目；而唯有遗忘，才可能视而不见吧。失忆是科学的先验条件。所有概念的具体化都是一种遗忘。

空虚恐惧

对灾难的凝视有其迷人之处，也有点秘密合谋的意味。所有参与不公的人，他们的社会良心都会觉得不安，而他们也痛恨所谓充实美好的人生，以至于在危急的情况里，他们会反对自扫门前雪，以作为内在的报复。在法国的资产阶级里，曾经有个很可怕的现象，它很讽刺地象征着法西斯主义的英雄理想：他们会庆祝同类人的胜利（比如希特勒的崛起），即使那可能会毁灭他们，是的，他们自取灭亡，以证明他们所代表的秩序是正义的。这种行为的前身可见于许多有钱人对贫穷的态度，他们以吝啬的合理化营造出贫穷的形象，也就是他们的潜在倾向，尽管他们锱铢必较，有时候却会毫不抵抗地放弃他们所有的财产，或很不负责地把它们输光。在法西斯主义里，他们把对权力的贪婪和自我憎恨结合在一起，而他们的空虚恐惧总是伴随着一句转折："我一直是这么想的。"

对身体的兴趣

在已知的欧洲历史中，有一段隐藏的历史，即被文明排挤的人类本能和热情的命运。从现代法西斯主义的观点来看（它把以前被隐藏的东西都揭露出来），即使是"公开的历史"（manifeste Geschichte）也会透露它和阴暗面的关系，并在民族国家的官方传说以及对它的改革性批评里流传着。

其中被删改得最厉害的，是人类和身体的关系。在区分报酬和劳动的分工制度下，原始的力量被革出社会。统治者越是不能缺少其他人的劳动，就越会把劳动解释为低下的事。劳动就像奴隶一样，也被烙上印记。基督教歌颂劳动，却为此诋毁身体，说它是邪恶的根源。尽管《旧约》把劳动称为一种诅咒，但基督教和不信神的马基雅维利还是不约而同地以歌颂劳动宣告现代资产阶级秩序的到来。对于旷野教父（多罗修斯、强盗摩西、单纯保罗）[1]，以及其他温顺的人而言，劳动却是通往天国的入口。对于路德和加尔文而言，劳动和救赎的关系非常错综复杂，使得改革派大声疾呼的劳动几乎是个笑话，就像水中捞月一样不着边际。

王公贵族们一想到从别人的工时榨取的利益，就不再理会他们的俗世生活和永恒天命之间的宗教裂痕了。拣选论（Gnadenwahl）的非理性元素让他们仍然有获救的可能性。但是对于其他人而言，负担越来越沉重。他们隐约察觉到，权力对于身体的贬抑，只不过是以意识形态的方式反映了施加在他们身上的迫

---

[1] 旷野教父（也译为"沙漠僧侣"）指在贫瘠之地独居苦修的修士、神职人员，下述三人都是。多罗修斯是公元6世纪的修士；强盗摩西（又称"黑人摩西"）和单纯保罗都是4世纪的苦行修士。——译者注

害。古代奴隶的遭遇，现代被殖民国家的受害者也都体验到了：他们被视为低等民族。种族被分为两种：上等人和下等人。欧洲个人的解放和一个全面的文化转型有关，外在的身体束缚越少，它在被解放者心里造成的分裂就越深。对于下层阶级而言，被剥削的身体是低下的，而其他有闲阶级的精神活动则是高尚的。该历程让欧洲得以成就最崇高的文化，但是随着对身体的控制增加，对于那自始即众所皆知的欺骗的预感，加强了卑鄙的恶行，以及对身体的爱恨，它在几个世纪以来充斥于群众的心态里，在路德的语言中终于找到了权威的说法。在个人和身体（无论是自己的还是他人的身体）的关系里，权力的非理性和不公，以暴行的形式复辟，而暴行远离了深谋远虑以及平静的反省，正如权力远离自由一般。在尼采关于暴行的理论，乃至于萨德的作品里，我们看到了这个关系的影响范围，而弗洛伊德在关于自恋以及死亡冲动的理论里，则以心理学诠释了它。

对身体的爱恨也为所有现代的文化定了调。人们再次把身体讥讽为低下的、被奴役的东西而嗤之以鼻，却又视之为禁忌的、物化的、异化的东西而趋之若鹜。唯有文化才把身体认识为可以占有的东西，只有在文化里，身体才有别于精神（也就是权力和号令的本质），身体成了精神的对象，是死的东西，是"尸体"。在人类自我贬抑为尸体时，自然为它被人类贬抑为支配的对象和材料而报了仇。暴行和破坏的强迫性行为，源自对于接近身体的机体性潜抑，正如弗洛伊德的天才预感所说的，雄性动物昂首阔步或远离地面，靠着嗅觉找到月经来潮的雌性动物，而当那嗅觉也成了机体性潜抑的牺牲者时，就会产生恶心的感觉。在西方文明里，甚至在每个文明里，身体都被视为禁忌，是相吸和相斥的对象。在古希腊的统治者和封建制度里，人们和身体的关系取决于其体力是不是符合统治者的需要。身体的保养有其原始的社会目的。"雄姿英发"（kalos kagathos）部分只是假象，部分是为了维护个人权力而锻炼体魄，至少要训练出威仪来。随着权力完全过渡到以交易和沟通为中介的资产阶级形式，随着工业的兴起，带动了一个形式上的蜕变。奴役人类的，不再是刀剑，而是巨大的机器，当然机器终究也是用来打造刀剑的。于是增强男性身体就失去了理性的意义，在19世纪和20世纪浪漫主义地追求身体的再生，只是把一个死去的和残废的东西给理想化而已。尼采、高更、格奥尔格[1]、克拉格斯都看出来，这个无名的愚昧是进步的结果。但是他们得出了错误的结论。他们不但没有公开谴责现在的不公，反而粉饰以前的不公。"抛弃机械化"成了工业大众文化的装饰物，而它也不得不装出高贵的样子。艺术家为了工业广告，心不甘情不愿地重塑已经消失的身心合一的形象。对于生命力的化身的歌颂，从"金发野兽"（die blonde Bestie）[2]到南海岛民，最后都成了"纱笼电影"（Sarongfilm）[3]以及维生素和护肤乳液的广告片。它们都只是作为宣传的内在目标的替身：新的、魁梧的、美丽的、高贵的人类典型，也就是领袖和他的军队。法西斯主义的领袖重新掌握杀人工具，用枪和马鞭处决他们的囚犯，但不是基于他们的权势，而是因

---

[1] 斯特凡·格奥尔格（Stefan George，1868—1933），德国20世纪初的重要诗人。——译者注

[2] "金发野兽"出自尼采的《道德的谱系》，比喻那些"强有力者"，如强壮的人、强盛的民族、强大的企业等。——译者注

[3] 20世纪三四十年代涌现了一批以南海岛屿生活为背景的电影。当地女性穿着的一种裹在腰部的长条薄布被称为"纱笼"，饰演这类角色的一些演员被称为"纱笼女孩"，这类电影也就被称为"纱笼电影"。——译者注

为庞大的机器和权力的真正拥有者（他们自己不去做这种事）把国家理性下的受害者送到他们总部的地牢里。

身体（Körper）无法变回灵魂的躯体（Leib）。无论身体训练得多么强壮，它始终是尸体（Leiche）。正如"身体变为尸体"这个词所意指的，这是一个永恒历程的一部分，该历程总是把自然变成物质和原料。文明的各种成就都是升华以及后天习得的对于身体和土地的爱与恨的产物，而统治则让所有人类与身体和土地割裂。在医学里，心理对于人性的"身体化"的反应颇有帮助，而在科技里，它对于整个自然的"物化"的反应也很有用。但是凶手、屠夫，以及被统治者利用为秘密刽子手的残忍野兽，无论是合法的还是非法的，孔武有力的还是弱小的，每当要处决某人时总会自告奋勇的人们，使用私刑的民众，只要有人回嘴就会勃然大怒的暴民，以及那些恶棍，只要当局撒手不管，只要被保护者不再有钱有势，他们就会一拥而上。所有狼人，活在历史的黑暗面里，看守着恐惧，因为没有恐惧就没有统治。在他们心里，对于身体的爱与恨既赤裸又直接，他们亵渎一切接触到的东西，摧毁一切挡到他们的光的东西，而这个毁灭是对于物化的怨恨。他们以无名的愤怒不断报复他们无法挽回的有生命的东西：生命分裂成了精神和它的对象。他们无法抵住人的诱惑，他们要把人简化成身体，任何东西都不可以有生命。下等人对于在他们心里枯萎的生命的仇恨一直是统治艺术不可或缺的工具，那仇恨曾经是上等人（无论是俗世的还是属灵的）悉心灌输和培养的，而下等人无论是出于同性恋还是妄想症，皆以杀戮回应那个仇恨。被奴役者对于生命的仇恨是历史的黑暗面永不枯竭的推动力量。即使是清教徒所谓的行为不检，例如酗酒，也是对于生命的绝望报复。

极权主义所宣传的对自然和命运的爱，只是肤浅地反映了对于身体的固恋以及挫败的文明。人们不可以打身体，又不能摆脱它，于是开始歌颂它。法西斯主义者的"悲剧性的"世界观[1]，是意识形态在现实的"血婚"[2]的闹婚之夜。歌颂身体的德国人，如体操运动员和户外运动健将，总是喜欢杀戮，就像自然的爱好者喜欢狩猎一样。他们把身体视为会移动的机器以及连接起来的零件，而血肉则是骨架外面的软垫。他们控制身体，操控它的四肢，仿佛它们已经被拆开了。犹太教传统很忌讳以直码尺去量人的身体，因为他们只以尺去量死人，好为它做棺材。此即控制身体的乐趣所在——他们不自觉地以棺材师傅的眼光去丈量别人。当他们说出结果时，就已经泄漏了真相：他们会把某人叫作高个儿、矮子、胖子、大个子。他们对疾病很有兴趣，期望看到同桌的人在席间死去，随便找个理由说关心他的健康以掩饰他们的兴趣。语言也在配合他们。语言把散步变成"运动"，把食物变成"卡路里"，正如活生生的"树木"在英语和法语的日常语言里却成了"木头"。而社会也以死亡率把生命简化为化学程序。

在集中营里惨无人道的羞辱和监禁，以及现代刽子手毫无理由地将人凌虐致死，激起了被蔑视的自然没有升华而且被压抑的反叛。自然耸人听闻的反叛就在爱的殉难者身上找到出口，他们是所谓的性犯罪者以及淫荡者；因为性爱是没有被简化的身体，性爱的表现是那些刽子手暗地里极为渴望的东西。在自由的性爱里，凶手

---

[1] 指某些纳粹作家曲解附会尼采学说中的内容。——译者注

[2] 出自西班牙作家费德里科·加西亚·洛尔卡（Federico García Lorca，1898—1936）的剧作《血的婚礼》（*Bodas de sangre*）。剧情讲述了在新婚之夜，双方家庭的一些秘密和仇恨被暴露出来，引发了一场血腥的悲剧。——译者注

害怕那失去了的直接性、原始的统一性，因为他再也无法在那里面生存。那统一性是复活且生存着的死者。现在他把一切变为虚无，因而让它们统一起来，因为他必须在自己心里让统一性窒息。对他而言，受害者代表了在分裂里存活下来的生命；他必须粉碎生命，而宇宙也只能是灰尘和抽象的力量而已。

大众社会

名人的社会机制是对于明星文化的补充，它把一切突出的东西都齐一化。他们只是全球成衣工厂的样板，而司法和经济正义的剪刀在剪裁纸样时，要把任何一根线头都修剪掉。

附录

有人认为，整个人类的齐一化和标准化是呼应所谓领袖人物的个性化的提升，以符合他的权力，这种论调是错误的，而且它只是一种意识形态而已。现代法西斯主义的统治者与其说是超人，不如说是他们自己的宣传机器的一个功能，是无数人的相同反应的交会点。如果说，在现代大众心理学里，领袖不再扮演父亲的角色，而是每个个体的无力自我的集体性且无限放大的投射，那么领袖的角色的确符合他们所代表的自我。他们看起来像是理发师、地方演员、三流报纸的记者，并不是没有道理的。他们一部分的道德影响正是在于：尽管他们自身和其他人一样没有权力，却代表他们体现了整个权力，而且并不因此就只是权力所在的空地而已。与其说他们豁免于个性化的堕落，不如说是堕落的个体在他们心里获胜，并且或多或少因为其堕落而得到回报。领袖完全成为他们在资产阶级时代里就已经初具雏形的那种人，也就是扮演领袖的演员。俾斯麦和希特勒的个性化之间的距离，几乎不亚于散文《思考与回忆》（*Gedanken und Erinnerungen*）[1]和《我的奋斗》（*Mein Kampf*）的距离。在对抗法西斯主义时，把膨胀的领袖形象缩减到微不足道的尺度，是很重要的事。卓别林的电影突显贫民窟的理发师和独裁者之间的相似性，至少说对了某个本质性的东西。

矛盾

一个道德体系，有公理、推论、坚不可摧的逻辑性，以及在每个道德两难里的可靠适用性，这是人们对哲学家的要求，而他们通常也能够满足这个期待。即使他们没有提出实践的体系和完全成熟的决疑论，也从理论推出了对于权威的服从。他们以繁复的逻辑、展示和证据，重新证明了早已被大众习俗认可的价值结构。"通过传统的原始宗教去敬拜诸神。"伊壁鸠鲁（Epicur）如是说[2]，黑格尔也这么说。对于不愿意如此表述的哲学家，人们则会更强烈地要求他提出一个普遍的原理。如果思想不只是对于时下流行的规则的重复认证，那么它得比单纯证明已经有效的东西更加有自信、普遍且有权威性。你认为主宰性的力量是不公的，你会希望宁可没有任何力量而只是一片混沌吗？你会批评生命和进步的齐一化吗？我们晚上要点蜡烛吗？我们要让我们的城市像中世纪一样充满了垃

---

[1]《思考与回忆》是俾斯麦在1890年卸任后所写的回忆录。——译者注

[2] 参见威廉·内斯特勒（Wilhelm Nestle）：《后苏格拉底时代》（*Die Nachsok-ratiker*），1923年版，第1卷，72节，第195页。

圾的臭味吗？你不喜欢屠宰场，那么社会以后只能吃生菜吗？对于
这些问题的肯定回答，再怎么荒谬，都会得到一些民众的支持。政
治上的无政府主义、工艺美术的文化反动、极端的素食主义者、离
经叛道的教派和政党，都有所谓的"宣传力"。学说只要是概括性
的、有自信的、普遍的、命令性的就够了。人们无法容忍的是企图
规避"非此即彼"的选择、对于抽象原理的不信任，以及没有任何
学说却仍然坚定不移的态度。

有两个年轻人在闲聊：

甲：你不想当医生吗？

乙：医生在执业时得和濒死的人打交道，那会让他们麻木不
仁。随着进步的制度化，相对于病患，医生代表的是企业
及其社会阶级。他经常忍不住要扮演死亡的辩护人的角
色。他成了大企业的代言人，而和消费者对立。如果你是
卖车子的，那倒还好，但是如果经手的商品是生命，而消
费者是病人，我宁可不要蹚这浑水。家庭医生的工作或许
没有这种风险，不过那种工作在没落当中。

甲：所以你认为根本就不应该有医生，或者回到以前江湖郎中
的状态？

乙：我没有这么说。我只是害怕自己当医生，尤其是可以在大
型医院里呼风唤雨的主任医生。不过，与其任病人死去，
我还是认为有医生和医院比较好。我也不想当检察官，不
过相较于让罪犯锒铛入狱的那伙人，我觉得任由盗贼横行
是更大的罪恶。司法是理性的。我不反对理性，我只是想
确定理性采取什么形式。

甲：你这是自相矛盾。你自己一直在享受医生和检察官提供的好处，你和他们一样都有责任。你只是不想为别人替你做的事负责。你自己的生活本来就预设了你一直要规避的原则。

乙：我不否认，但是矛盾是必然的，那是社会的客观矛盾。在现在如此复杂的分工制度里，只要有个地方发生恐怖的事，每个人都会有责任。如果事情传开来，但只有一小撮人知道，那么精神疗养院和监狱或许就更不人性化了，法院最后也会变成多余的。但是这不是我想当作家的理由。我只是多了解一点大家所处的可怕状况。

甲：但是如果每个人都像你这样想，没有人愿意"脏手"，那么就不会有医生或法官了，而世界会变得更恐怖。

乙：这就是我觉得有问题的地方，因为如果每个人都像我这样想，那么我希望减少的不只是恶的工具，而且是恶本身。人类有其他可能性。我不是人类整体，我也不能以我的想法去代表他们。主张说"我的每个行为都应该有一个普遍原则"的道德训令是很有问题的。它忽略了历史。为什么我不想当医生会被认为是主张说不应该有医生的存在呢？事实上有很多人适合当个好医生，而且也很有机会。如果他们能够遵守现在的执业伦理，我会很佩服他们。或许他们也可以减少我所说的问题，但是或许他们会加深它，尽管他们有专业技术和伦理观念。我觉得我自己所想象的生活、我的担忧、我的求知欲，和医生的工作一样于心无愧，即使我无法直接帮助别人。

甲：但是如果你知道攻读医学可以救一个你所爱的人的生命，

而他没有你就会死去的话，你难道不会马上决定去读吗？

乙：或许吧，但是你看，你因为拘泥于逻辑而不得不举出这么荒谬的例子，而我尽管不切实际、固执而自相矛盾，说话却合情入理。

只要有人不愿意因循苟且而放弃思考，这段对话就会重复出现。他总会从另一面去看待逻辑和推论。反对活体解剖的人，只要一息尚存，应该不容任何一个杆菌丧生吧。逻辑可以用在进步或反动上面，这就是现实世界。但是在一个极端现实主义的教育的时代里，对话越来越少，而有精神病的"乙"必须有超人般的力量，才能拒绝"恢复健康"。

注定如此

四五十岁的人经常会有种很奇怪的经验。他们会发现，大部分和他们一起成长且保持联络的人，都有习惯和意识方面的毛病。有人工作怠惰而荒废了生意，有人婚姻失败，责任却不在妻子身上，有人则是侵吞公款。也有人尽管没有什么重大的事件，却有堕落的迹象。和他们的谈话变得很肤浅、浮夸而不动脑筋。在以前，上年纪的人会从别人那里感受到知识的热情，现在他发现几乎只有他才会主动表现出实事求是的兴趣。

起初，他会认为他的老朋友们的变化只是个不愉快的偶然事件。他们每况愈下，或许和他们的年代或特殊的外在命运有关。接着他发现他很熟悉这个经验，只是观点不同，他之前从一个青少年的观点去看成年人的时候就有过这种感觉。当时他不觉得他们有什么不对劲，他的老师、叔叔阿姨、父母亲的朋友，以及后来的大学教授或学徒的师傅都是如此，但其实他们的性格可笑且疯狂，有他们在的地方总是特别无聊、讨厌且令人失望。

当时他没有多想，认为成年人的缺点是很自然的事。现在他明白了：在某些情况下，如果生活只是维持个别的技术或知识能力，那么即使是在一生的黄金时代里，也会让人失智，就连长袖善舞的社会名流也无法幸免。仿佛人类注定要未老先衰，以惩罚他们背叛了年轻时的希望，并在世界里随波逐流。

附录

现代个性化的堕落不只让我们以历史的角度去思考个性化的范畴，也让我们不禁怀疑个性化的正面本质。在竞争的时代里，个体所遭遇的不公是他自身的动力。然而那不只是关乎个人的功能以及他在社会里的个别利益，也和个性化自身的内在构成元素有关。人类的解放就是受到个性化的影响，但是它也是人类所要挣脱的各种机制的结果。由于个体的自主性和独特性，对于非理性的整体盲目而高压的权力的抵抗才得以具体化。但是唯有通过自主而独特的个体的盲目和非理性，这个抵抗才可能在历史里实现。可是相反，那些主张特殊主义而坚决反对全体性的人，始终恶意且讳莫如深地执着于现状。一个人绝对个性化的、无法被同化的性格，总是同时有两个面向：无法完全被主流系统接纳而又幸存下来的东西，以及个体被系统肢解的痕迹。在这些性格里，系统的基本性质很夸张地不断重复着：在贪婪里夸大了固定财产的原则，在疑病症里则是夸大了没有反省力的自我保存的原则。基于那些性格，个体亟欲对抗自然和社会的迫害，也就是疾病和破产，于是那些性格本身必然也会有强迫性。个体在内心深处遇到他原本要摆脱的同一个力量，而这使得他的逃亡变成绝望的妄想。莫里哀的喜剧和杜米埃[1]的漫画都在表现这个诅咒。但是，要消灭个体的纳粹党，尽情享用着这个诅咒，把施皮茨韦格[2]封为正统画家。

只有在和冷酷无情的社会相较之下，冷酷无情的个人才代表更好的东西，而且不是绝对的。他的冷酷无情证明他羞于面对集体一再加诸个人的暴行以及不再有个体的情况。现在失去了自我的盲从群众，是性情乖戾的药剂师、热情的玫瑰园丁，也是很早以前的政治低能者造成的必然结果。

哲学和分工

科学在社会分工里的地位显而易见。它的工作是尽可能地大量堆积事实以及各种事实之间的函数对应关系。其储存必须井然有序。它必须让个别企业能够在搜寻的分类里很快就找到所需要的知识商品。数据的汇编本身就已经考虑到某些产业的订单。

历史作品也要提供材料。它的用途并不能直接在产业里发现，而是在政府里间接找到。正如马基雅维利为贵族和共和政体著书立说，现在的历史学家也是为经济和政治的委员会工作。当然，历史学的形式已经变得很碍事，人们宁可直接根据某个政府工作的观点去汇编史料，例如，如何操控商品价格或大众情绪。除了政府和企

---

[1] 奥诺雷·杜米埃（Honoré Daumier，1808—1879），法国讽刺漫画家、雕塑家、版画家。——译者注

[2] 卡尔·施皮茨韦格（Carl Spitzweg，1808—1885），德国浪漫主义画家、诗人。——译者注

业财团，工会和政党也是可能的消费者。

官方哲学则是为具有这种功能的科学服务。它就像某种知识上的泰勒主义（Taylorismus）[1]，应该有助于改善生产方法、把知识的堆积予以合理化，防止知识能量的滥用。在分工里，它有被指派的位置，就像化学和细菌学一样。俗世的大学还可以容忍中世纪对神的敬拜和对于永恒本质的思考，允许其余绪的存在，那是因为它们的反动非常明显。此外，有些哲学史家不停地讲述柏拉图和笛卡尔以自我宣传，却又说他们早就过时了。有一个感觉主义的老手和娴熟的位格主义者还在到处陪着他们。他们拔除科学园地里的辩证杂草，不让它们抽芽长高。

哲学不同于它的监护人，它意味着一种思考，拒绝向流行的分工屈服，也不接受被指派的任务。既有秩序不只是以身体的暴力和物质利益去压迫人们，也以耸人听闻的暗示实施强制。哲学不是什么综合命题、基础科学或屋顶科学，它只是努力拒绝暗示，坚决维护知识和现实的自由。

哲学并不会忽视在统治下建立起来的分工结构。哲学只是倾听它的谎言，说分工是不可避免的。哲学拒绝被威权催眠，直捣它在社会机制的每一个巢穴，该机制先天上既不会受侵袭也不会改弦更张，更不能以它所施的诅咒去理解它。当企业在其知识辖区里（大学、教会和报纸）豢养的公务员要求哲学证明它有资格主张它据以合理化其窥伺行为的原则时，哲学就非常难堪。哲学并不承认任何真正可以取代现状的抽象规范或目标。哲学之所以能够豁免于

---

[1] 泰勒主义是一种分析如何提高产能的管理理论，由弗雷德里克·温斯洛·泰勒（Frederick Winslow Taylor，1856—1915）在19世纪八九十年代提出，也被称为"科学管理"。——译者注

既存秩序的暗示，正是因为它接受资产阶级的各种理想却又不偏袒它们，无论是现状的代言人歪曲事实的宣告，还是尽管百般操弄却仍然可以看出来的体制的客观目的（科技的或文化的目的）。哲学相信分工是为了人类而存在的，而进步则是为了得到自由。因为这样，哲学也很容易和分工以及进步起冲突。它道出信仰和现实的矛盾，也注意到受时代限制的现象。不像报纸那样，对哲学而言，大规模集体屠杀的事件并不比杀害几个避难所的难民的消息更值得注意。比起微不足道的私刑或私人的讪闻，哲学不会偏好那些和法西斯主义暗通款曲的政客的阴谋或是电影公司的广告。哲学并不觉得数大就是美。而对于哲学而言，现状是既遥远又可以理解的。哲学为对象代言，却没有经过它的同意；哲学是充满矛盾的声音，否则它就不会被听见，而只会沉默地获胜。

思考

把理论的真理与它的成果画上等号，当然是一个错误。然而有些人似乎反过来想。他们认为思想不怎么需要应用理论，甚至应该完全舍弃。他们把一切陈述都曲解为临终告解、命令或禁忌。他们不是把理念当作神一样崇拜，就是将其视为偶像而抨击它。在面对理念时，他们缺少了自由。但是人作为行动的主体去分解理念，正是真理的本质。人们或许会听到自身为真的命题，但是唯有他进一步思考，才能够经验到它的真理。

现在的法西斯主义正在叫嚣。人们被要求去证明他们的思考，仿佛它可以直接实践似的。于是，不只是打击权威的语言，就连试探性的、实验性的、有错误空间的语言，都不被容忍。然而不去盖棺论定并且分辨，正是打击权威的思考的本质，而它也是值得我们誓死捍卫的。"真理即是全体"[1]，该命题其实和它的对立面一样，也就是"真理总是作为部分而存在"。知识分子为刽子手找的最卑鄙的借口（在上个世纪处处可见），就是说导致受害者被谋杀的思考是个谬误。

人与动物

在欧洲的历史里，人的理念就表现在和动物的差异上面。动物的非理性衬托出人的尊严。所有资产阶级思考的先驱，如古代的犹太人、斯多葛学派和教父哲学，以至于整个中世纪到近代，都固执且异口同声地喃喃自念着这个对立，很少有其他理念对于欧洲人类学有这么重要的影响。直到现在人们仍然承认这个对立。行为主义者只是表面上忘记它。行为主义者把他们在丑恶的生理实验室里肆无忌惮地虐待没有抵抗力的动物的公式和结果也用到人类身上，只是以特别狡猾的方式去宣告这个差异而已。他们从被肢解的动物尸体得到的结论，并不适合自由的动物，反而比较符合现在的人类。他们虐待动物，然后宣称说，在所有生物里，只有人类自愿执行如此机械性的、盲目的、自动的功能，像被专家关起来的受害者的抽搐。解剖台旁边的教授把这个动作定义为反射性运动，古代的占卜者则会到处宣称说那是神谕。冷酷无情地运作的理性属于人类；让他们从中得到血腥的结论的动物们，则只有非理性的恐惧，以及总是只会往死路逃的本能。

---

[1] 出自黑格尔。——译者注

缺少理性就没有语言，拥有了理性（在"公开的历史"里始终占主宰地位）就会辩才无碍。整个地球都在见证人类的荣耀。在战争与和平里，在竞技场和屠宰场上，从原始游牧民族第一次有计划地慢慢猎杀大象，到现代滴水不漏地剥削动物世界，非理性的生物一直都在体验着理性的暴虐。可见的事件进程遮蔽了不可见的刽子手：那缺少了理性之光的存在，以及动物自身的生活，或许才是心理学的真正主题，因为只有动物的生活才会遵循心理的冲动；当心理学必须解释人类时，就已经退化且被毁灭了。当人们寻求心理学的帮助时，人们之间的直接关系就变得更贫瘠和狭窄了，他们在其中也被物化了。以心理学去了解别人是很厚颜无耻的，而以它去了解自己的动机则是在自怜自伤。但是动物心理学看不见它的对象，它以种种陷阱和迷宫的设计，忘记了只有在面对动物时，我们才会谈到或认识到灵魂这种东西。即使亚里士多德认为动物也有灵魂，虽然是比较低等的，他也还是喜欢谈身体、器官、运动和生殖，而不去谈动物自己的生命。

动物的世界是无概念的，它们没有语言去把握住在现象变化里同一性的东西，在连续不断的个体当中把握住它们相同的种属，在不同的情境里把握住同一个事物。即使它们不乏再次认识的可能性，它们也仅限于辨识有生命迹象的东西。在现象流里，没有任何东西被定义为持续的，却被认为是同一个东西，因为它们没有关于过去的确定知识，也无法预见未来。动物对名字会有反应，却没有自我，它既自我封闭又暴露，总是有新的冲动，而从来不会想到自身以外的东西。恐惧的减轻无法补偿动物被剥夺的安全感，而即使没有了悲伤和痛苦，也无法补偿它所欠缺的快乐意识。要真实感受到快乐，要为生命赋予死亡，都需要可辨识的回忆、能够安抚情绪的知识、宗教或哲学的理念，简单地说，就是概念。的确有快乐的动物，但是那快乐何其短暂！动物对于绵延的经验完全不受解放的思考的影响，既沉寂又沮丧。为了逃避痛苦的空虚生活，某种反抗是必要的，而语言就是它的支柱。再凶猛的动物都是非常低能的。叔本华所谓在痛苦和无聊之间、在瞬间即可满足的本能和无止境的欲望之间摆荡的生命钟摆，也可以用来解释无法以知识去截断命运流转的动物。在动物的灵魂里，一直都有人类个别的感觉和需求的痕迹，也就是人类的精神元素，却缺少唯有组织性的理性才能赋予的稳定性。美好时光如梦幻一般熙来攘往，动物则几乎无法分辨梦境和清醒。游戏和严肃之间缺少清楚的过渡，也没有从梦魇到真实的快乐苏醒。

在各民族的童话里，人类变成野兽是不断重复出现的惩罚。禁锢在动物身体里被认为是个诅咒。这种蜕变的想象对于儿童和民众而言是很容易理解且熟悉的。古老文化里灵魂蜕变的信仰认为动物的形象是惩罚和折磨。动物眼神里沉默的野性，见证了人类在这种蜕变里的恐惧。每个动物都令人想起远古时发生的如深渊般的痛苦。童话说出了人类的预感。但是如果说王子还有一点理性，而能够实时诉说他的不幸，让仙子解救他，那么动物因为缺少理性，就永远困在它的形象里，除非那过去曾经和它一体的人类找到解除魔法的咒语，并最终软化了无限性的冷酷心肠。

但是对于有理性的人类而言，关心无理性的动物是多余的。西方文明则把它丢给女性，认为女性无法独立分享那些让文明兴起的能力。男性必须走出去面对险恶的生活，必须积极奋斗。女性不是主体。她们并不生产，只是照顾生产者，是远古自给自足的家计的活化石。男性分派给她的工作并非她所愿。她成了一种生物功能的化身，一种自然的肖像，而文明的功绩就在于压抑女性力量。没有限度地支配自然，把宇宙变成一个无止境的狩猎区，是这一千年来的梦想。于是人的理想就以男性团体为标准，那就是男性引以为傲的理性的目的。女性比较弱小，她们和男性之间存在着无法克服的差异，也就是自然所决定的差异，却成了男性团体眼中最丢脸可耻的性质。如果说征服自然是真正的目标，那么生物性的缺点就始终是自然烙在弱者身上并且招致暴力的印记。在历史里，教会从不放过任何在民间团体里担任意见领袖的机会，无论是奴隶制度、十字军东征还是对犹太人的屠杀，尽管它称颂"万福玛利亚"，但是对女性的评价和柏拉图没什么两样。圣母怜子的图像是对于母权社会的余绪的让步。此图像原本是要帮助女性摆脱劣势，却被教会固化为了女性的劣势证明。教会的嫡长子德·迈斯特大声疾呼："我们只要承认在基督教国家里诞生的女性的自由，就会废除或多少削减神的律法的影响，而我们也会看到那原本高贵而动人的自由很快就堕落为恬不知耻。女性是一种普遍的败坏的致命工具，在转瞬间就会侵袭攸关国家存亡的重要部分。国家会陷入腐败，随着它的倾圮，到处都会充斥着可耻和恐怖的事物。"[1]彼此结盟的封建骗徒看到自己有危险，便以女巫审判去恐吓其人民，但是那也是在庆祝和证实男性权力征服了原始的母系和拟态。对异端的火刑（Autodafés）是教会的异教烟火庆典，是以自我保存的理性为形式的自然的胜利，是为了歌颂理性征服了自然。

　　资产阶级撷取了女性的德行和端庄，作为对抗母系社会的反叛的形象。女性代表完全被剥削的自然，获准进入宰制的世界里，

---

[1]《关于献祭的说明》（*Eclaircissement sur les Sacrifices*），1892版，第5卷，第322—323页。

不过是以破碎的形式。她以被征服者的姿态，在她自然而然的臣服里反映征服者的胜利：失败反映为献身，绝望反映为美丽的灵魂，被玷污的心反映为爱恋的胸脯。自然以彻底排除实践和退缩到咒语保护的圈子里为代价，才得到造物主的尊敬。艺术、伦理、崇高的爱，都是自然的面具，自然在其中不断变形重现，并且表现为自身的对立面。自然通过面具得到它的语言；它在扭曲里显现其本质；所谓的美，是蛇展示它的伤口，那里原本还有一根刺。然而在人类的惊奇背后，总是潜伏着刺耳的笑声、肆无忌惮的嘲弄、有能力者对无能力者的下流玩笑，他以此减轻自己暗地里的忧虑，害怕自己也沦为无能力者、死者、自然。残废的小丑，以前受挫的自然的悲剧性狂欢就附着在他的跳跃和铃铛帽子上面，而当他不再为国王服务时，人们就把精心照顾美的事物的工作交给了女性。近代的女性清教徒则迫不及待地接下了这个任务。她们完全认同于既成事实，不是以未开化的本性，而是以被驯化了的本性。罗马女奴的摇扇、歌唱和舞蹈，到了伯明翰就被缩减为弹钢琴和其他家事，直到一切女性的野性都完全升华为父权社会的文明符号。在到处充斥的广告的压力下，化妆粉和口红原来是妓女专属的历史被刻意忽略了，变成了护肤用品，而泳衣也多了卫生的功能。没有任何东西被遗漏。在组织严密的支配系统所及之处，就连爱情也被贴上工厂的商标。在德国，随波逐流者更是以乱交去证明他们对于现状的服从，去证明对于支配性的理性的卑躬屈膝，正如以前是以贞节去证明的。

　　作为资产阶级对于女性的推崇的遗迹，悍妇（Megare）[1]闯入了现代社会。自古以来，她就在自家里聒噪不休，以报复她的

---

[1] 这个词的原意是指希腊神话中三位复仇女神之一的墨该拉。——译者注

性别遭遇的不幸。出了家门，没有人向她下跪。那讨人厌的老太婆会训斥漫不经心的男性且打落他们的帽子，因为他们看到她的时候没有马上站起来。不管发生什么事，男性都必须向女性点头致意，这一直是她的政治要求，无论是酒神女祭司的时代，还是以无力的愤怒向男性和他们的制度挑战的时代。女性在大屠杀里的嗜血远胜过男性。作为复仇女神，被压抑的女性从她的时代里幸存下来，在这个时代里，权力努力塑造着两性训练有素的身体，而由于身体的同一性，恶形恶状再也无法引人注目了，但是她仍然装出被肢解了的自然的丑脸。在大量生产的背景下，泼妇骂街（至少保有她不同于他人的面貌）变成了人性的一个记号，她的丑陋也成了精神的痕迹。如果说，在以前的世纪里，女孩子以忧郁的性格和忠实的爱去承担她的顺服（无论是自然的异化形象，还是美感的文化产物），那么现在的悍妇终于也找到了新的女性工作。作为社会里的土狼，她积极追捕文化猎物。她的虚荣心使她汲汲于荣誉和知名度，但是她对于男性文化的理解还不够敏锐，以至于在受挫时仍然会举措失当，而表明她并不熟悉男性的文化。她把自己隔离起来，托庇于堆积如山的科学和魔术，犹如理想主义的内阁大臣和北欧的女先知的私生子。她觉得自己被卷进一场灾难里。女性和男性社会的精神的最后对抗，也陷入宵小流氓、教派和休闲嗜好的泥淖里，成了对于社会工作和通灵的街谈巷议的变态攻击，把气都出在慈善工作和基督教科学派身上。在那泥淖里，众生的凝聚力与其说是表现在动物保护团体里，不如说是在新兴佛教和小狗身上，无论在现在还是以前的绘画里，它扭曲的脸孔总会让我们想起被进步抛弃的小丑的面相。就像驼子笨拙的跳跃，小狗的形象一直代表着残缺的自然，尽管大众工业和大众文化早就知道要以科学方法供应种牛和人类的身体。标准化的大众对于他们拼命促成的自身的蜕变浑然不觉，因而再也不需要关于它的象征性演出。在报纸第二版、第三版的小新闻里（头版新闻则充斥着骇人听闻的光荣事迹），有时候会报道马戏团失火或是毒死大型动物的消息。我们想起那些动物，觉得它们和中世纪的小丑属于同一种属，而其最后一个个体极端痛苦地死去，是团主的资本损失——在水泥大楼的年代里，他却无法为他忠实的动物做好防火措施。高大的长颈鹿和聪明的大象是再也无法娱乐聪明学童的"怪东西"。非洲是地球上最后一块保护可怜的动物免于文明侵扰的大陆，但还是失败了，在上一次战争里，那些动物是轰炸机降落的路障，于是它们完全被消灭了。在理性化的地球上，美感映照的必要性已经消失了。人类的直接烙印赶走了魔鬼。统治再也不需要神秘的形象；它以工业化的方式生产它们，更确实地渗透进了人们心里。

扭曲是每个艺术作品的本质，正如残缺是女性美的光辉的本质，那伤口的展示（让被宰制的自然再次认识到自己）一再被法西斯主义利用，不过不是作为假象，而是直接施加在被诅咒者身上。在这个社会里，没有任何领域能够让宰制承认它的矛盾，就像艺术一样；再也没有可以表现出扭曲的复制方式。但是在以前，这种表现不仅被称为美，它也是思考、精神和语言本身。现在的语言会计算、指称、泄漏、造成死亡，但是它不表现死亡。文化工业和科学一样，有个外在于自己的准确尺度去测量自己：事实。电影明星是专家，他们的演出是在记录自然行为，是对于反应模式的分类；导演和编剧则为被改编的行为创造模式。文化工业的精确工作不容有任何扭曲，视其为失误、意外，主观且自然的东西是有缺陷的。人们要求为这个偏离提出实际的理由，好把它导入理性的正轨。如是，它才会被原谅。随着权力通过自然反映出自己，悲剧和喜剧一样也消失无踪；统治者要镇压的反抗越多，他就越严肃，他看到的绝望越多，就越有幽默感。以前理性的享受总和代理性的痛苦有关，但是现在它直接和恐怖本身打交道。以前，崇高的爱总是和那在柔弱里显露的坚强有关，和女性的美有关，但是现在它直接依附于力量：现代社会的偶像，是潇洒高贵的男性脸孔。女性则是用来工作和生儿育女的，如果见得了人的话，则可以让她的先生更有面子。她不能去招蜂引蝶。爱慕只能退回到自恋。世界和它的整个愿景都需要男性的全心奉献。男性不可以驰骋外物，他必须专心致志。但是对习俗而言，自然是外在的、低下的东西，是个对象，正如在民间传说里士兵的情妇一样。现在，感觉只属于权力和权力的关系。就像以前的女性一样，男性把武器伸向另一个男性，不过是以阴暗而坚定的冷酷。他和女性一样，眼里只有宰制。在法西斯主义的集团里，它的队伍和劳动营，每个人从稚嫩少年开始就成了隔离牢房里的囚犯，因而滋生了同性恋。即使是野兽也要装出威严的样子。男性鲜明的轮廓，让我们很羞愧地想到自己源于自然，以及曾经被自然奴役，这样的脸孔难免要招致重大的杀戮。关于犹太人的漫画早就知道这点，就连歌德对于猩猩的厌恶也透露了他的人性局限。如果说产业巨子和法西斯主义领袖养动物，那么它们也不会是贵宾狗，而是德国獒或小狮子狗。它们看起来要很吓人，才能增益他们的权威。法西斯屠夫在自然前面非常盲目，以至于只把动物当作羞辱人类的工具。尼采失之偏颇地指摘叔本华和伏尔泰，说他们"善于把他们对于某些事物和人类的憎恨伪装成对动物的怜悯"[1]。法西斯主义者对于动物、自然和孩子的好意，是以狩猎的

---

[1] 尼采：《快乐的科学》，见于《尼采全集》，第5卷，第133页。

欲望为前提的。漫不经心地抚摸孩子的头发或动物的毛，意味着用这只手就可以消灭他们。在他们要杀死另一个受害者以前，他们会温柔地轻拍受害者，而他们的选择和受害者自己的罪无关。爱抚证明了：所有东西在权力面前都一样，它们没有自己的本质。对于统治的血腥意图而言，众生只是材料而已。于是，领袖关心无辜者，他不是因为自己的功劳才被选上的，正如他也不是该死才被杀的。自然是秽物。唯有幸存的狡诈力量才是有道理的，但是那力量本身也只是自然；现代工业社会思考缜密的机制，也只不过是自我解体的自然。而我们再也没有可以表现这个冲突的媒介。它以一个世界的沉郁顽固发展自我，而在那世界里，艺术、思考和否定性都消失了。人类彼此以及和自然的异化如此激烈，使得他们只知道如何利用和伤害彼此。每个人都是个因素，是某个实践经验的主体和客体，是被考虑或被忽视的东西。

在这个挣脱了假象的世界里，失去反省的人类再次成为最聪明的动物，征服宇宙里的其他存在（如果它们还没有自我分裂的话），而对动物的关心不再被认为是情感丰富，而是背叛了进步。在全盛时期的反动传统里，戈林[1]把动物保护和种族仇恨扯在一起，把德国"路德会"（Lutherisch）以杀人为乐的欲望和贵族狩猎者优雅的公平赛局混为一谈。其实界限很清楚；任何反抗赫斯特[2]或戈林的人，都会支持巴甫洛夫（Pawlow）和活体解剖，而

---

[1] 赫尔曼·戈林（Hermann Göring, 1893—1946），纳粹德国的空军总司令、盖世太保首长。——译者注

[2] 威廉·赫斯特（William Hearst, 1863—1951），美国报业大王，赫斯特国际集团创始人，被称为"新闻界的希特勒"，喜好报道凶杀、暴力、色情类的内容。——译者注

犹豫不决的人则是双方阵营都会攻击的对象。人们说，应该遵循理性，选择是义务性的且不可避免的。想要改变世界的人，必须不计任何代价远离宵小流氓的泥淖，在那里头，政治派系、乌托邦主义者和无政府主义者，会和算命的人一起沉沦。独立思考而不附和任何历史强权，并且不以工业社会趋向的任何一端为取向的知识分子，已经失去了他们的实体，而他们的思考也没有根据。凡现实的都是合理的。就连进步主义者也说，不随声附和的人，什么事也干不了。一切都依赖社会，再精确的思考，也都必须融入强大的社会趋势，否则它就只是怪念头而已。所有正直的务实者都有此共识，该共识拥抱人类社会，说它是自然里的犯罪集团。任何不符合部门目标的思考都会让他们非常愤怒。它让他们想到，即使东西被打破，也会有声音，让他们想到在民族主义的民谣爱好者的谎言里到处充斥着的自然。只要思想的声音干扰了他们的合唱，即使只是片刻，他们想要以叫喊掩盖的恐惧，以及那活在他们理性化且破碎的心灵里（如同在每个动物里头）的东西，就变得更大声。思想的话语所揭露的趋势普遍且盲目。自然既不是善的（如早期浪漫主义所说的），也不是高贵的（如新浪漫主义所说的）。自然作为一个模式和目标，它意味着反智（Widergeist）、谎言和兽性。只有被认识到的自然，才成为生命对于和平的渴望，成为一种意识，它自始即鼓励人们坚定反抗领袖和集体。威胁着统治行动和它无法逃避的选择的，并不是自然（它反而和该行动亦步亦趋），而是人们想起了自然。

宣传

宣传要改变世界？真是荒谬！宣传只是把语言当作工具、杠杆、机器。宣传修补了人类在社会不公里的心境，因为它让人心扰动。它认为人们应该有能力想到这点。每个人在心底都知道，经由这个工具，他们自己也会成为工具，就像在工厂里一样。他们在心里追踪而察觉到的愤怒，是对于枷锁的古老怨恨，而当他们隐约知道宣传所指出的出路是假的，会更加怒不可遏。宣传操弄人类；它高喊自由，却自我矛盾。说谎和宣传是形影不离的。那是个诈骗集团，经由宣传，领导者和被领导者成为一丘之貉，即使宣传的内容本身没有错。在宣传里，连真理都只是工具而已，只为了招徕信徒；宣传把真理挂在嘴边，就已经伪造了真理。此即为什么真正的反抗是不用宣传的。宣传是反人性的。它的预设"政治源自共同的见解"的原则只是一种单纯的说法（façon de parler）而已。

在一个谨慎地限制任何东西泛滥成灾的社会里，对别人推荐什么东西，换得的都是不信任。关于商业广告，我们被提醒说，没有任何企业会免费赠礼，这句话放诸四海皆准，而当商业和政治挂钩以后，这句话也尤其适用于政治。宣传越多，质量就越差：不同于劳斯莱斯，福特汽车必须依赖广告。即使企业很认真地供货，企业和消费者的利益仍然不会一致。就连宣传自由，都可能造成一种混淆，因为它必定会抹杀了理论和观众的个别利益之间的差异。在德国被杀害的工人领袖们，甚至被法西斯主义蒙骗而不明白他们自己的行动的真相，因为法西斯主义有选择性的报复证明了他们所谓的团结是个谎言——知识分子在集中营里被凌虐致死，外头的劳工就不会更糟了。在奥西茨基[1]和无产阶级眼里的法西斯主义并不相同。宣传同时欺骗了两者。

　　当然，可疑之处不在于把现实描绘成地狱，而在于机械式地鼓动人们冲出地狱。如果现在这种言论还能有受众，那受众不会是所谓的大众或无力的个人，而是虚构的见证人，我们把怀疑留给他们，才不至于让怀疑和我们一起完全迷失了。

论愚昧的起源

　　理性的记号是蜗牛的触角，"它用触角闻出气味"[2]，如果我们相信梅菲斯特的话，它也可以用来闻其他东西。一遇到阻碍，触角就会缩到身体的保护圆壳里，又和整体合而为一，久后才怯生生地伸出来，成为独立的器官。如果危险还在，它又会缩回去，但重复尝试的间隔就更久了。早期阶段的心灵生命是非常脆弱的。蜗牛的感官依靠肌肉，如果疏于使用，肌肉就会松弛。身体会因伤而残废，而心理则会因恐惧而失能。这两种效应在起源上是不可分的。

　　高等动物因为自身而拥有更多的自由，他们的存在证明了触角曾经伸向不同的地方，而且没有缩回来。他们每个种属都见证了许多其他种属，他们的发展尝试曾经受挫，只要触角在演化的过程中遇到刺激，他们就向恐惧臣服。以前他们因为和自然环境的直接对抗而压抑了种种可能性，现在则延伸到心里，因为恐惧而使器官萎

---

[1] 卡尔·冯·奥西茨基（Carl von Ossietzky, 1889—1938），作家、记者、政论家，著名反法西斯斗士，曾被纳粹囚禁在集中营，1935年获得诺贝尔和平奖。——译者注

[2] 歌德：《浮士德》（*Faust*），第一部，第4068行。

缩。每次动物以好奇的眼光向外眺望，都是一个新的生命形态的黎明，该形态很可能就是诞生自个体所属的形式成熟的种属。但是让他们退缩到古老的圆壳里的，不只是这个成熟的形式，它所看到的力量有数百万年之久，该力量自始即把古老的存有禁锢在最初的阶段，而且以不断的抵抗阻止它跨出第一个阶段。这种第一次触探式的眺望，很容易就会被打败。固然有善意和薄弱的希望在支持它，但是它缺少持久的能量。他们在这条让动物却步不前的路上，变得胆小且愚昧。

愚昧是个伤痕。它和精神与实践能力有关，部分相关或整体相关。人类每个局部的愚昧都指涉成人某个被抑制而不去加强的肌肉部分。每次杂乱无章、笨拙而徒劳无功的重复尝试，都是从这个抑制开始的。孩子们不停地问问题，已经是一个隐藏的痛苦的征兆，那是一个既没有答案也找不到正确的表达方式的问题。[1]重复有一部分像是玩游戏的欲望，正如一只狗不停地往大门跳，却不知道怎么打开，直到因为门把太高而放弃；重复也有一部分反映了绝望的冲动，犹如狮子在笼子里不停地来回踱步，或是精神病患不断重复早就知道没有用的防卫反应。如果孩子厌倦了重复的动作，或是压抑太粗暴了，那么注意力就会转向；有人说，孩子的经验更丰富了，但是在曾经被压抑的地方会留下伤疤，一小块表皮没有感觉的茧，这些疤痕就构成了畸形。它们可以创造出性格，如坚强且能干；它们也会让人变得愚昧，如机能缺乏症、盲目、无行为能力（好像他们只是迟滞而已），或是乖戾、固执、狂热（如果它们转

---

[1] 参见卡尔·兰道尔（Karl Landauer）：《智慧与愚昧》（„Intelligenz und Dummheit"），见于《精神分析手册》（*Das psychoanalytische Volksbuch*），1939年版，第172页。

为恶性肿瘤的话）。善意会因为遭受到暴力而变成恶意。不只是禁忌的问题，还有被厌恶的模仿、被禁止的哭泣、被阻挠的冒险游戏，都会造成这种伤疤。就像动物有种属高低之别，人类本身的智力等级，甚至是同一个个体里的许多盲点，都意指着希望的受挫，并在其僵化过程中见证了是什么让所有生物都束手无策。

图书在版编目（CIP）数据

启蒙的辩证：哲学的片简 /（德）马克斯·霍克海默，（德）西奥多·阿多诺著；林宏涛译. -- 杭州：浙江大学出版社，2024. 10. -- ISBN 978-7-308-25264-5

Ⅰ．B089

中国国家版本馆 CIP 数据核字第 2024H79Q88 号

启蒙的辩证：哲学的片简

[德]马克斯·霍克海默　西奥多·阿多诺　著　林宏涛　译

责任编辑	罗人智
责任校对	汪　潇
装帧设计	红杉林
出版发行	浙江大学出版社
	（杭州市天目山路148号　邮政编码310007）
	（网址：http://www.zjupress.com）
排　　版	西风文化工作室
印　　刷	北京文昌阁彩色印刷有限责任公司
开　　本	880mm×1230mm　1/32
印　　张	9
字　　数	208千
版 印 次	2024年10月第1版　2024年10月第1次印刷
书　　号	ISBN 978-7-308-25264-5
定　　价	68.00元